Grundriss vom Erdgeschoss des Schlosses zu Berlin.

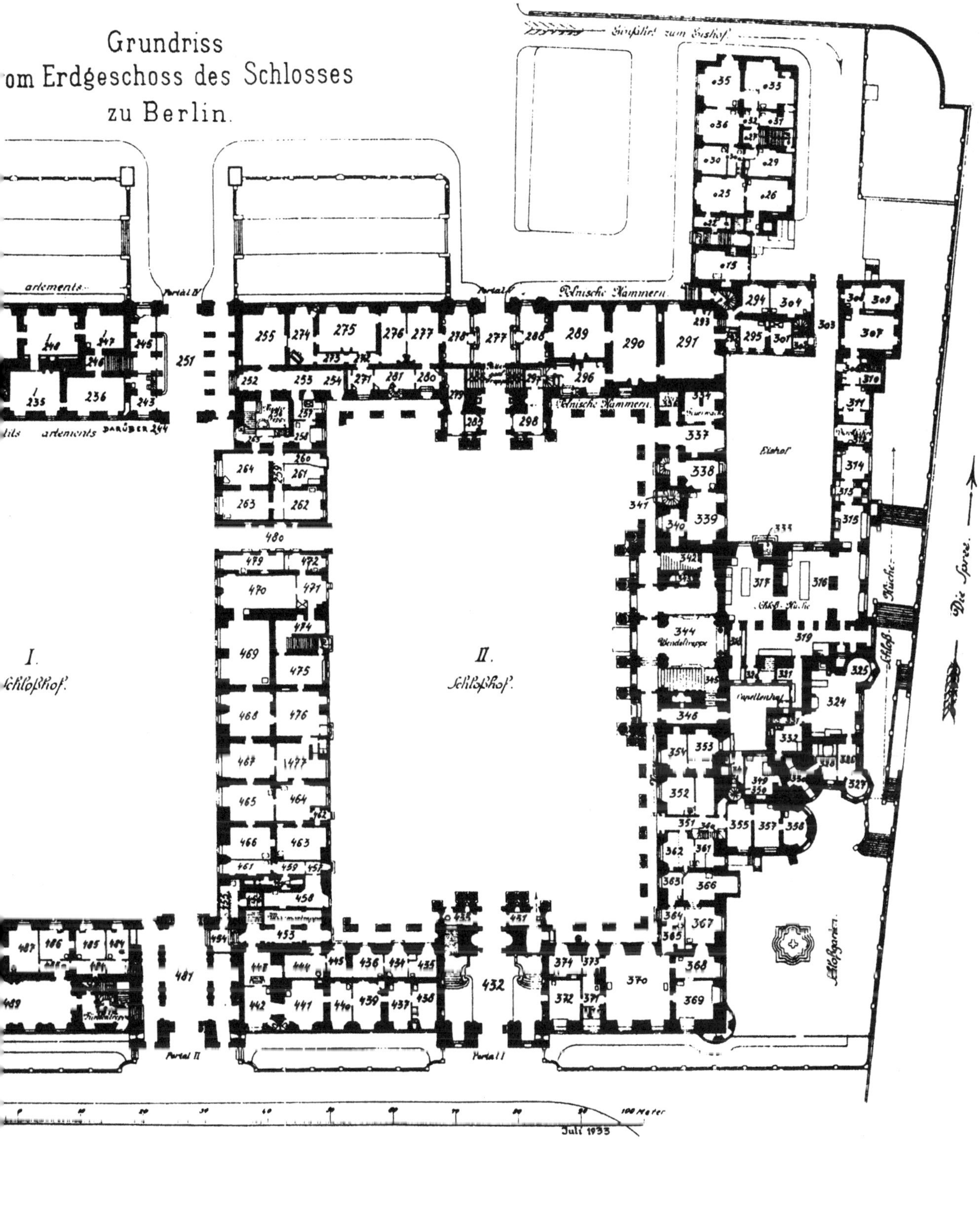

DAS SCHLOSS IN BERLIN

Von der Revolution 1918 bis zur Vernichtung 1950

Renate Petras

DAS SCHLOSS IN BERLIN

Von der Revolution 1918
bis zur
Vernichtung 1950

Verlag für Bauwesen
Berlin · München

Fotos auf dem Einband:
Der Große Portalrisalit an der Ostseite
des Schlüterhofes
Aufnahmen 1913 und 1950

Die Deutsche Bibliothek – CIP-Einheitsaufnahme

Petras, Renate:
Das Schloss in Berlin : von der Revolution 1918 bis zur Vernichtung 1950 / Renate Petras. – Berlin ; München : Verl. für Bauwesen, 1992
ISBN 3-345-00538-7

ISBN 3-345-00538

O–1055 Berlin, Am Friedrichshain 22
W–8000 München, Joseph-Dollinger-Bogen 5
Printed in Germany
Gesetzt aus 11/13 Baskerville Antiqua
Satz und Repro: MediaSoft Satzstudio
Druck und Binden: Chemnitzer Verlag
und Druck GmbH, Werk Zwickau
Lektor: Renate Marschallek
Gesamtgestaltung: Christine Bernitz

Inhaltsverzeichnis

Vorwort

Ich habe sehr lange warten müssen, ehe ich dieses Buch schreiben konnte. Obgleich ich als freiberufliche Mitarbeiterin jahrzehntelang für die Denkmalpflege im Ostteil Berlins tätig war, hatte ich vor den politischen Ereignissen im Herbst 1989 keine Möglichkeit, zu diesem brisanten Thema zu veröffentlichen. Bis zu diesem Zeitpunkt galt in der DDR alles, was das Berliner Stadtschloß betraf, als tabu: Die Akten waren unter Verschluß.

Anliegen meines Buches ist die Würdigung des Schlosses in den letzten 32 Jahren seiner Existenz, also zwischen 1918, als das Kaiserschloß in eine staatliche Verwaltung überging, und 1950, dem Jahr seiner endgültigen Vernichtung.

Mehr als 200 Jahre hatte das Bauwerk bis dahin im Mittelpunkt zeitgeschichtlicher Ereignisse gestanden; vor allem in der wilhelminischen Ära besaß es im Bewußtsein der Bevölkerung einen die Bedeutung des Schlosses überhöhenden Symbolgehalt, der letztlich die SED-Führung zur Sprengung veranlaßte.

Das Berliner Stadtschloß teilte dieses Schicksal mit zahlreichen anderen Bauten in der damaligen DDR. Doch nie waren die ideologischen Machtkämpfe so vordergründig und unerbittlich und führten zum Verlust eines so bedeutenden Bauwerkes, wie es etwa St. Petersburg mit dem Winterpalais oder Paris mit dem Louvre besitzen.

Angesichts des Verlaufs deutscher Geschichte vor allem in diesem Jahrhundert sollte Nachdenklichkeit das Bedauern ablösen. Das barocke Schloß ist unwiderbringlich verloren – das soll dem Leser mit der hier vorliegenden Publikation vor Augen geführt werden. Der Gang der Geschichte ist ja nicht umkehrbar; dazu gehört auch der Umgang mit einem geschichtsträchtigen Architekturdenkmal, wie es das Berliner Stadtschloß gewesen ist.

Mein Dank für die Unterstützung bei der Arbeit an dem Buch gilt zuerst Frau Professor Dr. Margarete Kühn, die mir von Anfang an in großzügiger und freundlicher Weise Förderung und Beratung zukommen ließ. Auch danke ich Herrn Dr. Günter Krüger sowie den Mitarbeitern der Staatlichen Schlösser und Gärten Berlin-Charlottenburg; vor allem aber Frau Dr. Liselotte Wiesinger sei herzlich gedankt, außerdem Herrn Professor Dr. Goerd Peschken und Herrn Hans-Werner Klünner.

Schöneiche, Mai 1992
Renate Petras

ÜBERBLICK ZUR GESCHICHTE DES SCHLOSSES BIS 1918

»Das Berliner Schloß Andreas Schlüters
ist eine der bedeutendsten Schöpfungen der deutschen Baukunst;
es hat Weltgeltung.«

28. 8. 1950, Wolf H. Schubert,
Landeskonservator von Sachsen-Anhalt

Luftbild von Osten, um 1919 aufgenommen, im Vordergrund die Spreeseite des Schlosses mit der Langen Brücke (links) und Kaiser-Wilhelm-Brücke (rechts)

Das Berliner Stadtschloß beherrschte bis zu seiner Vernichtung 1950 das Zentrum Berlins. Es stand auf der Spreeinsel – dem einstigen Kölln – zwischen zwei Spreearmen als ein großer langgestreckter Rechteckbau, der sich in ostwestlicher Richtung vom Ufer des östlichen Spreearmes zur Schloßfreiheit hin ausdehnte. Vor seiner Nordseite lagen Lustgarten, Dom und Altes Museum, vor der Südseite der Schloßplatz mit Eingang in die Breitestraße und Brüderstraße.

Das Schloß war das prachtvollste und künstlerisch bedeutendste Gebäude Berlins, ein Bauwerk des norddeutschen Hochbarock, das als einmalige Leistung europäischer Kunstgeschichte Anerkennung und Würdigung fand.

Mehrere Jahrhunderte und verschiedene Baustile haben das Schloß entstehen lassen und sein dominierendes Erscheinungsbild in der ehemaligen Residenzstadt, dann Großstadt und Weltstadt Berlin ausgebildet. Der Ruhm, hier ein einmaliges Kunstwerk in europäischem Maßstab geschaffen zu haben, kam dem Bildhauer und Baumeister Andreas Schlüter zu, der von 1699 bis 1707 Schloßbaumeister war.

Am Ufer des östlichen Spreearmes standen zwischen den beiden Brücken (heute Rathausbrücke und Liebknechtbrücke) die aus dem 15., 16. und 17. Jahrhundert stammenden Bauteile des kurfürstlichen Schlosses, deren Renaissance- und Barockarchitektur noch bis zum Herbst 1950 sichtbar war und an dieser Seite dem Schloß ein malerisches Aussehen verlieh. Sie umgaben zwei Innenhöfe, den kleinen Kapellenhof und den größeren Eishof.

Zu den ältesten Bauteilen des Schlosses gehörten: der Grüne Hut, ein Rundturm, der zur köllnischen Stadtbefestigung gehört hatte und in den kurfürstlichen Schloßbau einbezogen worden war, dessen Grundsteinlegung Kurfürst Friedrich I. am 31. Juli 1443 vornahm. Im 16. Jahrhundert entstanden: die Schloßkapelle, die Laube am Grünen Hut sowie der Schloßneubau, den Kaspar Theiß 1538 im Auftrag Joachims II. begann und zweiflüglig zur Spree und zur Stechbahn, dem späteren Schloßplatz, aufführte. Nördlich davon ließ der Ingenieur Rochus Graf von Lynar, der von 1578 bis 1596 in Diensten des Kurfürsten Johann Georg stand, an der Spreeseite das Haus der Herzogin erbauen und das Areal des Renaissanceschlosses um das viergeschossige Eckgebäude, die Schloßapotheke am Lustgarten, und um das Quergebäude zwischen dem inneren Schloßhof und dem Vorhof erweitern. In der zweiten Hälfte des 17. Jahrhunderts veranlaßte Friedrich Wilhelm, der Große Kurfürst, in Teilen des Schlosses Veränderungen im Barockstil: Ab 1679 wurde die Kurfürstenwohnung im nordöstlichen Eckgebäude ausgebaut und erweitert; 1681 bis 1685 dem Quergebäude der Alabastersaal angefügt; im Alabastersaal, der »Ruhmeshalle Brandenburgs«[1] waren zunächst elf, nach 1688 zwölf Marmorstatuen hohenzollernscher Kurfürsten und vier Kaiserstatuen aufgestellt (14 Figuren befinden sich jetzt im Neuen Palais in Potsdam-Sanssouci, zwei Kurfürstenstatuen sind verschollen.), geschaffen von Bartholomäus Eggers aus Amsterdam; 1685 bis 1690 entstand der Arkadenbau an der Ostseite des Eishofes. In diesem Jahrzehnt arbeiteten für den Großen Kurfürsten die Architekten Johann Arnold Nering und Michael Matthias Smids. Nering, ein hervorragender Baukünstler, hatte von 1691 bis 1695 das Amt des Oberbaudirektors inne.

Wohl schon 1698 erhielt Andreas Schlüter von dem Mäzen der Künste und Wissenschaften in Brandenburg-Preußen, Friedrich III., der seit 1688 als Kurfürst und von 1701 bis 1713 als König im Berliner Schloß residierte, den Auftrag, das Bauwerk repräsentativ und standesgemäß umzugestalten, vergleichbar den Schlössern europäischer Könige. Denn das Schloß Friedrichs III. (I.), das bis in den Zweiten Weltkrieg in seinem Äußeren nahezu unverändert blieb, war in Zusammenhang mit der Erwerbung der Königswürde gebaut worden und in diesem Sinn ein »politischer Bau.«[2] Am 2. November 1699 datiert Schlüters Bestallungsurkunde zum Schloßbaudirektor. Schlüter ließ die Außen-und Hoffronten der Flügel am östlichen Schloßhof (II. Schloßhof, sogenannter Schlüterhof) mit den beiden einheitlich gestalteten Fronten zum Schloßplatz und zum Lustgarten und mit den drei Hoffronten aufführen. Die älteren Gebäude an der Spree und am Eishof wurden stehengelassen und von Schlüter mit dem Trakt umbaut, der den Hof nach Osten abschloß. Erhalten blieb außerdem der alte Querflügel an der Westseite des Hofes mit dem Alabastersaal. Der Flügel am Schloßplatz wurde zuerst – offenbar zu den Krönungsfeierlichkeiten – 1701 vollendet unter völliger Umgestaltung des Schloßbaus Joachims II., der an dieser Stelle bis zur Zeit Schlüters gestanden hatte. Das System der

Fassadengliederung wiederholte Schlüter dann mit einem veränderten Portalrisalit an der Lustgartenfront, die 1704 fertiggestellt war. Die erwähnte Umbauung des Ostflügels am II. Schloßhof zog sich bis 1707 hin. Im Juli 1706 fiel Schlüter in Ungnade, weil sein letztes Bauvorhaben am Schloß, der Münzturm, eingestürzt war; Anfang 1707 wurde er aus dem Amt des Schloßbaumeisters entlassen. Hofbildhauer blieb er bis 1713.

Schlüters künstlerische Leistung bestand in der Fassadengliederung. Er hatte sie aus dem monumentalen Stil des italienischen Hochbarock entwickelt, wie es sonst in Deutschland nicht vorkam. Die einheitlichen Fronten zu Lustgarten und Schloßplatz mit ihren Fensterreihen, den in drei Geschossen plastisch vortretenden Verdachungen und der betont waagerechten Gurtung wurden von zwei Portalen unterbrochen (Portal I am Schloßplatz und Portal V am Lustgarten). Die Portalrisalite mit ihren Säulen und Pilastern, die sich in barocke Architekturglieder der dorischen, ionischen und korinthischen Ordnung wandelten, mit den Statuen, Karyatiden, Kartuschen, Reliefs zeigten den Reichtum, mit dem der Bildhauer und Baumeister Schlüter das Königsschloß ausstattete.

Für Schlüter, der seine Laufbahn als Bildhauer begonnen hatte, bedeutete der Bauschmuck ein wesentliches Element seiner Architektur. [3] Zurückgehend auf antike Mythologie und Vorbilder der Renaissance schuf er an den Portalrisaliten des Berliner Schlosses eine Fülle von Statuen und Reliefs in barocker Symbolik. Auf das Schloß ausgerichtet und in dessen unmittel-

Luftbild von Nordwesten, um 1913, vorn Lustgarten, Schloßbrücke, Kaiser-Wilhelm-Denkmal, Bauakademie und Gebäude am Schinkelplatz

Das Schloß von Nordwesten 1940 aufgenommen

Die Westseite mit Eosanderportal an der Schloßfreiheit um 1900, im Bild rechts das Kaiser-Wilhelm-Denkmal

barer Nähe auf der Langen Brücke erhob sich seit 1703 das als Kunstwerk berühmte Reiterdenkmal des Großen Kurfürsten von A. Schlüter, das im Auftrag Friedrichs I. entstanden ein Wahrzeichen der Hohenzollernmacht und -größe gewesen ist, so wie 200 Jahre später das Nationaldenkmal für Kaiser Wilhelm I. auf der Schloßfreiheit.

Noch gesteigert in der Pracht und Fülle der Formen hatte Schlüter den Schloßhof gebildet und ihm dadurch die Bedeutung eines Empfangsvorplatzes für den König gegeben. Übrigens verwendete Friedrich Nicolai noch 1786 die Bezeichnung »Platz« für den Schlüterhof. Das Architektursystem der drei von Schlüter gebauten Flügel an der Nord-, Ost- und Südseite des Hofes bereicherte er um Loggien, ähnlich denen in Höfen römischer Paläste. Den mittleren der drei Portalrisalite, der am Hof im Ostflügel lag, und zu den Prunkräumen

Ausschnitt aus dem Deckengemälde im Rittersaal von Johann Friedrich Wentzel, der die Südseite (spätere Schloßplatzfront) des von Schlüter gebauten Königsschlosses zeigt (siehe Abb. auf S. 25)

und Wohngemächern Friedrichs I. führte, ließ er um die doppelte Anzahl der vorgesetzten Kolossalsäulen und Statuen breiter und damit repräsentativer als die anderen Portale gestalten.

Auch Schlüters Ausschmückung des dreiflügeligen Schloßbaues im Inneren war großartig und voller symbolischer Bedeutung. Das zeigte sich im großen Treppenhaus an den Gebälkfiguren, mit denen er den Kampf der Olympier gegen Titanen und Giganten in bewegter Plastitzität dargestellt hatte, und in den Wohn- und Festräumen, an den bis 1945 bewahrten Wand- und Deckengestaltungen der Paradekammern, der Elisabeth- und Sophie-Dorothee-Wohnung des zweiten Obergeschosses. Zum Beispiel hatte Schlüter mit dem Rittersaal über dem Portal V, dem Thronsaal Friedrichs I., zur Verherrlichung des ersten preußischen Königs das Hauptstück seiner barocken Raumkunst geschaffen; korinthische Pilaster mit Adlerkapitellen gliederten die Wände, Giebel mit plastischen Geniengruppen durchbrachen in den Ecken das reiche Gesims und leiteten über zu der Deckenmalerei von Johann Friedrich Wentzel, in der die Taten Friedrichs I. glorifiziert wurden. Sie zeigte in einer Figurengruppe, die direkt aus dem Deckengesims in illusionistischer Malerei aufzusteigen schien, das Modell des Schlosses von der Stechbahn aus gesehen. Über den vier Türen waren die Figurengruppen der Erdteile angebracht.

Schlüters Nachfolger, Johann Friedrich Eosander von Göthe, führte bis 1713 den Schloßbau weiter, indem er die Flügel um den westlichen Schloßhof bauen ließ (I. Schloßhof, sogenannter Eosanderhof). Beim Tod Friedrichs I. war der Lustgartenflügel des »neuen Schlosses« vollständig aufgeführt mit Portal IV, das den Skulpturenschmuck zweier Hermen erhielt, darstellend die Jahreszeiten Herbst und Winter. Sie sind dem Dresdener Bildhauer Balthasar Permoser zuzuschreiben, der sich zeitweise in Berlin aufhielt, ebenso wie die Pendants am Schlüterschen Lustgartenportal V, die den Frühling und den Sommer symbolisierten. Den Westtrakt hatte Eosander noch als Rohbau aufführen lassen, und am Schloßplatz entlang war das Fundament gelegt. Nachdem Eosander im Herbst 1713 als Schloßbaumeister entlassen worden war, vollendete der Baumeister Martin Heinrich Böhme das Schloß 1714/16 unter dem König Friedrich Wilhelm I.

In der Mitte der Westseite des neuen Schloßbaues hatte Eosander ein Portal eingefügt (Portal III, sogenanntes Eosanderportal), das den Trimphbogen des Septimus Severus in Rom ins Große gesteigert nachbildete und eine wirkungsvolle Schloßansicht von dieser Seite her abgab. Ein von Eosander geplanter Turmbau über dem westlichen Portal wurde nicht ausgeführt; daß aber tatsächlich eine stattliche Portalbekrönung damals vorgesehen war, ging aus den gewaltigen Abmessungen des Westportales und aus einem früher vorhandenen Modell hervor.[4]

Seine eigentliche architektonische Vollendung erhielt das Barockschloß Schlüters und Eosanders erst zwischen 1845 und 1853, als August Stüler und Albert Schadow über dem Eosanderportal die Kuppel und den darunterliegenden Kapellenbau errichten ließ und damit der Schloßsilhouette mit ihren flachen Dächern, der durchbrochenen Balustradenattika und den gegen den Himmel ragenden allegorischen Statuen die ihr zukommende Bekrönung gab.

Das große Architekturgebilde, das das Berliner Schloß darstellte, bestand aus den um zwei große Innenhöfe gelegenen sechs Flügeln aus der Barockzeit sowie Bauteilen des 15. bis 17. Jahrhunderts. Es umfaßte eine Fläche von etwa 23 800 qm. Im Inneren befanden sich in den vier Geschossen insgesamt 1 210 Räume, wie aus den letzten von der Schlösserverwaltung aufgestellten Lageplänen hervorgeht.

Jahrhundertelang nahm das Schloß in Berlin eine beherrschende Stellung ein; es war das gewichtigste Gebäude der Stadt und galt als das Wahrzeichen für den Ruhm Preußens und die Macht der Hohenzollern. Bis 1918 diente das Berliner Stadtschloß als Residenz und Wohnsitz der Hohenzollerndynastie, zuerst der brandenburgischen Kurfürsten, dann der preußischen Könige und deutschen Kaiser. Die Fluchten der Repräsentationsräume und die Wohnungen der Regenten, dazu Wohnraumfolgen für fürstliche Gäste, nahmen das erste und zweite Stockwerk, die Hauptgeschosse des Schlosses ein. Seit der Zeit Friedrichs I. haben alle Regenten, bis auf Friedrich Wilhelm III., Kaiser Wilhelm I. und Kaiser Friedrich III., ständig oder vorübergehend das Schloß bewohnt. Während sämtlicher Epochen der Hohenzollerndynastie blieb das Schloß Staatsempfängen und Repräsentationspflichten vorbehalten. Jeder Herrscher ließ die von ihm bewohnten Suiten nach seinem Geschmack und im Stil der Zeit umgestalten, so daß das Innere des Schlosses im Laufe des Jahrhundert vielgestaltig geworden war und manche Räume mehrmals Veränderungen erfuhren.[5]

Einen besonderen Einfluß nahm am Ende des 18. Jahrhunderts der kunstliebende König Friedrich Wilhelm II. auf die Umgestaltung einiger Raumfolgen. Er ließ im ersten Obergeschoß neue Appartements einrichten, für sich selbst 1787/88 die Königskammern im Lustgartenflügel, und beauftragte damit die Architekten Karl von Gontard und Friedrich Wilhelm von Erdmannsdorf. 1789 bis 1791 folgte dann durch Carl Gotthard Langhans der Ausbau der Wohnung der Königin Friederike im Schloßplatzflügel. Beide Suiten enthielten Festräume und Wohnräume, die um den Großen Säulensaal über dem Portal IV und den Pfeilersaal über dem Portal II lagen und in unveränderter Schönheit frühklassizistischer Raumkunst bis zum Zweiten Weltkrieg vorhanden waren.

Friedrich Wilhelm III. bewohnte während der langen Zeit seiner Regierung von 1797 bis 1840 das Kronprinzenpalais und das Prinzessinnenpalais Unter den Linden. Die Königin Luise ließ sich einige der schönsten Räume der Königskammer herrichten. Als Napoleon nach seinem Einzug in Berlin am 27. Oktober 1806 im Berliner Schloß residierte, quartierte er sich in den Königskammern ein, »... wo der Kaiser die Gemächer unserer angestammten Könige inne hatte und seine Dekrete nach allen Gegenden Europas sandte.«[6] Fast täglich nahm der französische Kaiser im Lustgarten die Parade seiner Garden ab. Er stand vor der Schloßapotheke und ließ die Abteilungen vorbeimarschieren.

Auch Verwaltungsbehörden waren im Schloß untergebracht, was vornehmlich in der Zeit des Absolutismus und für die erste Hälfte des 19. Jahrhunderts zutraf. Im Erdgeschoß befanden sich außer den Räumen für die Schloßverwaltung und Schloßwachen noch bis zur Mitte des 19. Jahrhunderts Behörden und Archive; das

Königliches Schloß 1904, Ansicht der Spreefront und Schloßapotheke von der Kaiser-Wilhelm-Brücke aus

Am Schloßplatz 1906, die Südseite mit den Portalen I und II, vorn die Lange Brücke und das Denkmal des Großen Kurfürsten von Andreas Schlüter

Der an der Ecke zur Spree und zum Schloßplatz gelegene Schloßgarten in der Kaiserzeit

oberste Geschoß enthielt Livreekammern, Wäschekammern, Unterkunft für die Dienerschaft und andere Nebenräume.

Von 1817 bis 1848 tagte im Schloß der Staatsrat, das Zentrum des preußischen Regierungs- und Verwaltungsapparates. Nach der von Freiherr vom Stein 1808 durchgesetzten Auflösung des königlichen Kabinetts, durch das der König souverän regiert hatte, waren Ministerien eingerichtet und 1810 der Staatsrat konstituiert worden, dem die wichtigsten Entscheidungen oblagen. Der Sitzungssaal des Staatsrates lag im Erdgeschoß an der Schloßplatzseite westlich von Portal II und wurde in dieser Zeit durch einen Architekten des Hofbauamtes neu ausgebaut. Der mit Pilastern an den Wänden und einer gewölbten Kassettendecke klassizistisch gestaltete Saal war nach den Zerstörungen des Zweiten Weltkrieges einer der wenigen gut erhaltenen Räume des Schlosses.

Der Lustgarten hatte seit 1715 als Exerzierplatz gedient; nur an den Rändern des öden Platzes standen einige Baumreihen. Erst nach der Vollendung des Museums 1828, das Karl Friedrich Schinkel als ein dem

Die Balustrade vor der Nordseite des Schlosses mit einer der 1844 aufgestellten Rossebändigergruppen und zwei Oranierstatuen aus der wilhelminischen Zeit (beide Rossebändigergruppen heute im Kleistpark; die Oranierstatuen sind nicht erhalten)

Blick von Norden in den Schlüterhof von Portal V aus auf die Hofseite von Portal I (Abb. S. 17)

Nordseite des Schlosses vom Lustgarten aus, vor der Nordwestecke die Adlersäule, rechts im Hintergrund das Kaiser-Wilhelm-Denkmal

Der Schlüterhof des Berliner Schlosses von Norden gesehen, links der Große Portalrisalit, 1830 von Eduard Gärtner gemalt (Öl auf Leinwand)

Schloß würdiges Bauwerk am nördlichen Rande des Lustgartens aufgeführt hatte, erhielt der Lustgarten wieder seine ursprüngliche Bedeutung, nämlich die eines zum Schloß gehörenden Gartens. Zwischen 1830 und 1832 entstand nach Entwürfen von Schinkel unter Mitarbeit Peter Joseph Lennés die neue Lustgartenanlage mit Rasenflächen, Blumenrabatten und Büschen, mit Springbrunnen, Spazierwegen und an den Seiten entlangführenden Alleen und mit der großen Granitschale, die vor der Säulenfront des Museums aufgestellt wurde.

Bis gegen Ende des 19. Jahrhunderts führte noch keine durchgehende Fahrstraße von Unter den Linden über die Schloßbrücke am Schloß vorbei und über die Kavalierbrücke in die Altstadt von Berlin. Wagen mußten die Umwege über Schloßfreiheit, Schloßplatz und Lange Brücke oder am Dom entlang über die Friedrichsbrücke fahren. Die Brücke, die zwischen Schloß und Dom die Spree überquerte, war lange Zeit eine Fußgängerbrücke, und das Terrain vor der Nordseite des Schlosses stellte sich wie ein geräumiger Platz dar. Erst 1886/89 wurde die Kavalierbrücke als Kaiser-Wilhelm-Brücke neu erbaut, für den Wagenverkehr verbreitert und eine Fahrstraße, die Kaiser-Wilhelm-Straße (jetzt Liebknecht-Straße) von Unter den Linden am Schloß vorbeiführend angelegt. Dafür mußte ein Teil des Schloßapothekenflügels abgetragen werden.

Seit der Zeit Friedrichs II. erfüllte der Schlüterhof seinen ursprünglichen von Schlüter beabsichtigten Sinn. Er war auch für Bevölkerung zum Vorhof des Königsschlosses geworden. Ein genehmigter öffentlicher Weg führte durch die Schloßportale I und V vom Schloß-

Das Pendant dazu, der 1831 von Eduard Gärtner gemalte Eosanderhof, Blick auf die Südwand mit Hohenzollerntreppenrisalit und Portal II, rechts Portalrisalit III noch ohne Kuppel

platz zum Lustgarten, und dem Volk war es gestattet, im Schloßhof spazieren zu gehen. Der Berliner Architekturmaler Eduard Gaertner stellte die von Spaziergängern bevölkerten Schloßhöfe in der Biedermeierzeit dar. Schloß und Lustgarten wurden 1840, als Friedrich Wilhelm IV. die Regierung angetreten hatte, zum Schauplatz eines für Berlin historisch bedeutsamen Festes. Zur Huldigungsfeier für den neuen König am 15. Oktober 1840, als die Stände und die Bürger dem König den Eid der Treue und des Gehorsams leisteten, war vor Portal IV an der Lustgartenseite des Schlosses in Höhe des ersten Stockwerkes ein Thronbaldachin errichtet worden, der mit scharlachrotem Tuch verkleidet, mit Goldtressen geschmückt und von Standarten und Laubgewinden umrahmt war. »Es war ein großer, herzbewegender Moment, als er in Berlin vor dem Schlosse von der goldenen Treppe des festlichen Throngerüstes herab die auf dem Schloßplatz Versammelten mit begeisterten Worten anredete ... So hatte noch nie in Preußen ein König zu seinem Volke gesprochen, und im Moment war alles durch den hohen Schwung dieser Feierstunde überwältigt.«[7] Die Hoffnungen des Volkes wurden jedoch nicht erfüllt.

1844 ließ Friedrich Wilhelm IV. an der Lustgartenseite des Schlosses Terrassen anlegen und zu beiden Seiten des Portals IV Bronzegruppen aufstellen. Die beiden Rossebändigergruppen waren Geschenke des Zaren Nikolaus an den König und Wiederholungen von Exemplaren auf der Antischow-Brücke in St. Petersburg, die der Bildhauer Baron von Clodt geschaffen hatte. Später fand an der Nordwestecke der Terrasse, an der Stelle, wo der Schlütersche Münzturm stehen sollte, eine Adlersäule Aufstellung. Die Säule hatte Christian Cantian aus einem im Hangelsberger Forst gefundenen Monolith gearbeitet, den vergoldeten Adler schuf der französische Bildhauer Pradie.

Einzelne Epochen der Hohenzollernmonarchie, die am 9. November 1918 zu Ende ging, haben im Gedächtnis des Volkes in Verbindung mit dem Schloß eine symptomatische Bedeutung behalten. Denn seit dem 19. Jahrhundert wurde das Schloß mehr als je zuvor zum Mittelpunkt historischer Ereignisse. Von den Schloßbalkonen sind auf mannigfache Weise Kundgebungen an die Bevölkerung ergangen. Am 11. April 1847 eröffnete Friedrich Wilhelm IV. im Weißen Saal den Landtag, die Vertretung der preußischen Provinzialstände, ein Zugständnis an demokratische Bewegungen, denen der König nur widerstrebend nachgegeben hatte.

Die Ereignisse des 18. und 19. März 1848, die zu dem

Blick aus dem Eosanderhof durch den Torbogen von Portal III auf das Kaiser-Wilhelm-Denkmal an der Schloßfreiheit

Blick von Osten in den Eosanderhof vom Querflügel aus auf die Hofseite von Portal III und auf das Denkmal des Heiligen Georg im Kampf mit dem Drachen von August Kiss

Gobelin-Galerie, erbaut um 1707, verändert von Ernst von Ihne 1909/14, Farbfoto von 1935, Blick nach Westen zum Weißen Saal

Erasmuskapelle, Aquarell von Johann Heinrich Hintze 1839, Arbeitszimmer des Kronprinzen Friedrich Wilhelm. Durch das Fenster sieht man das Reiterstandbild des Großen Kurfürsten von Andreas Schlüter

Höllentreppenrisalit in der Nordwestecke des Eosanderhofes (Abb. S. 22)

Volksaufstand und der blutig niedergeschlagenen Berliner Revolution führten, spielten sich in der unmittelbaren Umgebung des Schlosses ab. Am Nachmittag des 18. März hatte sich eine große Menschenmenge auf dem Schloßplatz versammelt – 10 000 Menschen gibt eine in den Jahren danach abgefaßte Beschreibung an.[8] Sie wollten vom König die nun endlich gegebenen und bereits proklamierten Zugeständnisse hören; er selbst sollte ihnen Pressefreiheit, Einberufung des Landtages, Beseitigung der Zollschlagbäume bekanntgeben. Der König trat auf einen Balkon heraus, konnte sich aber kein Gehör verschaffen. In dem großen Gedränge, das auf dem Schloßplatz herrschte, wurde die Menge bis an die Schloßportale gedrängt, und den zunächst Stehenden bot sich der Anblick der kampfbereit auf den Schloßhöfen aufgestellten militärischen Einheiten. Es erscholl der Ruf: »Militär zurück«. Die aufgebrachte, wütende Menge ließ sich nicht beruhigen. Der König glaubte sich bedroht, in seiner Würde verletzt, so gab er den Befehl, den Schloßplatz räumen zu lassen. Das Vorrücken der Kavallerie und Infanterie gegen unbewaffnete Volksmassen, das Säubern des Schloßplatzes, zwei zufällige Schüsse hatten eine furchtbare Wirkung. Sie waren das Signal zum Ausbruch der Revolution. Überall in Berlin wurden Barrikaden errichtet. Proklamationen zur Verhinderung des Kampfes und zur Beruhigung der Bevölkerung nützten nichts mehr. Bis gegen Morgen des 19. März dauerte der Kampf. Dann wurde vom Schloß die Einstellung befohlen. Das Militär hatte die wichtigsten Teile der Stadt, die Gegenden um das Schloß, Breite Straße und Brüderstraße, sowie zwischen Unter den Linden und Leipziger Straße fest in der Hand.

In der Nacht vom 18. zum 19. März wurde im königlichen Schloß die von Friedrich Wilhelm IV. unterzeichnete Proklamation »An meine lieben Berliner« abgefaßt, die man noch nachts in der Deckerschen Hofbuchdruckerei drucken und ab 7 Uhr früh öffentlich aushängen ließ. Gegen Morgen empfing der König eine Deputation angesehener Bürger, die sich für die Einstellung der Kämpfe aussprach. Nach Beendigung der Kampfhandlungen wurde das Militär aus der Stadt abgezogen; das Schloß blieb ohne militärischen Schutz. Das Volk fühlte sich als Sieger; man hißte die schwarzrot-goldene Fahne.

Am 19. März bewegte sich ein langer Zug mit den Bahren der 183 gefallenen Revolutionäre aus der Altstadt auf das Schloß zu. Der Schloßplatz war wieder voll von Menschen, und auch in den Schloßhöfen hatten sich viele versammelt, die die Verwundeten und Toten erwarteten. Im Schlüterhof, durch den die Toten und Verwundeten auf Leichenwagen und auf Bahren geführt wurden, kam es zu furchtbaren Szenen. Man hatte die Wunden der Leichen bloßgelegt und mit Blumen geschmückt. Unter dem Balkon des Königs hielt der Leichenzug, und ganz nach dem Vorbild der Ereignisse während der Französischen Revolution in Paris erschollen wütende Schreie nach dem König. Das Königspaar mußte auf die Galerie im Schloßhof heraustreten und den Toten die letzte Ehre erweisen. Der Ruf aus der Menge »Hut ab« zwang den König, mit entblößtem Kopf den Leichenzug vorüberziehen zu lassen. Diese Demütigung des Monarchen bedeutete in Berlin den Höhepunkt der Revolution. Am 20. März verkündete Friedrich Wilhelm IV. vom Balkon am Schloßplatz eine Amnestie für die politischen Gefangenen, so wie es das Volk gefordert hatte.

Die Särge wurden am 22. März auf dem Trauerkatafalk vor der Deutschen Kirche auf dem Gensdarmenmarkt aufgestellt. Hier fanden die kirchenlichen Trauerfeierlichkeiten statt, und von hier aus setzte sich ein endloser Leichenzug in Bewegung, der zur Begräbnisstätte der Revolutionäre im Friedrichshain führte. Er nahm den Weg durch die Charlottenstraße, die Straße Unter den Linden, über den Schloßplatz durch die Königstraße (heute Rathausstraße). Der König stand in Generaluniform auf dem Schloßbalkon und hatte den Helm abgenommen.

Nach den für ihn demütigenden Erlebnissen der Revolutionstage, hielt Friedrich Wilhelm IV. sich nur noch vorübergehend im Berliner Schloß auf. Am 26. Februar 1849 eröffnete er im Weißen Saal das nach der neuen, ihm aufgezwungenen Verfassung gewählte Parlament, am 6. Februar 1850 leistete er im Rittersaal den Eid auf die preußische Verfassung.

Wilhelm I. bewohnte auch nach der Krönung zum

Decke des Rittersaales mit dem Gemälde von Johann Friedrich Wentzel, das die Taten Friedrichs I. verherrlicht und über der östlichen Wand das von Schlüter gebaute Königsschloß zeigt, Foto etwa 1913 (siehe Abb. auf S. 13)

Rittersaal, von Andreas Schlüter als Thronsaal Friedrichs I. ausgeführt, Farbfoto um 1935, Blick nach Osten auf die Bildhauerarbeiten Schlüters und auf das Silberbuffet, das nach Entwurf Eosanders von Göthe 1703 aufgestellt wurde

König 1861 und der Proklamation zum deutschen Kaiser 1871 wie bislang sein Palais Unter den Linden an der Ecke des Opernplatzes.

Erst Wilhelm II., seit 1888 deutscher Kaiser, bevorzugte wieder das Stadtschloß in Berlin häufig als Wohnsitz, das war in der Regel während des Winters von Januar bis Mai, und betonte – wie seine Vorfahren im 17. und 18. Jahrhundert – die Bedeutung des Gebäudes durch die Anwesenheit der Hofgesellschaft. War der Kaiser im Schloß anwesend, dann wurde auf dem Fahnenmast über dem Portal IV die kaiserliche Standarte aufgezogen. Am 25. Juni 1888 eröffnete Wilhelm II. den deutschen Reichstag im Weißen Saal, eine prunkvolle Festlichkeit, die der bevorzugte Maler des Kaiserreiches Anton von Werner dargestellt hat.

Wilhelm II. besaß eine Vorliebe für die prachtvolle Barockkunst Schlüters und Eosanders. Ihm sagte – mehr als seinen Vorgängern – das riesige, repräsentative, auch als wenig wohnlich empfundene Schloßgebäude zu, und er war bestrebt, es mit dem Glanz eines Kaiserschlosses zu versehen. So hatte er angeordnet, daß bei den Veränderungen, die er im Inneren des Schlosses vornehmen ließ, alles möglichst im alten Stil, vor allem im Sinne Schlüters, gehalten werden solle. Bei Antritt der Regierung bezog das Kaiserpaar in der Schloßplatzfront die Raumfolgen im ersten Stock um die Portale I und II. Die bis zur Spree anschließenden Räume waren Dienstzimmer für Adjutanten und Gefolge. Auf Wunsch des Kaisers wurde auch hier der alte Ausbau ge-

Schwarze-Adler-Kammer, Farbfoto um 1935, Blick auf die Westwand mit Reiterbild Friedrichs II. von Wilhelm Camphausen

schont, so daß in den kaiserlichen Privat-, Empfangs- und Arbeitsräumen vieles von der Ausgestaltung des Barock, Rokoko und Klassizismus erhalten blieb. Das ehemalige Vorzimmer zur Audienz Friedrichs II. diente nun als Arbeitszimmer des Kaisers. Wilhelm II. ließ außerdem im Schloß komfortable und angemessene Gästewohnungen für fürstliche Besucher einrichten. Im gesamten Bereich an der Schloßfreiheit und am Lustgarten zwischen Portal III und Portal IV wurden in der Mecklenburgischen Wohnung im Erdgeschoß und in der Wilhelmschen Wohnung und den Königskammern im ersten Stock moderne Heizungen und Installationen eingebaut. Großartig war vor allem der Umbau des Weißen Saales, den der kaiserliche Hofarchitekt Ernst von Ihne 1892/1903 ausführen ließ. Der Weiße Saal war 1846 von August Stüler in Verbindung mit dem Kuppelbau über Portal III vergrößert und umgebaut worden. Nun mußte für die Feste des Kaiserhofes der größte Saal des Schlosses mit glanzvoller Aufmachung neugestaltet werden.

Das Äußere des nicht zu Unrecht als düster angesehenen mächtigen Bauwerkes erhielt unter Wilhelm II. eine freundliche Umfriedung: Ähnlich den breiten Terrassen, die Friedrich Wilhelm IV. an der Lustgartenseite hatte anlegen lassen, wurden 1901 schmale Terrassen um das Schloß gezogen, die die Mauern am Schloßplatz und an der Schloßfreiheit mit schmalen Rasenflächen, Buschwerk und Steinbalustraden umgaben. Zur kaiserlichen Wohnung gehörte ein Schloßgarten, eine idyllische aus der Zeit Friedrich Wilhelms IV. stammende Anlage an der Spreeseite, die gegen die Schloßplatz-

ecke nicht nur durch die Terrasse, sondern auch durch eine hohe Steinmauer abgeschirmt war. In der Mitte des Gärtchens stand ein Springbrunnen.

Die Terrassen, die das Schloß als schmaler Gürtel umrandeten, fanden ihre Fortsetzung in den Grünflächen des Lustgartens und des Schloßplatzes, so daß die gesamte Umgebung des Schlosses in der wilhelminischen Zeit einen freundlichen Anblick bot. Selbst die Verkehrsinseln auf dem Schloßplatz waren mit Blumenbee-

Der Weiße Saal nach dem 1903 vollendeten Umbau durch Ernst von Ihne, Blick nach Norden zum Lustgarten, links die Fensterfront an der Schloßfreiheit (Abb. s. 28)

»Leichenbegängniß der in den Märztagen Gefallenen am 22. März, gez. von J. Kirchhoff«, »Illustrierte Zeitung« 1848, Blick über den Schloßplatz und nach Osten in die heutige Rathausstraße (Abb. oben)

Weißer Saal, Eröffnung des Deutschen Reichstages am 25. Juni 1888 durch den neugekrönten Kaiser Wilhelm II., der die Thronrede verliest, nach dem Gemälde Anton von Werners von 1893, Neues Palais, Potsdam-Sanssouci (Abb. unten)

ten und Rasenflächen geschmückt, und die Mitte des Platzes gegenüber Portal II nahm seit 1891 der Neptunbrunnen ein, den der Bildhauer Reinhold Begas geschaffen hatte. Im ersten Jahrzehnt seiner Regierung ließ Wilhelm II. die Häuser an der Schloßfreiheit abreißen und gegenüber von Portal III das Reiterdenkmal für Kaiser Wilhelm I. errichten. Das von einer Kolonnadenarchitektur umgebene Reiterstandbild stammte ebenfalls von Begas, der die Plätze am Schloß mit den beiden Kunstwerken im Stil des wilhelminischen Barock, dieser für Berlin bedeutungsvollen neubarocken Kunstrichtung der wilhelminischen Epoche, verschönert hatte. Seit seiner Einweihung am 22. März 1897 trug das Denkmal Wilhelms I. – deutsches Nationaldenkmal genannt – dazu bei, der Umgebung des Kaiserschlosses im Sinne Wilhelms II. das von ihm gewünschte staatsoffizielle Pathos zu geben. Im Volksmund hieß das von bronzenen Löwen umgebene Reiterstandbild »Wilhelm in der Löwengrube« (Drei der Löwenfiguren befinden sich heute im Tierpark Friedrichsfelde.). Auch die Lustgartenseite des Schlosses erhielt zur Zeit Wilhelms II. neue Denkmäler, von der Hand des Bildhauers Graf von Schlitz-Görtz. Vor der Schloßapotheke wurden 1905 das Denkmal des Admirals Coligny enthüllt und zwischen den Portalen IV und V im Jahre 1907 vier Statuen von Oranierfürsten aufgestellt.

Am 31. Juli 1914, dem Tag vor der Kriegserklärung, hielt der Kaiser vom Balkon über dem Portal V im zweiten Stock eine seiner überheblichen, theatralischen Reden: »Eine schwere Stunde ist heute über Deutschland hereingebrochen ... Ich hoffe, daß, wenn es nicht in letzter Stunde meinen Bemühungen gelingt, die Gegner zum Einsehen zu bringen und den Frieden zu erhalten, wir das Schwert mit Gottes Hilfe so führen werden, daß wir es mit Ehre wieder in die Scheide stecken können. Enorme Opfer an Gut und Blut würde ein Krieg dem deutschen Volk erfordern. Den Gegnern aber würden wir zeigen, was es heißt, Deutschland anzugreifen. Und nun empfehle ich euch Gott! Jetzt geht in die Kirche, kniet nieder vor Gott und bittet um Hilfe für unser braves Heer.«[9]

Am 1. August, dem Tag des Kriegsbeginns, ergingen dann in einer kurzen Rede, die Wilhelm II. vom Balkon über dem Portal IV hielt, an das Volk die berühmt gewordenen Worte: »In dem jetzt bevorstehenden Kampfe kenne ich in meinem Volk keine Parteien mehr. Es gibt unter uns nur noch Deutsche, und welche von den Parteien auch im Laufe des Meinungskampfes sich gegen mich gewendet haben sollte, ich verzeihe ihnen allen von ganzem Herzen ...«[10] Noch während des Ersten Weltkrieges zeigte die Umgebung des Schlosses, das seit Kriegsausbruch nur Schloßbedienstete und Wachpersonal beherbergte, wie in Friedenszeiten ein gepflegtes Aussehen.

Wilhelm II. spricht am 31. Juli 1914 vom Balkon des Rittersaales über Portal V zu der am Schloß versammelten Menschenmenge

I.

DAS SCHLOSS ZWISCHEN DEN BEIDEN WELTKRIEGEN

»Für Berlin ist das Schloß der städtische Mittelpunkt …«

29. 8. 1950, Johannes Stroux,
Präsident der Akademie der Wissenschaften
zu Berlin

Revolution 1918 und Hohenzollernbesitz

Am 9. November 1918 wurde das Schloß zum Zentrum der revolutionären Kämpfe in Berlin, die am Nachmittag nach Bekanntwerden der Abdankung Wilhelms II. einsetzten. Das Hohenzollernschloß, der Schlüterbau, wurde besetzt, geplündert und beschossen. Schon Tage vorher hatten der kommandierende General von Berlin und das Generalkommando Vorkehrungen zur Verteidigung des Schlosses getroffen. Nach dem Matrosenaufstand in Kiel und der Revolution in München mußte auch in Berlin mit dem Umsturz gerechnet werden. Im Schloß wurden 250 Soldaten, 20 Maschinengewehre und drei Panzerautos untergebracht, dazu der Stab des Generalkommandos unter General von Richthofen als stellvertretendem Kommandanten von Berlin. Am Sonnabend, dem 9. November, um 7 Uhr früh übernahm das Militär den Sicherheitsdienst im Schloß. Die Schloßumgebung wurde abgesperrt und Befehl gegeben, bei Angriff sofort zu schießen. Auf dem Dach des Schlosses waren Maschinengewehre aufgestellt. Ab 9 Uhr gab eine Anordnung den Straßen- und Brückenverkehr für Volksumzüge frei. Daraufhin wurde der Lustgarten von Volksmassen überflutet, Bewaffnete drangen gegen das Schloß vor. Vorübergehend gelang es der Polizei, den Lustgarten zu räumen.

Nachdem am Nachmittag um 14 Uhr der sozialdemokratische Reichstagsabgeordnete Philipp Scheidemann von einem Balkon des Reichstagsgebäudes die Abdankung des Kaisers bekanntgegeben und die Republik ausgerufen hatte, wurde im Schloß der Befehl gegeben, unter keinen Umständen auf das Volk zu schießen. Und »wie das Schutzkommando, so rückten auch die militärischen Verteidiger des Kaiserpalastes am Nachmittag des 9. November mit nach unten gekehrten Gewehren ab, da sie die Nachricht erhalten hatten, daß der Kaiser abgedankt habe. Die dazu gehörigen Offiziere verschwanden selbstverständlich auch.«[11] Nur einige Hofbeamte waren im Schloß zurückgeblieben.

Gegen 16.30 Uhr fuhr Karl Liebknecht vor dem Schloß vor. Auf dem Verdeck eines Autos stehend gab er bekannt, das Schloß sei nun Volkseigentum und stehe unter dem Schutz des Berliner Arbeiter- und Soldatenrates. Er zeigte auf das Hauptportal und rief: »Durch dieses Tor wird die neue sozialistische Freiheit der Arbeiter und Soldaten einziehen; an der Stelle, wo die Kaiserstandarte wehte, wollen wir die rote Fahne der freien Republik Deutschland hissen.« Danach betrat Liebknecht, gefolgt von einer Menschenmenge, das Schloß und ließ sich von dem Oberkastellan einen Fenstersaal öffnen. Von demselben Balkon, auf dem der Kaiser mehrere seiner historischen Ansprachen gehalten hatte, und an dem man eine rote Decke als Fahnenersatz hinausgehängt hatte, verkündete Liebknecht die sozialistische Republik Deutschland: »Der Tag der Freiheit ist angebrochen. Nie wieder wird ein Hohenzoller diesen Platz betreten … Wer von euch die freie sozialistische Republik Deutschland und die Weltrevolution erfüllt sehen will, erhebe die Hand zum Schwur.«[12] In den Ablauf der denkwürdigen Ereignisse des 9. November

1918 sei hier eingefügt: Die Rede Karl Liebknechts vom Schloßbalkon, die für die Tradition der DDR eine wichtige Begebenheit gewesen ist, bestimmte das Schicksal des einzigen Bauteils vom Berliner Stadtschloß, das erhalten geblieben ist. Wegen des »Liebknechtbalkons« wurde der gesamte Portalrisalit IV bei der Schloßvernichtung 1950 geborgen und 1962/64 in das Staatsratsgebäude am Marx-Engels-Platz eingebaut. Nach seiner Ansprache erging sich Liebknecht mit einigen seiner Begleiter in den Thron- und Paradegemächern des Schlosses. Spät am Nachmittag des 9. November wurde auf dem Mast, der die Kaiserstandarte getragen hatte, die Fahne der Revolution, ein rotes Tuch, hochgezogen. Das Schloß zu Berlin hatte damit aufgehört, die Residenz der Könige von Preußen und deutschen Kaiser zu sein.

Am Abend des 9. November befand sich das Schloß in den Händen der Aufständigen. Eine vom Zufall blind zusammengewürfelte Gesellschaft, deren Kern Arbeiter, Soldaten und Revolutionäre waren, hatte vom Schloß Besitz ergriffen. Bereits an diesem Abend begannen die Plünderungen, zuerst in den Garderobenräumen des Kaisers, dann in den Privatzimmern des Kaiserpaares. Schreibtische, Schränke und Vitrinen wurden erbrochen. In den Tagen bis zum 13. November hatten die Plünderer außerdem Zugang zu den Braunschweigischen Kammern, Hofdamenwohnungen, Prinzenzimmern und Zimmern der Dienerschaft. Jedoch war der Schaden, wie später festgestellt werden konnte, nicht allzu umfangreich. »Die Menge, die in den Tagen des Zusammenbruchs von 1918 ins Schloß eindrang, dampfte weder in Wutschweiß, noch waren ihre Hände mit Menschenblut besudelt... Nichts wollte man zertrümmern oder niederbrennen... Nicht einmal der Thronsessel flog am 9. November zum Fenster hinaus... obwohl... eine Nachahmung des französischen Beispiels von 1848 doch eigentlich nahelag.«[13]

Am 13. November, gegen Mittag, ging die Herrschaft der ersten Schloßbesatzung zu Ende. Diese wurde kampflos abgelöst, in den Marstall gebracht, und nach Untersuchungen übergab man einige ihrer Mitglieder der Stadtvogtei. Am selben Tag setzt das Finanzministerium als Schutztruppe für das Schloß die Volksmarinedivision ein, die als Teil der Republikanischen Schutzwehr von Herrmann Graf Wolff-Metternich und Graf Meßberg gegründet worden war.

Die Volksvertreter der neuen preußischen Regierung hatten am 13. November den Hohenzollernbesitz dem preußischen Finanzministerium unterstellt. Es erfolgte die erste »Bekanntmachung betreffend die Beschlagnahme des preußischen Kronfideikommißvermögens« und am 30. des Monats eine zweite Verord-

Soldaten im Eosanderhof nach dem 9. November 1918, rechts der Querflügel zwischen den Schloßhöfen, geradezu Portal IV

nung, nach der auch das Privatvermögen des Hauses Hohenzollern konfisziert wurde.

Die Volksmarinedivison genoß anfangs Respekt. Dem Machtbereich der später bis zu 3 000 Mann angewachsenen Truppe unterstanden Marstall, Schloßplatz und das gesamte Schloß. Zu ihren Mitgliedern gehörten anfangs echte »SM Schiff«-Kerle oder wirkliche Kulis[14]; sehr rasch jedoch verschlechterte sich die Zusammensetzung der Division durch wahllose Einstellungen. Auch die »Matrosen« plünderten das Schloß. Kleine und größere Diebstähle sowie der wachsende Anspruch auf immer mehr Platz und Räume im Schloß gaben Anlaß zu Beschwerden, die das alte Verwaltungspersonal an das Finanzministerium richtete. Metternich besaß Verständnis für die Sicherung wertvoller Kunstschätze und genehmigte, daß Kunstwerke, im besonderen Bilder und das berühmte Silberbuffet, in sicheren Gewahrsam gebracht und auf die Museumsinsel abtransportiert werden durften. Zwischen dem 21. und 26. November wurden mit Zustimmung des Finanzministeriums unter Leitung des Generaldirektors der Museen, Geheimrat Wilhelm von Bode, und des Direktors am Kunstgewerbemuseum, Geheimrat Otto Ritter von Falke, die wertvollsten Gemälde und kunstgewerblichen Sammlungsgegenstände in die Museen gebracht.

Anfang Dezember traten Änderungen in der Volksmarinedivision ein, neue Wortführer machten sich breit, Ideen der Spartakisten begannen in der Truppe wirksam zu werden. Metternich, der an der gescheiterten Erhebung des Volksbeauftragten Friedrich Ebert zum Reichspräsidenten beteiligt war, trat am 6. Dezember zurück, der Linkssozialist Hermann Dorrenbach nahm seine Stelle ein. Im Finanzministerium wurde die Stimmung gegen die »Matrosen« feindseelig: Man wolle nicht mehr nur Ordnung im Schloß haben, das ganze revolutionäre Pack solle verschwinden. Ein unvermuteter Überfall auf die Schloßbesatzung war schon im Gespräch; denn der tatsächliche Zustand war nun, »daß im Mittelpunkt der Stadt, unter den Augen der Sicherheitsbehörden, das Schloß, augenblicklich wohl das wertvollste Nationaleigentum, einer Bande von Plünderern schutzlos preisgegeben war«, von denen ihr Kommandant sagte: »Meine Leute sind eine organisierte Räuberbande.«[15] Zu der Zeit waren in 500 von den Zimmern des Schlosses jedes Behältnis geöffnet und erbrochen und seines Inhalts, wenn er wertvoll war, beraubt. Mehrmals geplündert wurden die Livreekammern, die man im obersten Stockwerk entdeckt hatte. Großen Anklang fanden bei den Besatzern ebenso die riesigen Lebensmittelvorräte des Schlosses, aus denen während des Krieges in das kaiserliche Hauptquartier täglich kistenweise Lieferungen abgegangen waren, auch in den letzten Kriegsjahren, als die Menschen in Deutschland hungerten. Das Lebensmittelmagazin wurde beraubt und das Geraubte von der Wasserseite aus abtransportiert.

Am 18. Dezember 1918 wurde zwischen dem Finanzministerium und der Marinedivision das schriftliche Abkommen getroffen, daß die Truppe bis zum 21. das Schloß räumen und in den Marstall umziehen sollte. Der Marstall war jedoch entgegen der Vereinbarung nicht frei geworden. Die Erregung der »Matrosen« steigerte sich, weil ihre Löhnung, die am Tag vor Weihnachten fällig war, erst gezahlt werden sollte, wenn das Schloß geräumt war. Etwa 400 »Matrosen« zogen am 23. Dezember zur Kommandantur Unter den Linden, drangen mit Gewalt ein und erzwangen die Auszahlung der Löhnung. Doch konnte dadurch weder ihre Wut besänftigt, noch der Aufruhr verhindert werden. Die Matrosen setzten den Kommandanten von Berlin als Geisel im Marstall gefangen. Um dagegen mit Waffengewalt vorgehen zu können, rief die Regierung die Gardetruppen unter Generalleutnant Lequis zu Hilfe. Man stellte den Matrosen das Ultimatum, bis 8 Uhr früh am 24. Dezember Schloß und Marstall zu verlassen. Diese entschieden, die beiden Gebäude bis zum letzten Mann zu verteidigen und waren entschlossen, das kaiserliche Schloß als Pfand der Volksherrschaft unter Einsatz ihres Lebens zu halten.

Zwei Minuten vor 8 Uhr am Morgen des Weihnachtstages setzte die Beschießung des Schlosses ein. Geschütze standen am Werderschen Markt, bei der Schloßbrükke am Zeughaus und im Lustgarten vor dem Alten Museum. Vom Lustgarten aus sausten die Geschosse an den Rossebändigergruppen vorbei auf die Portale zu, zertrümmerten Säulen am Portal V, rissen große Stükke aus Mauerwerk und Fensterskulpturen, verschonten nicht den berühmten Balkon über Portal IV und richteten im Pfeilersaal dahinter Verwüstungen an. Die schmiedeeisernen, erst unter Wilhelm II. angefertigten Gittertore der Portale, wurden beschädigt und zer-

Nach der Beschießung des Schlosses am 24. Dezember 1918, Menschenansammlung vor Portal IV (Postkarte)

stört. An der Westseite des Schlosses schlugen Granaten ein; ein Sandsteinpfeiler des Nationaldenkmales an der Schloßfreiheit wurde zertrümmert und auch der Marstall verwüstet. Von Anfang an hatten die Matrosen eine schlechtere Position. Es fehlte ihnen an Ladung für die Geschütze, und es fehlten Ausgebildete zur Bedienung der Geschütze.

Eineinhalb Stunden dauerte die Beschießung des Schlosses, dann wurden die Truppen Lequis zurückgezogen. Bewaffnete Matrosen wurden sofort standrechtlich erschossen; 30 Matrosen hatten sich ergeben und sollten abgeführt werden, wurden jedoch auf der Schloßbrücke von der Menschenmenge wieder befreit, denn der Lustgarten war schwarz von Menschen, die gegen die Regierungstruppen und gegen die Schloßdemolierung demonstrierten. Es kam zu Verbrüderungen. Selbst der bürgerlich gesinnte, kaisertreue Archivar der Schloßbibliothek, Bogdan Krieger, der 1922 seine Erlebnisse in den Revolutionstagen veröffentlichte, warf die Frage auf, ob die Beschießung des Schlosses, in dem sich kaum mehr als 50 bis 60 Matrosen befanden, überhaupt nötig war. Regierung und Regierungstruppen hatten einen bösen Fehlschlag erlitten, ähnlich wie im März 1848, als man revolutionären Ereignissen, die sich in unmittelbarer Verbindung mit dem Hohenzollernschloß abspielten, mit Gewalt begegnete.

Sieben getötete Matrosen wurden im Speisezimmer der kaiserlichen Familie aufgebahrt, »wo inmitten des mit weißen Kaiserkronen durchwirkten roten Schutzbehanges der Wandbilder sieben Särge an der Längsseite des Eßtisches auf dem roten Spannteppich aufgestellt waren.«[16] Später standen sie – zur Ehrenbezeugung zugänglich – im Vestibul des großen Treppenhauses am Schlüterhof. In der Siegesallee fand eine Kundgebung statt, auf der Ebert und Scheidemann als die Mörder der Matrosen angeklagt wurden. Von dort und vom Schloß gingen Trauerzüge durch die Hauptstraßen Berlins zum Friedhof der Märzgefallenen im Friedrichshain. Am 31. Dezember verließen die Matrosen das Schloß, welches ohne Besatzung blieb und unter die Obhut der Regierungstruppen gestellt wurde. Die Matrosendivision trat geschlossen in die Republikanische Schutzwehr ein.

Im Sommer 1919, als der Kommandeur des Marineregimentes 5, Ehrhardt, der mit seiner Truppe im Schloß einquartiert war und am 21. Juli über dem Portal IV die Reichsmarine-Kriegsflagge aufziehen ließ, kam es beinahe wieder zu Schießereien. Im Finanzministerium war man der Meinung: Nun war das Schloß über Monate neutral, die Berliner hatten die Kaiserresidenz vergessen, jetzt könnten sie wieder durch eine so aufreizende Begebenheit aufmerksam gemacht und neu verbittert werden.

Das weitläufige Gebäude stand 1919 fast leer, nur noch bewohnt von Kastellanen und Aufsehern. Nach wie vor und durch die Ereignisse der Revolution unbeschadet, hatte die ehemalige Königliche Hausbibliothek ihr Domizil im Galeriebau und im Haus der Herzogin an der Spreeseite des Schlosses im ersten Stockwerk. Seit 1862, als die Bibliothek mit einem alten Bestand von 190 000 Bänden gegründet worden war, erhielt sie durch die Privatbibliotheken der Herrscher ständig bedeutenden Zuwachs. Bei Ausbruch des Ersten Weltkrieges umfaßte das Inventar einschließlich der Landkarten, Kunstblätter und Musikalien rund 1 000 000 Einzelstücke. Darin war ein wertvoller Sammlungsbestand, die Aquarellsammlung Friedrich Wilhelm IV., enthalten, bestehend aus rund 3 600 Blatt Originalen von Eduard Hildebrand, Carl Craeb, Eduard Gaertner, Johann Heinrich Hintze, Friedrich Wilhelm Klose, Theodor Hosemann und anderen.[17]

Auf der Liste der 80 Schlösser, Burgen und Herrensitze in Deutschland, die bis zum November 1918 Hohenzollernbesitz waren, befanden sich 28 in Berlin und Potsdam.[18] Unter ihnen stand das »Königliche Schloß mit Lustgarten zu Berlin« an der ersten Stelle. Infolge der im November ergangenen Verordnungen wurden die Schlösser der ehemaligen Residenzen Berlin und Potsdam beschlagnahmt, zum Staatseigentum erklärt und, sofern sie nicht als kulturgeschichtliche Denkmäler galten, für Wohn- und Verwaltungszwecke genutzt.

Aber noch ehe über das vorerst beschlagnahmte Krongut entschieden worden war, wählte die Hohenzollernsche Hausverwaltung unter dem Hausminister Graf Eulenburg in Berlin im Sommer 1919 mit Genehmigung des Finanzministeriums Gegenstände in den preußischen Schlössern aus, um damit den neuen Wohnsitz der kaierlichen Familie in Holland auszustatten, der im August 1919 erworben und im Mai 1920 bezogen wurde. Seit dem Herbst gingen nach Haus Doorn 23 Eisenbahnwaggons mit 25 Möbelwagen, 30 Waggons mit Stückgütern und zwei Automobile ab. Die Auslieferung des Hohenzollernbesitzes umfaßte alles, was zum kaiserlichen Haushalt gehört hatte.[19]

Persönliches Eigentum und Kunstwerke wurden herausgegeben und aus den preußischen Schlössern nach Holland kostbare Möbel, Gemälde, Schnupftabakdosen Friedrichs II., Gobelins, Tafelsilber, Porzellan, Kristall und Gebrauchsgegenstände, Küchenausstattung, große Mengen einfacher Möbel sowie viele Kleinigkeiten mit Genehmigung des preußischen Finanzministeriums abtransportiert. Aus Protest gegen diese Maßnahmen legte der Leiter der Kronverwaltung, Kurt Heinig, 1920 sein Amt nieder. Die Kronverwaltung – seit 1923

Die Zerstörung an Portal IV, 1919 aufgenommen

Der Leichenzug führt am Schloß und Lustgarten vorbei zur Beisetzung der Opfer vom 24. Dezember 1918.

Krongutverwaltung genannt – war in Nachfolge des Oberhof-Marschallamtes unmittelbar nach der Beschlagnahme des Hohenzollernvermögens im November 1918 gegründet worden. Sie unterstand der Hochbauabteilung des preußischen Finanzministeriums und war bis zur Gründung der Verwaltung der Staatlichen Schlösser und Gärten im Jahr 1927 für die preußischen Schlösser mit ihren Gartenanlagen zuständig. Ihr gehörten auch die Schloßbauämter an.

Schon im Dezember 1918 hatte der Direktor der Nationalgalerie, Ludwig Justi, beantragt, ehemals königliche Gebäude für die Museen zur Verfügung zu stellen. Infolgedessen wurde am 2. Juni 1919 das Kronprinzenpalais Unter den Linden der Nationalgalerie übergeben, die in seinen Räumen die Kunst des 20. Jahrhunderts ausstellte.

Auf der Tagung der Denkmalpflege in Berlin am 7. und 8. Juli 1919, die in der Akademie der Künste stattfand, brachte der Kunsthistoriker Hans Mackowsky die Zukunft der fürstlichen Schlösser zur Sprache. Namentlich das Schicksal des größten und architektonisch weitaus bedeutendsten, des Schlosses in Berlin, lag ihm am Herzen. Nach Zustimmung der Teilnehmer, vor allem des bevollmächtigten Vertreters des Finanzministeriums, des Kunsthistorikers Paul Hübner – erwähnt sei sein Diskussionsbeitrag, in dem er an die Entwicklung erinnerte, die ein anderes großes Residenzschloß, der Louvre in Paris, genommen hatte, – faßte man den Beschluß, die hervorragenden Baudenkmäler, vor allem die Schlösser und fürstlichen Wohnsitze mit dem vorhandenen Inventar und ihre Gartenanlagen zu erhalten. Diese Entschließung wurde dem Antrag zu Grunde gelegt, der in der Sitzung der preußischen Landesversammlung am 12. Dezember 1919 zustimmend entschieden worden ist.[20]

Schloßmuseum

Das Hohenzollernschloß, das lange Zeit im Mittelpunkt historischer Ereignisse gestanden hatte und das als Wahrzeichen kaiserlicher Macht und durch die erst kurze Zeit zurückligende Revolution in Mißkredit geraten war, erhielt nun einen neuen Wert als Museumsschloß. Der Begriff Museumsschloß, der damals geprägt wurde, bezeichnete ein Museum neuen Typs, in dem über das Sammeln hinaus die Pflege des Bauwerkes, seiner überkommenen Ausstattung und Geschichte zur Aufgabe stand.

Das Berliner Stadtschloß nahm 1920/21 das Kunstgewerbemuseum auf – nun Schloßmuseum genannt –, das den Staatlichen Museen zu Berlin angehörte und von der Kronverwaltung die Schloßräume gemietet hatte. Um die Einrichtung eines Museums im Berliner Stadtschloß bemühten sich Wilhelm von Bode, der bis zum 1. Oktober 1920 Generaldirektor der Königlichen, nun Staatlichen Museen war, sowie Otto Ritter von Falke, wie bereits erwähnt, Direktor des Kunstgewerbemuseums und Nachfolger Bodes im Amt des Generaldirektors. Auf Initiative von Hübner begann im Sommer 1920 der Umzug des Kunstgewerbemuseums in das Schloß aus dem Museum in der Prinz-Albrechtstraße 7, dem heutigen Martin-Gropius-Bau, den es seit 1881 innehatte.

Am 1. September 1921 eröffnete das Schloßmuseum seine neue Ausstellung, die sich über lange Raumfolgen im Erdgeschoß und im ersten und zweiten Stock des Schlosses erstreckte. Damit wurde das Berliner Schloß in großem Umfang der Öffentlichkeit zugänglich gemacht, und zum ersten Mal bot sich jetzt der Bevölkerung die Möglichkeit, durch die prachtvoll ausgestatteten Innenräume zu gehen und das Hohenzollernschloß als Kunstwerk zu erleben. Auch in früheren Zeiten, vor allem unter Friedrich II. und Friedrich Wilhelm III., hatten Kunstinteressierte das Schloß im Beisein des Kastellans besichtigen dürfen. Sie mußten eine Erlaubnis dazu einholen und erhielten sie, vorausgesetzt, daß der Herrscher nicht anwesend war.

Das Schloßmuseum enthielt die vollständigen Sammlungen des Kunstgewerbemuseums und vereinigte sie mit den zum Schloß gehörenden Kunstwerken, den von alters her im Schloß aufbewahrten Gemälden, den kostbaren Gobelins, Skulpturen, Möbeln, Silberarbeiten, Porzellanen, Majoliken, so daß die Besucher hier einen Reichtum an Kunstwerken und kunstgewerblichen Arbeiten zu sehen bekamen, der die Ausstellung im ehemaligen Kunstgewerbemuseum übertraf. Jedoch war das Schloßinventar dem Museum nur leihweise überlassen worden.[21] In dem weitläufigen dritten Stockwerk des Schlosses konnten die Sammlungsbestände untergebracht werden, die magaziniert waren oder Studienzwecken dienten. Dazu gehörte die Stoffsammlung, die über eine Treppe bei der Gobelingalerie zu erreichen war.

Die Ausstellung der umfangreichen kunstgewerblichen Sammlungen, die 1920 und im Sommer 1921 im Schloß vor sich ging, bereitete Schwierigkeiten und erfuhr manche Kritik. Anfangs waren die Räume zu voll gestellt, teilweise mit stilfremden Möbeln und den besonders störend wirkenden Vitrinen ausgestattet. In die Raumfolgen Andreas Schlüters und seiner Schule, Karl von Gontards und Friedrich Wilhelm von Erdmannsdorffs und in die von ihnen geschaffenen stilistisch ausgeprägten Räume ließen sich die Sammlungen des Kunstgewerbemuseums nur schwer einordnen. Später wurde die Einrichtung des Schloßmuseums nach und nach neu geordnet und verbessert, die künstlerisch reich ausgestatteten Räume der Schlüterzeit von den störenden Vitrinen befreit und die Kunstwerke des Mittelalters und der Renaissance in möglichst schlichten und neutralen Museumsräumen untergebracht. In den ersten Jahren verfügte das Schloßmuseum über 70 Ausstellungsräume, dann kamen zwölf Räume dazu, unter ihnen die Schloßkapelle, die Stüler 1845 bis 1852 ausgebaut hatte. Seit Oktober 1932 konnte die Schloßkapelle, die nicht als Ausstellungsraum diente, besichtigt werden.

Der Eingang zum Schloßmuseum führte durch Portal III, dem riesigen von Eosander gebauten Triumphbogen, durch dessen Halle eine Einfahrt in den großen Schloßhof führte, in dem die überlebensgroße Bronzegruppe des Drachentöters St. Georg stand, den August Kiß 1865 schuf, (jetzt im Nikolaiviertel). An der linken Seite der Halle ging die Weiße-Saal-Treppe ab, über die man in die Museumsräume gelangte.

Im Erdgeschoß des Schlosses besaß das Schloßmuseum Räume, die zwischen der Weiße-Saal-Treppe und dem Portal IV lagen und seit dem 19. Jahrhundert Mecklenburgische Kammern und Petits Appartements hießen. Beide Suiten hatte Wilhelm II. seit 1892 in Gästezimmer umgestalten und in Verbindung mit dem Weiße-Saal-Umbau erneuern lassen. Aus früherer Zeit war hier so gut wie nichts erhalten geblieben, auch nicht in den Petits Appartements, die Friedrich Wilhelm I. seit den zwanziger Jahren des 18. Jahrhunderts bewohnt hatte, um das Exerzieren seiner Soldaten im Lustgarten von hier aus beaufsichtigen zu können, und die Friedrich Wilhelm II. schon zu Gästezimmern umbauen ließ. Die vier Staatszimmer der Mecklenburgischen Kammern hatten durch den Abriß der Häuserfront, die ehemals der Schloßfreiheit gegenüberstand, sehr gewonnen. Ihren Ausbau im Neubarockstil ließ Schloßbaudirektor Albert Geyer bis 1903 durchführen.

Der Ausstellungsraum des Schloßmuseums zunächst der Weißen-Saal-Treppe war ein Rokokozimmer (Raum 208).[22] Dann folgten das Boucherzimmer (Raum 209), der Louis XIV. – Saal (Raum 210) und das Eckzimmer (Raum 211), das süddeutsches Rokoko ausstellte, sowie die Erdgeschoßhalle, ein Korridor mit Möbeln aus dem Boudoir der Königin Marie Antoinette in Versailles, Pariser Arbeiten von 1763 bis 1793. Die Petits Appartement umfaßten in der Lustgartenfront zunächst zwei Räume romanisches Kunstgewerbe (Raum 224, 225), dann folgten, verbunden durch einen Korridor, in dem sakrale Kunst ausgestellt war (Raum 223), drei Räume: Frühgotik (Raum 250), ebenfalls sakraler Kunst zugeordnet mit Metallgerät an Zunftkannen und Leuchtern, norddeutsche Renaissance mit Wirkteppichen des 16. und 17. Jahrhunderts und Gemälden von Lukas Cranach (Raum 249) und Spätrenaissance (Raum 248). An der Schloßhofseite befand sich der Raum norddeutsche Gotik (Raum 235) mit Mobiliar und Wirkteppichen um 1500 und dem im Fenster angebrachten Silberschmuck aus Pritzwalk.

Im ersten Stock gehörten dem Schloßmuseum Raumfluchten an, die ausgehend von der Weiße-Saal-Treppe die Fronten zu Schloßfreiheit und zum Lustgarten bis über das Portal V hinaus einnahmen. Wie im Erdgeschoß enthielten auch hier die Räume an der Schloßfreiheit – die sogenannte Wilhelmsche Wohnung – und zwei anschließende Räume der Lustgartenfront Gästewohnungen, neu gestaltet mit Interieurs vom Umbau dieses Schloßbereiches durch Geyer im Neubarock der wilhelminischen Zeit. Der Gang durch den ersten Stock begann mit zwei Räumen, die französische Renaissance ausstellten (Räume 523, 524) und setzte sich bis zur Schloßecke fort mit französischer Barockkunst (Räume 525, 526). Der Eckraum (Raum 526) zeigte Barockfayencen Frankreichs und die an den vier Räumen entlangführende Barockhalle (Raum 521) Schränke des 17. Jahrhunderts, vorwiegend aus Norddeutschland. Zwei im Lustgartenflügel anschließende Räume (Räume 527, 551) waren dem niederländischen Barock vorbehalten, während das folgende sogenannte Rote Zimmer, einst Bibliothek Friedrich Wilhelms II. (Raum 552), Möbel und Kunstgewerbe aller Art aus der Zeit um 1800 ausstellte. Diese drei Räume nahmen seit der Neueinrichtung ein Rokokoensemble auf, das Übergang zu den Königskammern war.

Die Königskammern, die Gontard und Erdmannsdorff 1787 bis 1790 als Wohnung für Friedrich Wilhelm II. neu gestalteten, zeigten sich den Besuchern in unveränderter Pracht: »Diese glänzende Reihe von Wohnräumen und Festsälen zählt zu den schönsten Denkmälern der frühklassizistischen Raumkunst in Deutschland. Die Schnitzerei an Möbeln und Wänden, die Stuckplastik, Malerei und die kunstvoll eingelegten Fußböden bilden einen Ruhmestitel des Berliner Kunsthandwerkes«, vermerkt der Gesamtführer 1930. Als Museumsräume waren die Königskammern nur durch einige im Stil passende Möbel wohnlicher gemacht worden. Es zeigte sich hier das Bemühen der Museumsleitung, ihre wertvollsten Stücke »unter möglichster Schonung der geschichtlichen Erinnerungen des Schlosses« auszustellen.[23] Zunächst dokumentierten Räume in der Lustgartenfront die Wohnkunst Erdmannsdorffs. Die Blaue französische Kammer, das in der wilhelminischen Zeit veränderte Schlafkabinett der Königin Luise,[24] stellte Gemälde Friedrich Wilhelms III. und IV. von Franz Krüger sowie einen Schreibschrank von David Roentgen um 1770 aus (Raum 553). Ähnlich war die folgende Grüne französische Kammer (Raum 554) ausgestattet. Dann begannen die Pracht- und Festräume, der Speisesaal (Raum 555) mit seiner schönen illusionistischen Wand- und Deckenbemalung und einer Fensterwand, die ganz mit Spiegeln vertäfelt war, und der über dem Portal IV gelegene Große Säulensaal (Raum 556). Der Große Säulensaal war als Schloßmuseumsraum unverändert geblieben mit seinem Dekor an Wänden und Decke, den Reliefs von Gottfried Schadow, die Szenen aus dem Leben Alexanders des Großen darstellten und den Statuen nach der Antike, die in den Nischen zwischen den Säulen standen.

An den Großen Säulensaal schlossen die Königskammern an, die Gontard gestaltet hatte. Zunächst lag der Thronsaal Friedrich Wilhelms II. (Raum 564). Zur alten Einrichtung des prachtvoll dekorierten Saales gehörten der Thronbaldachin und die Stühle, die mit Samt und Silberlitze bezogen waren. Im Jahre 1921 hatte man den Thronsaal bereichert um Gemälde, Skulpturen und eine Wiener Spieluhr, eine sogenannte Flötenuhr aus Mahagoni um 1790 angefertigt. Die beiden in der Lustgartenfront anschließenden Königskammerräume, das Blaue Empfangszimmer (Raum 565) und das Rote Empfangszimmer (Raum 566) besaßen Gontardsche Dekorationen und stellten Berliner Porzellan aus. Zu sehen waren hier Porzellangeschirre und Figuren aus den Fabriken Wegely, Gotzkowsky und aus der Königlichen Porzellanmanufaktur, besonders hervorragende Blumenmalereien auf Servicen für die Schlösser. Der folgende über dem Portal V gelegene Garde-du-Corps-Saal hatte eine wechselvolle Geschichte, benannt nach der Wache am Eingang zur Wohnung Friedrich Wilhelms II. In ihm sammelte Friedrich Wilhelm IV. Waffen und Rüstungen, und hier malte Adolf von Menzel das Bild der Königskrönung Wilhelms I. 1861

Blaue französische Kammer, Blick zur westlichen Wand mit der astronomischen Uhr von 1791, die zur Ausstattung des Raumes vor 1918 gehört hatte, Foto nach 1921

Großer Säulensaal über Portal IV, Westwand mit Supraportenreliefs von Gottfried Schadow (1788/89) und Marmorgruppe »Achilles und die sterbende Penthesilea« von Emil Wolff 1822, ausgeführt nach Rudolf Schadows Modell von 1821, Foto 1913

in Königsberg. Wegen der Größe des Gemäldes, für die sein Atelier nicht ausreichte, erhielt Menzel die Genehmigung, im Garde-du-Corps-Saal zu malen. Um 1870 wurde der Saal, der bei Hoffesten der Kaiserzeit als Garderobe diente, neugestaltet. Er nahm 1921 süddeutsche Gotik auf und stellte Wandteppiche, Glasgemälde und Möbel dieses Sammlungsbereiches aus. Die beiden Räume zwischen Portal V und der Nordostecke des Schlosses, die erst in den Jahren vor 1930 zur Ausstellung des Schloßmuseums dazukamen, enthielten zwei Zimmereinrichtungen, ein Zimmer aus Schloß Höllrich in Franken (Raum 568) und ein Zimmer aus Schloß Haldenstein in Graubünden (Raum 581), die zum Sammlungsbestand des Kunstgewerbemuseums gehört hatten.

Der Weg durch das erste Stockwerk des Schloßmuseums ging von hier an in entgegengesetzter Richtung an den Schloßhöfen entlang zunächst durch den Gang am Schlüterhof, den Bunten Gang, der 1698/99 gebaut worden war und aus dieser Zeit die strengen Formen des Stuckdekors überlieferte. Im Gang am Schlüterhof waren Schmiedeeisen vom 15. bis 18. Jahrhundert und Arbeiten der 1804 gegründeten Königlichen Eisengießerei Berlin ausgestellt. Der Gang mündete in den Parolesaal, der über dem Portal IV am Eosanderhof lag. Der Parolesaal (Raum 557), im Schloßmuseum der Schadowsaal, war einer der Prachträume der Königskammern von Erdmannsdorff. Er galt mit Recht als der schönste frühklassizistische Schloßraum. Vom silbergrauen und dunkelroten Stuck der Wände hoben sich weiße Reliefs ab, frühe Arbeiten Schadows, die er nach Angaben von Erdmannsdorff 1788 ausführte. Die Schadowschen Stuckreliefs der Viktorien in den Supraporten, die antikisch gekleideten Soldaten mit Trophäen und Siegeszeichen auf den 14 schmalen Feldern, die die Wände längs aufteilten, versinnbildlichen die ursprünglich militärische Bestimmung des Raumes. Friedrich Wilhelm II. ließ im Parolesaal die berühmte antike Bronzestatue des »Betenden Knaben« aufstellen, die davor auf der Terrasse von Sanssouci stand und später in das Neue Museum kam. Ihren Platz an der Westwand des Saales zwischen den Türen nahm im Schloßmuseum die Marmorgruppe der Prinzessinnen Luise und Friederike von Schadow ein, von dem auch die Marmorbüste Friedrich Wilhelms II. hier aufgestellt war. Das Vorzimmer zu den Privatgemächern des Königs (Raum 558) war von Gontard dekoriert und stellte Berliner Porzellan vom Ende des 18. Jahrhunderts aus. Das Konzertzimmer Friedrich Wilhelms II., in dem »... uns die wundervollen Maße der reichgeschnitzten Louisseize-Dekoration fesseln«[25] gehörte zu den bedeutendsten Arbeiten Gontards im Stadtschloß. Die heiter-festliche Raumkunst des Konzertzimmers blieb auch nach 1921 gewahrt und zeigte den Besuchern holzgetäfelte, weiß lackierte Wände, große, den Raum illusionistisch erweiternde Spiegelflächen, vergoldete Schnitzereien und eine reich dekorierte Decke (Raum 559). Durch eine Tapetentür stand der folgende Raum, ursprünglich Schlafzimmer Friedrich Wilhelms II. (Raum 560) mit dem Konzertzimmer in Verbindung. Er stellte kunstgewerbliche Arbeiten der ersten Hälfte des 19. Jahrhunderts aus und zeigte Stühle nach Schinkels Entwürfen.

Im zweiten Stock begann der Rundgang durch das Schloßmuseum mit dem Weißen Saal (Raum 770), den größten Saal des Schlosses (etwa 32,30 Meter mal 15,70 Meter), der mit einer Höhe von 13 Metern in den dritten Stock reichte. Ausgebaut unter Friedrich Wilhelm I., diente er seit dem 18. Jahrhundert als Festsaal des Schlosses bei Staatsfeierlichkeiten. Sein hervorragender Schmuck waren seit 1728 die zwölf barocken Marmorstatuen brandenburgischer Kurfürsten von Bartholomäus Eggers. Unter Friedrich Wilhelm IV. erfuhr der Weiße Saal seit 1844 durch Stüler eine grundlegende Umgestaltung. In Verbindung damit ließ Stüler die Kapelle über dem Eosanderportal ausbauen und die Weiße-Saal-Treppe um ein halbes Geschoß höher heraufführen. Die Kapelle (Raum 769), deren Innenraumgestaltung nicht nur auf Stüler, sondern auch auf den Kunstsinn Friedrich Wilhelms IV. zurückging, war erst 1852 vollendet, als letztes Werk des Königs, das im Berliner Schloß nach der Revolution 1848 zustande kam.

Den Weiße-Saal-Bereich, der die Nordwestecke des Schlosses bis zum Portal IV einnahm, ließ Wilhelm II. seit 1892 durch seinen Hofarchitekten von Ihne umgestalten, so daß eine Folge von Staats- und Repräsenta-

Thronsaal Friedrich Wilhelms II., Blick nach Westen auf den Thronbaldachin und das goldgestickte Wappen mit Schildhaltern, rechts Büste Friedrich Wilhelms II. von Gottfried Schadow, 1792, Foto vor 1918

tionsräumen entstand, die dem Kaiser angemessen erschienen. Sie waren Zeugnisse der letzten Bauperiode im Schloß, die den Stil des Wilhelminischen Barock vertrat. Den Weißen Saal, der mit seinem Dekor in Marmor und Gold 1903 vollendet war, hatte Ihne nicht nur im Neubarock modernisieren, sondern auch an der östlichen Langseite und an der Schmalseite zum Lustgarten hin erweitern lassen. Auch war das Treppenhaus (Raum 768) durch Entfernung der Türen einbezogen worden. Durch seine Größe und seine Architektur – polierter Marmor herrschte hier vor – strahlte der Weiße Saal die von Ihne beabsichtigte Kolossalität aus und wirkte kalt und unpersönlich. Thronsessel und Thronbaldachin des ersten preußischen Königs nahmen die Mitte der langen Fensterfront ein. Die barocken Kurfürstenstatuen hatte Wilhelm II. entfernen lassen. An ihrer Stelle wurden neue, von zeitgenössischen Bildhauern angefertigte Marmorstatuen aufgestellt, die neun Regenten vom Großen Kurfürsten bis König Friedrich III. darstellten. Im Durchgang zur Bildergalerie stand seit 1916 die um 1650 geschaffene Statue des Großen Kurfürsten von Franz Dusart (jetzt in den Staatlichen Museen). Im Jahre 1921 blieb der Weiße Saal unbelegt. Zwischen den riesigen Marmorsäulen und -pfeilern der Wände waren lediglich Schweizer Wappentafeln und in Pultschränken untergebrachte Schaumünzen ausgestellt. Der Weiße Saal sollte seine Wirkung als Herrscherhalle behalten und einen imposanten Zugang zu den Museumsräumen bilden. Außerdem war er Sonderausstellungen vorbehalten.

In der Weiße-Saal-Galerie, der zum Saal hin geöffneten Neuen Galerie der wilhelminischen Zeit (Raum 771) hingen vier Don-Quichotte-Teppiche, Pariser Arbeiten von 1776/1778. Im Übergangsraum zur Bildergalerie (Raum 772) war eine erlesene Sammlung von Emaillen des 16. und 17. Jahrhunderts ausgestellt. Der folgende Raum, die barocke Bildergalerie des Königsschlosses, erstreckte sich in der Lustgartenfront 60 Meter lang über Portal IV hinaus bis an den Schlüterbau, der hier mit der Kapelle endete, die der in Ungnade gefallene Baumeister damals gerade fertiggestellt hatte. Eosander gab der Galerie (Räume 773, 774) – wie in barocken Königsschlössern üblich – mit aufwandvoller Dekoration den passenden Rahmen für die Gemäldesammlung Friedrichs I. Als von Ihne den Neuausbau der Galerie vornahm, der sich bis 1914 hinzog, blieb die Gestaltung der tonnengewölbten Decke erhalten. Über den eichenholzgetäfelten Wänden zeigte sich barocker Reichtum mit den großen weißen Stuckreliefs oberhalb der schmalen Wände und einem Deckenbild des niederländischen Malers Peter Coxi, das Friedrich I. verherrlichte. An der Wand gegenüber der langen Fensterreihe hatte von Ihne auf Veranlassung Wilhelms II. sechs Gobelins anbringen lassen, die Kriegstaten und Siege des Großen Kurfürsten wiedergaben, kunstvolle Bildteppiche, die 1686 bis 1699 in der Manufaktur Mercier in Berlin angefertigt worden waren (jetzt im Schloß Charlottenburg). Im Westteil des

Parolesaal über Portal IV zum Eosanderhof, Westwand mit Marmorgruppe der Prinzessinnen von Gottfried Schadow (1797), die 1918 hier aufgestellt wurde, Foto um 1920 (Abb. S. 44)

Konzertzimmer Friedrich Wilhelms II., Südwestecke mit Kamin, um 1930

Der Weiße Saal als Ausstellungsraum des Schloßmuseums mit Pultschränken und Wappentafeln, Blick nach Norden

nun Gobelingalerie genannten Ausstellungsraumes des Schloßmuseums stand der Pommersche Kunstschrank, eine Augsburger Arbeit von 1617 (Der Schrank ist zerstört, sein Inhalt befindet sich im Kunstgewerbemuseum Schloß Köpenick.), und im Ostteil der Große Moskowiterschrank aus Nürnberg um 1650; außerdem konnten in Vitrinen der Inhalt des Pommerschen Kunstschrankes sowie die Sammlung der deutschen Gläser vom 15. bis 18. Jahrhundert besichtigt werden. Die beiden seitlich der Gobelingalerie am Eosanderhof gelegenen Räume hatte von Ihne in die Neugestaltung dieses Schloßbereiches einbezogen. Der Königinnensaal (Raum 783) zeigte Porträts preußischer Königinnen und stellte Kostüme und Schmuck aus. Im Kostümsaal (Raum 784), dem Marinesalon der wilhelminischen Zeit, hingen an Stelle der von Wilhelm II. bevorzugten Marinebilder zwei Gobelins der Don-Quichotte-Folge. Außerdem zeigte der mit einem barocken Deckenbild geschmückte Raum Kostüme, Fächer und Dosen.

Hinter der Gobelingalerie begannen die Paradekammern, die zur Repräsentation für Friedrich I. bestimmten, von Schlüter prachtvoll ausgestatteten Festräume. Spätere Restaurierungen, namentlich die um 1845 durchgeführte Übergoldung des Dekorationen, ornamentale Bereicherung und neue Kamine beeintächtigten die ursprünglich maßvollere Wirkung dieser genialen Barockschöpfungen stark.[26] Der Kapitelsaal (Raum 787), die alte von Schlüter 1704 erbaute Schloßkapelle, grenzte an die Gobelingalerie und an den Querflügel zwischen den beiden Schloßhöfen. Sie erfuhr nach Schlüters Sturz 1706 durch Eosander eine grundlegende Umwandlung. 1879 wurde der Raum als Kapitelsaal des Schwarzen-Adler-Ordens umgebaut und neugestaltet. Im Schloßmuseum stellte der nahezu leere Saal einen Architekturraum des Historismus dar, mit korinthischen Säulen aus rotem Stuckmarmor und einen reich dekorierten stark vergoldeten Kuppelgewölbe, das eine Oberlichtöffnung hatte. Er enthielt das Gemälde der Ordensstiftung am 18. Januar 1701, das in der Werkstatt Anton von Werners nach einer Skizze von Antoine Pesne gemalt worden war, sowie einen Baldachin überdachten Thronsessel, der die Formen aus der Zeit des ersten preußischen Königs zeigte.

Die in der Lustgartenfront und an der Ostseite des Schlüterhofes folgenden Räume – die Rote-Samt-Kammer, Schwarze-Adler-Kammer, der Rittersaal, die Rote-Adler-Kammer, Drap-d'or-Kammer, das Königszimmer, die erste und die zweite Paradekammer sowie der Schweizersaal am Großen Treppenhaus – gehörten zu den bedeutendsten und einmalig schönen Innenräumen des deutschen Barock. Schlüter hatte jeden dieser Räume mit einer Fülle architektonischer und dekorativer Details ausgestattet, an den Deckenvouten überquellenden Skulpturenschmuck angebracht und die Deckenspiegel in barockem Illusionismus als Himmelsdurchblicke bemalen lassen. Die Rote-Samt-Kammer, zeitweise das Paradeschlafzimmer Friedrichs I. (Raum 790), in dem die alte rote Samttapete mit Silbertressen erhalten war, zeigte die Deckenmalerei von Gottfried Leygebe und geschnitztes Mobiliar aus der Zeit Friedrichs I. In der Schwarze-Adler-Kammer, die ebenfalls ein zeitgenössisches Deckenbild von Leygebe besaß, das die Stiftung des Schwarzen-Adler-Ordens darstellte, war zeitweise barockes, meist süddeutsches Elfenbein ausgestellt. Später hing in dem weitgehend leeren Raum das große Reiterbildnis Friedrich II. von Wilhelm Camphausen aus dem Jahre 1870.

Über dem Portal V lag der zweigeschossige bis zum Dachgeschoß durchgehende Rittersaal (Raum 792), der prunkvollste Raum Schlüters im Berliner Schloß. Der Rittersaal war der Thronsaal Friedrichs I.; er diente im Schloßmuseum zur Ausstellung der Silbersammlung aus Hohenzollernbesitz und aus dem ehemaligen Kunstgewerbemuseum. An der Ostseite des Saales stand seit 1703 das von Eosander hergestellte Silberbuffet, das Prunkbuffet des Schlosses, das zur Pyramide aufgebaut die von Augsburger Goldschmieden auf Bestellung gearbeiteten mächtigen silbervergoldeten Schüsseln, Kannen und Terrinen und andere kostbare alte Gefäße zur Schau stellte (jetzt im Kunstgewerbemuseum Berlin, Schloß Köpenick).

Beeindruckend wirkte hier auch der Trompeterchor über der Mitteltür, den Friedrich II. als Ersatz für den 1745 eingeschmolzenen Chor aus versilbertem Holz herstellen ließ, sowie ein Thronbaldachin aus der Kaiserzeit.

In der Rote-Adler-Kammer (Raum 795) mit allegorischem Deckenbild von Samuel Theodor Gericke war Barocksilber des 17. und 18. Jahrhunderts ausgestellt und auch hier wieder ein Reiterbild von Camphausen 1871, das den Großen Kurfürsten darstellte. Der folgende Raum, die Drap-d'or-Kammer, in der Edelzinn ausgestellt war, zeigte aus der Zeit Schlüters Stuckreliefs und eine reich stuckierte von Spiegeln durchsetzte Dekke (Raum 796). Das Königszimmer (Raum 797), zeit-

Die 1931 im Weißen Saal gezeigte Porzellanausstellung, Blick nach Süden in das Treppenhaus der Weißen-Saal-Treppe und links in die Galerie am Weißen Saal

Der Rittersaal nach 1921, Blick nach Süden auf Vitrinen mit dem Lüneburger Ratssilber, dahinter die zugehängte Treppenhaustür an der Seite zum Schlüterhof

Rote Samt Kammer, Blick nach Süden, ursprünglich Parade schlafzimmer Friedrichs I., eingerichtet mit zeitgenossischen Möbeln und Gemälden, Foto 1919 (Abb. S. 48)

weise Paradeschlafzimmer Friedrichs I., das sich im Übergang vom Lustgartenflügel zum Schloßhofflügel an der Ostseite des Schlüterhofes befand, enthielt die Ausstellung der Bernsteinarbeiten des 17. und 18. Jahrhunderts. Die folgenden Paradevorkammern besaßen Fenster zum Schlüterhof und zum Eishof hinaus. Die zweite Paradevorkammer (Raum 798) war der Uhrensammlung und der Ausstellung wissenschaftlicher Instrumente vorbehalten. Sie zeigte den Besuchern außerdem ein Deckengemälde von Augustin Terwesten und vier Rokokogobelins aus der Petersburger Manufaktur, die die russische Zarin Katharina II. König Friedrich II. geschenkt hatte. Die erste Paradevorkammer (Raum 799) war das Fayencezimmer mit Sammlungen von Fayencen des 16. bis 18. Jahrhunderts. Den Abschluß der Prachträume Schlüters für Friedrich I. bildete der Schweizer Saal (Raum 814), der ursprünglich als Wachzimmer für die Schweizer Garde und als Vorraum an der Haupttreppe diente. Der Schweizer Saal entsprach mit seiner Länge von 27 Metern der Ausdehnung des Portalrisalites am Schlüterhof. In dem Saal mit seinen streng gegliederten Wänden und einem Deckenbild von Terwesten, auf dem rund herum über die gemalte Brüstung gelehnte Menschen zu sehen waren, wurden Sammlungen von Ofenkacheln, alten Öfen und Glasmalereien des 13. bis 15. Jahrhunderts ausgestellt.

Die folgenden Schloßmuseumsräume umgaben den Eishof an drei Seiten. Nördlich und nordöstlich am Eishof lagen die Kurfürstenzimmer, an der Ost- und Südseite die Braunschweigischen Kammern. Der Ausbau dieses Schloßbereiches hatte 1678 begonnen und zog sich bis in die Regierungszeit Friedrichs I. hin. Vor al-

lem die Kurfürstenzimmer zeigten den Besuchern bisher unbekannt gebliebene Interieurs aus der Epoche vor der Berufung Schlüters, als die kurfürstlichen Räume unter niederländischem Einfluß dekoriert worden waren. In den zum Teil ziemlich kleinen Räumen, den Kabinetten, waren Deckenbilder, die Jaques Vaillant, Rutger von Langerfeld um 1680 bis 1685 ausgeführt hatten, erhalten geblieben, dazu eingelegte Fußböden mit den Initialen C F 3, alte Kamine, gestickte Wandbespannungen sowie zeitgenössische Möbel aus altem Schloßbestand. Die Kleine oder Boisierte Galerie (Raum 800), ursprünglich kurfürstliche Bildergalerie, war die Chinagalerie des Schloßmuseums. Es folgten die Kugelkammer (Raum 806), so benannt nach den hier aufbewahrten vier schwedischen Kanonenkugeln, die nach einem Salutschießen 1631 im Schloß aufgefunden worden waren sowie das schon vor 1700 eingerichtete Chinesische Kabinett (Raum 807). Der kleine Raum mit seiner Wandvertäfelung aus geschnittener und bemalter chinesischer Lackarbeit galt als frühes und wohlerhaltenes Beispiel der damals beliebten Chinoiserie. Das anschließende Kabinett (Raum 808) stellte Böttchersteinzeug aus. Die Brautkammer (Räume 801/803), ursprünglich Schlafzimmer der kurfürstlichen Wohnung, wurde unter Friedrich I. aufgeteilt und ihr westlicher Teil zum Ostasiatischen Kabinett des Schloßmuseums eingerichtet. In der angrenzenden Betkammer (Raum 804) und im Eckzimmer (Raum 805) hingen Bildnisse aus dem 16. und 17. Jahrhundert. Die Braunschweigische Galerie (Raum 810), die Porzellangalerie des Schloßmuseums, war vornehmlich Meißner Porzellan des 18. Jahrhunderts vorbehalten. Auch das Schwanenkabinett (Raum 811), der Braunschweigische Saal (Raum 812) und die Braunschweigische Kammer (Raum 813) stellten die umfangreichen Porzellansammlungen des Schloßmuseums aus.

Vom Schweizer Saal aus nach Süden und weiterhin in der Schloßplatzfront bis über Portal I hinaus hatte das Schloßmuseum wieder von Schlüter ausgestattete Räume inne. Vom Schweizer Saal aus zugänglich lagen hier zunächst die Elisabeth-Kammern, die Staatszimmer der Kurfürstinnen und Königinnen, benannt nach Elisabeth Christine, Gemahlin Friedrichs II., die diese Suite bei ihren Aufenthalten in Berlin bewohnt hatte. Das einfenstrige Vorzimmer der Elisabethwohnung (Raum 836), das Delfter Zimmer, zeigte Fayencen des 17. und 18. Jahrhunderts. Im Roten Zimmer, dem Speisesaal der Königin, (Raum 835) das trotz späterer Veränderungen eine Stuckdecke, eine frühe Arbeit Schlüters, mit Malereien von Terwesten von 1702 besaß, waren nach dem Katalog von 1930 zu besichtigen: Bilder von Lucas Cranach, Brüsseler Wandteppiche, Möbel und in Wandschränken Hafnerarbeiten, Buchsschnitzereien und Steinzeug. Nach 1933, als das Schloßmu-

Schweizer Saal über dem großen Treppenhaus am Schlüterhof, links Kachelofen-Kamin, Teil der Schlüterschen Wandgliederung, Foto 1916 (Abb. S. 50)

Kaminwand im Schweizer Saal, Foto nach 1921

seum in der Schloßplatzfront vier Räume dazu bekam, konnte hier und im folgenden Raum auf die Aufstellung von Vitrinen verzichtet werden. Das Sammetzimmer, wohl der königliche Wohnraum (Raum 837), stellte süddeutsches Barock aus. Auf Schlüter waren hier Stuckmedaillons und Türumrahmungen zurückzuführen, die Stuckierung der Decke, die die Initialen F 3 trug, könnte noch vor seiner Tätigkeit in Berlin entstanden sein. Im Flügel am Schloßplatz mit Fensterfront zum Schloßhof lag die Islamische Galerie (Raum 838) mit den Sammlungen der Perserteppiche des 16. und 17. Jahrhunderts, der spanisch-maurischen Majoliken, persisch-türkischen Wandfliesen sowie Fayencen aus Kleinasien und Damaskus. Die Galerie war ein Teil des aus kurfürstlicher Zeit stammenden Oranischen Saales, der von der Südostecke des Schlosses bis zum Portal I reichte. Durch die spätere Aufteilung des Saales entstanden in der Schloßplatzfront vom Eckzimmer mit dem runden Erker (Raum 839) bis zum Blaubartzimmer vier Räume, die ab 1933 in die Ausstellung des Schloßmuseums einbezogen waren. »In dem Erkerzimmer mit reichverziertem Rundbogen aus der Werkstatt von Kaspar Theiß war die Möglichkeit gegeben, den schönsten Besitz des Museums, die Dürerscheiben aus der Landauer Kapelle, in ihrer ursprünglichen friesarti-

Kugelkammer der Kurfürstenwohnung mit Mobiliar und Gemälden der Zeit Friedrichs I., Foto 1916 (Abb. S. 53)

Chinesisches Kabinett, Ansicht der Südwestecke, Foto 1916

Elisabethsaal im zweiten Obergeschoß über Portal I, Blick nach Osten auf acht Atlantenfiguren von Andreas Schlüter, antike Büsten in den Kugelnischen und auf die nicht ursprüngliche Kaminnische, Foto vor 1918

Braunschweigische Galerie, Blick nach Süden, links die Fensterfront zur Spree, Foto 1916 (Abb. S. 54)

gen Anordnung wirkungsvoll unterzubringen ...«[27] Der anschließende Raum (Raum 840) nahm reichverzierte Intarsienmöbel auf und der folgende (Raum 841) sowie das Blaubartzimmer (Raum 843) norddeutsche Renaissancewerke.

Der Elisabethsaal über Portal I (Raum 844), der Marmorsaal des Schloßmuseums, war von Schlüter als Festraum angelegt, aber Ende des 18. Jahrhunderts verändert worden. Aus dieser Zeit stammten das Deckenbild von Bernhard Rode und wohl auch die Wandverkleidung aus grau-gelbem Stuckmarmor, aus der Schlüterzeit dagegen Malereien an der Deckenvoute von Terwesten und Figuren auf den Gesimsen, sogenannte Atlanten, eigenhändige frühe Bildhauerarbeiten Schlüters (Abgüsse der Torsen jetzt im Zeughaus). Im Marmorsaal begann die Ausstellung italienischer Renaissance mit Vitrinen venezianischer Gläser des 15. bis 18. Jahrhunderts und an den Wänden aufgestellten Renaissancemöbeln. An den Marmorsaal schlossen sich weitere Räume italienischer Renaissance an. Diese Suite gehörte zu den Prinzessin-Marie-Kammern, die Schlüter für das Kronprinzenpaar, den späteren König Friedrich Wilhelm I. und die Königin Sophie Dorothea ausgebaut hatte. In der östlichen Kammer (Raum 846), die italienische Frührenaissance ausstellte, waren aus dieser Zeit geschnitzte Eichenholztüren und Schlütersche Figuren über den Supraporten erhalten. Das Mittelzimmer mit der Ausstellung italienischer Hochrenaissance, war das Paradeschlafzimmer des Kronprinzen gewesen (Raum 847). Hier zeigte der Dekor militärische Details und das nach 1702 zu datierende Deckenbild von

Terwesten mit dem Brustbild des jugendlichen Kronprinzen Friedrich Wilhelm, der diesen Schloßtrakt bewohnt hatte.[28] Die westliche Kammer, in der unter anderem hervorragende Renaissancetruhen ausgestellt waren, wurde erst 1714/16 durch Martin Heinrich Böhme ausgebaut und erhielt unter Wilhelm II. seine neubarocke Gestaltung. Weiterhin umfaßte die Suite zwei Kabinette am Schlüterhof, einen Raum italienischer Renaissancearbeiten (Raum 849) und das Geburtszimmer Friedrichs II., in dessen Mitte die Wiege des großen Königs besichtigt werden konnte.

Beim Majolikasaal (Raum 861), dem ehemaligen Joachimsaal über Portal II, endete im Jahre 1936 der Rundgang durch den zweiten Stock des Schloßmuseums. Ernst von Ihne und der Bildhauer Franz Naager hatten den Saal nach 1892 im Stil der italienischen Hochrenaissance neu ausgebaut. Er nahm nun sechs großer Brüsseler Wandteppiche auf sowie die Majolikasammlung des Schloßmuseums, die hervorragend war und acht große Schränke füllte, die im Saal aufgestellt waren.

In der kurzen Zeit seines Bestehens zwischen den beiden Weltkriegen konnte sich das Schloßmuseum durch Vergrößerung und Verbesserung seiner Ausstellungsfläche, durch Ankäufe und Übernahme von Leihgaben entwickeln.

Seit 1929 befand sich auch die Gipssammlung des Kunstgewerbemuseums im Schloß und war in einer Zimmerflucht im Obergeschoß des Spreeflügels untergebracht. 1930 stand die mittelalterliche Abteilung im Erdgeschoß wieder zur Besichtigung zur Verfügung, deren Neuaufstellung und Erweiterung die Schloßmuseumsleitung vorgenommen hatte. In diesem Jahr begingen die Staatlichen Museen zu Berlin die Einweihung des nach 30jähriger Bauzeit vollendeten Pergamonmuseums mit Festakten, die am 1. und 2. Oktober im Weißen Saal sowie in der Aula der Universität gefeiert wurden. Am 18. März 1931 eröffnete im Weißen Saal eine Sonderausstellung »Meißner Porzellan – historische und neuzeitliche Modelle«. Dazu standen festlich gedeckte Tafeln inmitten des großen Saales, auf denen mit dem Porzellan des Schloßmuseums Leihgaben aus der ehemaligen Hofsilberkammer in Dresden besichtigt werden konnten.

In den Jahren bis 1933 wurden aus den künstlerisch bedeutenden Räumen der Zeit Schlüters, Gontards und Erdmannsdorffs störende Vitrinen und Sammlungsgegenstände entfernt; die Neuaufstellung der deutschen Renaissanceabteilung in der Elisabethwohnung im zweiten Obergeschoß der Schloßplatzfront ist hier besonders zu nennen. 1934 erhielt das Schloßmuseum aus Privatbesitz eine Sammlung von weit über 1 000 Eisenkunstgußwerken übereignet, und 1934 konnte das Museum 42 Stücke des Welfenschatzes erwerben, dieser einzigartigen Sammlung mittelalterlichen Sakralgerätes, die seinen Besitz an romanischen und gotischen Goldschmiedearbeiten hervorragend ergänzte. Der Welfenschatz wurde in der anläßlich der Olympiade am 18. August 1936 eröffneten Ausstellung der Neuerwerbungen der Staatlichen Museen gezeigt, die in der Gobelingalerie und angrenzenden Räumen stattfand. Museumsfilme wurden gedreht, die über berühmte Sammlungskomplexe des Schloßmuseum Kenntnisse vermittelten: »Eine Welt im Schrank« (der Pommersche Kunstschrank und sein Inhalt), »Der Lüneburger Silberschatz« und »Der Welfenschatz«.

Im Jahre 1936 wurde das Schloßmuseum um vier Räume erweitert, die im zweiten Stock zwischen Marmorsaal und südwestlicher Schloßecke lagen (Raum 865–Raum 868); seit 1938 konnten in drei Räumen dieses Traktes Rokokomöbel besichtigt werden. Lütticher Eichenholzmöbel, Arbeiten der Werkstatt Abraham und David Roentgen aus Neuwied, preußisches Rokoko und bürgerliche, meist süddeutsche Möbel waren hier neu ausgestellt. Noch kurz vor Kriegsbeginn 1939 zeigte die Museumsleitung im Marinesaal des Schlosses die Sonderausstellung »Brandenburgische Gläser«, die einen Überblick über die Hütten Grimnitz, Marienwalde, Potsdam und Zechlin gab, sowie Glaswaren aus dem Schloßmuseum, dem Märkischen Museum, dem Hohenzollernmuseum und aus Privatbesitz zusammengestellt hatte.[29]

Historische Wohnräume im Berliner Schloß

Die »Historischen Wohnräume« bildeten nach dem Schloßmuseum den zweiten großen Bereich von Schloßräumen, die in der Weimarer Republik der Bevölkerung zugänglich gemacht wurden. Die Wohnräume des Kaiserpaares konnten nun zum ersten Mal besichtigt werden. Die »Historischen Wohnräume« waren noch von der Krongutverwaltung eingerichtet worden und unterstanden seit April 1927 der Verwaltung der Staatlichen Schlösser und Gärten. Am 4. April 1926 fand ihre Eröffnung statt. Der neue museale Bereich des Berliner Schlosses umfaßte 22 – zuletzt 24 – Räume im ersten Stockwerk, die beginnend am großen Portal an der Ostseite des Schlüterhofes, nahezu die gesamte Schloßplatzseite einnahmen.

Seit der Zeit Friedrich Wilhelms I. hatten diese Raumfluchten als Wohnungen der Regenten gedient. Jeder Herrscher hatte die von ihm bewohnten Räume verändern lassen, »so daß das Innere ein vielgestaltiges geworden ist«.[30] Große Verdienste um das Schloß und seine Würdigung als Kunstwerk erwarb Oberhofbaurat Albert Geyer, der seit 1885 in der Schloßbaukommission arbeitete und seit 1909 ihr Leiter war. Mit dem 1. April 1921 wurde die Schloßbaukommission aufgelöst; an ihre Stelle traten die Schloßbauämter I und II, denen von nun an die Bauangelegenheiten am Berliner Stadtschloß und an den Hohenzollernschlössern in Berlin und Potsdam unterstanden. Geyers Veröffentlichungen zum Berliner Stadtschloß haben bis heute Gültigkeit, vor allem sein Werk zur Baugeschichte der kurfürstlichen Zeit, das er nach dem ersten Weltkrieg begann und dessen Erscheinen er 1936 noch erlebte, zwei Jahre vor seinem Tod als Zweiundneunzigjähriger.

Der von Geyer engagiert abgefaßte Ausstellungskatalog beeindruckt heute noch – wo alles der Vergangenheit angehört –, und weckt Verständnis für die alte Raumkunst im Berliner Schloß. Die Wiederherstellung der kaiserlichen Wohnräume war das Werk des achtzigjährigen Albert Geyer, der die Beseitigung der Schäden, die durch Plünderung, Besetzung und Beschließung in den Schloßräumen entstanden waren, seit 1924 veranlaßt hatte.

»Die Historischen Wohnräume im Berliner Schloß« gaben die Raumfolgen nicht so wieder, wie sie in der Kaiserzeit ausgesehen hatten, und Besucher bemängelten mit Recht, daß den großen und hohen Räumen (6,59 Meter hoch) die private Atmosphäre fehlte. Sie waren nach kunsthistorischen Gesichtspunkten neu eingerichtet worden. Geyer war bemüht gewesen, in Zusammenarbeit mit den Kunsthistorikern Paul Hübner und Arnold Hildebrandt, die Raumgestaltungen früherer Epochen wiederherzustellen und störende Einbauten aus der wilhelminischen Zeit entfernen zu lassen. So zeigten die kaiserlichen Privaträume Innendekorationen, die bedeutende Künstler ihrer Zeit schufen, ergänzt durch Möbel, Gemälde, Skulpturen, Teppiche, Porzellane, die zum Stil des jeweiligen Raumes passend ausgewählt waren. »Im alten Schloß an der Spree war der Allgemeinheit durch die Krongutverwaltung ein wertvolles Kapitel deutscher Baukunst erschlossen, das von Kaspar Theiß über J. A. Nahl, Schlüter, Langhans, Schinkel bis zu von Ihne reichte...«, schrieb Baurat Erich Schonert 1927, der Geyers Nachfolger am Schloßbauamt geworden war.[31]

Die Wanderung durch die »Historischen Wohnräume« begann im Großen Treppenhaus, das mit Recht als eines der schönsten Treppenhäuser des Barock galt. Schlüter hatte an Stelle einer Wendeltreppe aus der kurfürstlichen Zeit hier eine zweistöckige Prunkarchitektur dorischer und ionischer Säulen- und Pfeilerordnungen geschaffen. In der Mitte der Treppen- und Rampenaufgänge – die Rampen konnten mit Wagen befahren werden – waren in Höhe des ersten und zweiten Stockes Skulpturen von der Hand Schlüters angebracht. Sie stellten den antiken Mythos des Gigantensturzes dar, den Blitze schleudernden Zeus und die niedergeschmetterten Giganten.

Ein bedeutender Raum der kaiserlichen Wohnung, der zunächst dem Treppenhaus lag, war die Erasmuskapelle, (Raum 649/644/645) die alte Schloßkapelle, die Kurfürst Joachim II, von 1540 an erbauen ließ und die im Laufe der Zeit eine Reihe von Umbauten erfuhr. Bei allen Umbauten aber »ist das Deckengewölbe der Kapelle unversehrt geblieben, so daß der Raum, jetzt von allen Einbauten wieder befreit, den ungehinderten Blick auf das köstliche spätgotische Netzgewölbe gestattet und von der Schönheit des damaligen Schloßbaus Joachims II. eine Vorstellung gibt.«[32] Geblieben war die zur Zeit Friedrichs II. mittels einer Balkenteilung geschaffene Höhenteilung der Kapelle, in deren oberem Raum nun sakrale Bilder den Charakter eines Kirchenraumes in besonderen Maße hervortreten ließen. Friedrich Wilhelm IV. hatte die Kapelle als Schreibzimmer, Audienzraum und Bibliothek benutzt, Wilhelm II. ließ hier Gästezimmer einbauen.

Bis zur Südostecke des Schlosses und in der Schloßplatzfront bis zum Portal I schlossen einige Räume an, die zur kaiserlichen Wohnung gehörend, nicht dem Kaiserpaar zur persönlichen Nutzung gedient hatte, aber in die Ausstellung »Historische Wohnräume« einbezogen waren. Dazu gehörte die zur Spree hin gelegene »runde Kammer«, das ehemalige Schreibzimmer Friedrichs II. (Raum 648), das zur Zeit Wilhelms II. als Gästezimmer gedient und mit Möbeln im Stil des Neubarock eingerichtet worden war. Geyer würdigte den kreisförmigen Raum, den ein günstiges Geschick unverändert erhalten hatte, durch eine anschauliche Beschreibung der blaßgrün gefärbten Holztäfelung an den Wänden und an der kuppelartigen Decke, geschmückt mit vergoldetem Leistenwerk und Verzierungen, mit reich gerahmten Spiegelflächen und gemalten Blumenstücken, vergoldeten Konsolen mit japanischen Porzellanvasen, einem Kamin von schlesischem Marmor, alles in feinen friderizianischen Rokokofor-

Großes Treppenhaus, Deckenansicht mit dem Blitze schleudernden Zeus von Andreas Schlüter, Foto um 1930

Großes Treppenhaus an der Ostseite des Schlüterhofes, sogenannte Wendeltreppe, im Hintergrund Nische mit einer Kurfürstenstatue von B. Eggers, Foto um 1930 (Abb. S. 59)

men. Den kräftig blauen Anstrich der Wände und Decke, mit dem der gesamte Raum seit dem 19. Jahrhundert dem Geschmack der Zeit folgend ausgestattet war, als hier das Schreibzimmer der Königin Elisabeth war, ließ Geyer beseitigen und die Bemalung wiederherstellen, von der sich so wie zur Zeit Friedrichs II. der vergoldete Zierrat abhob. In dem einzigen Rokokoraum des Schlosses, der auf einen Entwurf von Johann Michael Hoppenhaupt und Johann August Nahl um 1745 zurückging, erhielt das Gemälde der Tänzerin Barberina von Antoine Pesne, das Friedrich Wilhelm IV. hatte entfernen lassen, wieder seinen alten Platz.

Die vier folgenden Räume in der Schloßplatzfront bis zum Sternsaal, dem kaiserlichen Fahnensaal, über dem Portal I, das Dienstzimmer, Adjutantenzimmer und der Audienzsaal Wilhelms II., hatte Schinkel 1824/27 für die Kronprinzessin Elisabeth im klassizistischen Stil erneuert. Als Ausstellungsräume zeigten sie Möbel, Bilder, Skulpturen, Leuchter, Ampeln aus der Schinkelzeit und soweit möglich Einrichtungen, die zu der klassizistischen Ausstattung der Räume gehört hatten. Für die exakte Nachbildung des Eckzimmers mit dem runden Erker (Raum 658) an der Spreeseite, der ein Relikt des Gebäudes aus dem 16. Jahrhundert dar-

Schreibkabinett Friedrichs II., Rokokodekoration der Wände von Johann August Nahl, Gemälde der Tänzerin Barberina von Antoine Pesne, Foto um 1930 (Abb. S. 61)

Erasmuskapelle nach Wiederherstellung als Eingangsraum der »Historischen Wohnräume« mit Altarbild und Cranachgemälden, Foto nach 1926

stellte und von Schlüter in die barocke Umgestaltung des Inneren einbezogen worden war, hatte Geyer ein Aquarell des Raumes von Eduard Biermann zum Vorbild genommen. Der Raum, das ehemalige Wohnzimmer Elisabeths, das 1888/89 verändert und dann als »türkisches Zimmer« zur Unterbringung von Geschenken des türkischen Sultans diente, zeigte nun wieder die kräftiggrüne Wandfarbe der Schinkelzeit. An den Wänden hingen drei Hauptwerke von Caspar David Friedrich, »Riesengebirgslandschaft«, »Mönch am Meer« und »Klosterruine Eldena«, außerdem zwei Landschaften von Claude Lorrain und sechs Bilder von Schinkel. Im Raum standen bronzene Kinderfiguren von Christian Rauch sowie Büsten von Rauch und Friedrich Tieck.

Auch der anschließende, die ganze Tiefe der Schloßplatzfront einnehmende Raum hatte seine Geschichte (Raum 659). Er war das große Konzertzimmer Friedrichs II. gewesen, ein Rokokoraum, den Johann August Nahl 1745 dekoriert hatte. Schinkel gestaltete den Raum – nun Teesalon Elisabeth – in klassizistischen Formen übrigens nach Skizzen des Kronprinzen völlig um. Er gab ihm eine flach gewölbte Decke in Form eines Velariums, einer über den Raum gezogenen schirmähnlichen Stoffbespannung, die in hellen zarten Farben bemalt und mit antikisierenden Zierrat geschmückt war. Nachdem 1926 die Einbauten der wilhelminischen Zeit, die 1889 einzogenen Zwischenwände und die Veränderungen zum Saal für militärische Vorträge der Jahre 1916 und 1917, beseitigt waren, zeigte der Saal wieder die dem klassischen Ideal entsprechende Ausschmückung. 15 Bildwerke von Tieck, eine Marmorstatue von Emil Wolff und zehn Rundbilder der zeitgenössischen Maler Wilhelm Kolbe, Julius Schoppe, Heinrich Dähling, Hermann Stilke schmückten die Wände mit Darstellungen aus der griechischen Mythologie.

Erkerzimmer in der Südostecke des Schlosses, als Wohnzimmer der Kronprinzessin Elisabeth 1824/27 von Karl Friedrich Schinkel neu eingerichtet, Foto nach 1926

Teesalon der Kronprinzessin Elisabeth, Nordwestecke der Schinkelschen Decken- und Wandgestaltung mit den Zyklen von Statuetten und Rundbildern zeitgenössischer Künstler, nach 1926

Von der Fülle antiker Kunstwerke und kunstgewerblicher Arbeiten, die einst dem Teesalon Elisabeths zugehörten, waren nur Reste ausgestellt, so ein antikes Gorgonenhaupt. Eingerichtet zeigte sich der Raum mit Ruhebetten, Stühlen und der originalen Lichterkrone. Eine von Schinkel entworfene, halbrunde Polsterbank, die von der westlichen Wand hinter einem runden Tisch gestanden hatte, an dem die berühmten Teeabende des kronprinzlichen und später des königlichen Paares stattfanden, an dem bedeutende Männer ohne Rücksicht auf Stand und Rang teilnahmen, war später verkauft worden und konnte nicht zurückerworben werden. Der Ausstellungskatalog verweist auf die Wiedergabe der Raumansicht auf dem Schinkelschen Aquarell, eines der sechs Bilder, die beim Kartenverkauf im Eingang an der Wendeltreppe erworben werden konnten.

Der in der Schloßplatzfront folgende Raum (Raum 662), ehemals Speisezimmer Friedrichs II., dann Friedrich Wilhelms IV., zuletzt Aufenthalts- und Arbeitsraum der Adjutanten Wilhelms II., war aus der

Sternsaal über Portal I, von Karl Friedrich Schinkel 1824/27 gestalteter großer Festsaal des Kronprinzen Friedrich Wilhelm, 1888 bis 1918 Vorsaal der kaiserlichen Wohnung, Foto nach 1926

Zeit Schinkels fast unverändert erhalten mit rotseidener Wandbespannung, Goldleisten, vergoldeten Eckverzierungen und Türbekrönungen, vergoldeten Türen, weißem Gesims und glatter weißer Decke. An den vier Wänden waren Gemälde der ersten Hälfte des 19. Jahrhunderts aufgehängt: von Karl Blechen drei Bilder italienischer Landschaften und zwei vom Palmenhaus auf der Pfaueninsel bei Potsdam, das Ende des 19. Jahrhunderts abbrannte, eine Ansicht des Potsdamer Ruinenberges und von Wilhelm Schadow das Gemälde »Die Poesie«.

Als Audienzsaal diente der von Schinkel geschaffene Sternsaal (Raum 666) über dem Portal I, so genannt wegen seines gemalten Deckenschmuckes der konzentrisch nach der Mitte sich verdichtenden goldenen Sternenkreise, die von Friesen aus reichem Zierrat umrahmt wurden. Hier hatten sich in den Revolutionstagen 1848 die Minister und Generäle um den König versammelt. Der Saal war nahezu weiß gehalten mit sparsamer Vergoldung, die Türen traten wie im vorigen Raum als goldene Flächen hervor. Zu Seiten der Haupttür am Treppenaufgang und gegenüber an der Fenstertür zum Balkon standen je zwei ionische Säulen, die aus der Zeit Schlüters stammten und von Schinkel im klassizistischen Sinn umgeformt worden waren. Auch über die Regierungszeit Wilhelms II. blieb der Saal unverändert in der Schinkelschen Gestaltung. Nur hatte man bei der Einrichtung zur kaiserlichen Wohnung 1888 die oberen Wandflächen zwischen den Pilastern mit rotem Seidenstoff bespannt. Hier hingen große Marinebilder; zwischen den Fenstern standen Standarten und Fahnen der Berliner Garnison, die dem Saal in der Kaiserzeit den Namen gab. Nach 1926 trat wieder das

Schinkelsche Interieur des Sternsaales hervor; der Kronleuchter und die Stühle waren die alten nach Schinkels Zeichnungen angefertigten. An der Fensterseite standen zwei Bildwerke von Ridolfo Schadow, dem frühverstorbenen ältesten Sohn Gottfried Schadows.

Nach dem Sternsaal führte der Gang durch die Ausstellung in die Privatgemächer des Kaiserpaares. Neun Haupträume standen hier zur Besichtigung zur Verfügung: das Empfangszimmer, das Arbeitszimmer, das Vortragszimmer Wilhelms II., das Empfangszimmer, das Wohnzimmer, das Schreibzimmer Auguste Viktorias und zwischen den beiden Wohnraumfolgen der Pfeilersaal über dem Portal II., außerdem an der Seite zum Eosanderhof die Bibliothek und der Speisesaal. Im Empfangszimmer Wilhelms II. (Raum 668) herrschte Rokokodekor vor, mit dem die Brüder Hoppenhaupt 1747 die »Audienz« Friedrichs II. ausgestattet hatten. Friderizianisch waren die Decke mit vergoldetem Rankenwerk, Türen und Fensterumrahmungen, die Täfelung der Fensterwand, vergoldete Stuckreliefs mit Kindergruppen in den Supraporten. Das Deckengesims hingegen stammte aus Schlüters Schloßbau. Nur der Kamin und eine bräunlichgraue Seidenbespannung der Wände gehörten zum Ausbau der kaiserlichen Wohnung von 1888. Möbel und Bilder aus der Epoche Friedrichs II. – Gemälde von Antoine Pesne, David Matthieu, Anna Dorothea Therbusch – suchten den Rokokocharakter zu verstärken, der ursprünglich diesem Raum eigen war.

Das Arbeitszimmer des Kaisers zeigte den Besuchern als Hauptschmuck des Raumes eine gemalte Decke und ein Deckengesims aus der Zeit, als Schlüter den Schloßbau leitete. Das Deckenbild nahm die ganze Fläche einschließlich der Deckenvoute ein und stellte die Versammlung der olympischen Götter dar. Es trug die Inschrift: »A. Terwesten inv. et fec. 1704«. Ansonsten besaß der Raum einige Architekturdetails aus friderizianischer Zeit – damals das Vorzimmer der »Audienz« Friedrichs II. – 1888 ergänzt durch vergoldete Supraporten, die solchen im Schloß Charlottenburg nachgebildet waren. In dem Raum mit seiner etwas düsteren Ledertapete stand als Attraktion ein Tisch, der aus dem Holz des Schiffes »Victory« hergestellt worden war, das Nelson in der siegreichen Schlacht bei Trafalgar am 21. Oktober 1805 befehligte. An diesem Tisch hatte der Kaiser am 1. August 1914 die Mobilmachungsorder unterzeichnet.

An der Stelle des kaiserlichen Vortragszimmers endete 1706 der Schlütersche Schloßbau, den hier wie an der Schloßecke zur Spree hin ein Eckturm geziert hatte. Mit diesem Raum begann der Trakt, den Martin Heinrich Böhme 1714/16 von der Schloßfreiheit aus aufgeführt hatte. Der runde Eckerker mußte damals beseitigt werden. Das kaiserliche Vortragszimmer (Raum 670) besaß noch Türen mit geschnitzten Bekrönungen und Rahmen, gemalte Fensterlaibungen und große Teile der Wandtäfelung dieser Bauperiode, bereichert um den Ausbau und die Einrichtung durch die Architekten Walter Kyllmann und Adolf Heyden 1888. Die Ausstattung des Raumes, selbst sein Bilderschmuck war fast unverändert erhalten geblieben, und wie zu Kaisers Zeiten sah es in ihm nach 1926 aus: rote Samtbespannung an Wandflächen zwischen der alten Holztäfelung, ein mächtiger Kamin mit neubarockem Aufbau, in dem eine Büste Friedrichs II. von Ernst Westphal stand, eine Stuckdecke nach Entwürfen desselben Bildhauers sowie ein Deckenbild von Max Koch, auf dem der Götterbote Hermes zwei weiblichen Gestalten eine Botschaft überbringt. Die Gemälde an den Wänden stellten Bildnisse des 18. Jahrhunderts dar, darunter die Porträts Friedrich Wilhelms I. und Sophie Dorotheas von Antoine Pesne.

Der Ausbau des über dem Portal II gelegenen Pfeilersaales (Raum 679) zu einem Festsaal rührte von dem Erbauer des Brandenburger Tores Carl Gotthard Langhans her. Langhans erhielt 1789 von Friedrich Wilhelm II. den Auftrag, die Wohnung der Königin Friederike Luise in der westlichen Hälfte der Schloßplatzfront neu zu gestalten. Diese Räume hatte Friedrich Wilhelm I. zu Anfang seiner Regierungszeit bewohnt und auch Friedrich Wilhelm II., bevor er sich von der Königin trennte und in die bis 1789 neu ausgebauten Königskammern im ersten Stock des Lustgartenflügels übersiedelte. Zur Zeit Friedrichs II. hieß der Saal Garde-du-Corps-Saal, weil hier, wenn der König anwesend war, die Garde du Corps Wache hielt. Der Pfeilersaal, der seit 1789 »vollständig unberührt geblieben« war[33], diente als Vorsaal für die beiderseitigen Privatzimmer des Kaiserpaares und war über den Marmortreppenaufgang zugänglich. Langhans hatte in seiner Vorliebe für ovale Räume den ursprünglich rechteckigen Saal durch den Einbau eines Kranzes von acht ionischen Säulen in einen oval erscheinenden Raum umgestaltet und ein Meisterwerk des Frühklassizismus von hervorragender Form und Farbe geschaffen. Der Saal war mit Stuckmarmor verkleidet und wurde deshalb auch Marmorsaal genannt. Die Wände hatten lichtrote Färbung, die Säulen lichtgraue, Kapitelle, Basen und Gesims Elfenbeinton mit Vergoldung, nur einzelne Verzierungen in den Türbekrönungen und über den Kaminen waren dunkelgrau. In den Rundnischen über den Türen standen Gipsbüsten berühmter Männer und Frauen der Antike, die Nischen über den Kaminen waren mit vergoldeten und bemalten Vasen geschmückt, und die ganze Deckenfläche zeigte ein Bild, das Johann Christoph Klimpfel 1789 gemalt hatte. Zu sehen waren in der Mitte Zeus und Juno und um sie gelagert auf Wolken die Götter. Und strahlend in zartem Kristallschmuck hingen die schönen Kronleuchter von der Decke herab, beschrieb Geyer die Raumwirkung.

Die direkte Verbindung zwischen dem Pfeilersaal und den drei Zimmern der Kaiserin stellte ein Durchgang her, der 1888 von der Fürstentreppe, die neben Portal II heraufführte, abgeteilt worden war. Im Empfangszimmer (Raum 682) und dem anschließenden Wohnzimmer (Raum 683) Auguste Viktorias war nach 1926 nur noch einiges von der Langhansschen Raumkunst zu sehen. 1888 blieb der Ausbau der beiden Zimmer im wesentlichen erhalten, 1907 kam es zu Veränderungen durch die Anlage einer zweiten Tür, die die beiden Räume gegeneinander öffnete. Im Empfangszimmer bekamen die Ausstellungsbesucher aus der Zeit Friedrich Wilhelms I. noch Teile der Wandverkleidung mit rotbuntem Bayreuther Marmor und das barocke Deckengesims zu sehen. Die »Rote Marmorkammer« des 18. Jahrhunderts hatte Langhans verändert durch blaßgrüne, mit rötlichen Girlanden durchwirkte Atlasbespannung der Wände oberhalb des Marmorpaneels sowie durch eine Deckenbemalung, die Kimpfel »en caissons«, das heißt kassettenförmig ausgemalt hatte. Seit der Umgestaltung in der Kaiserzeit besaß das Empfangszimmer ein neues Deckenbild, das in Angleichung an die Decke im Wohnzimmer nach einem in Italien angekauften Deckenbild aufgemalt worden war und Mars und Venus umgeben von schwebenden Kinderfiguren darstellte. Außerdem hatte der Raum eine neue Seidenstoffbespannung, in Nußbaumholz gefertigte Türen sowie Ornamentdekor über dem Kamin, der Motive von Gontard aus dem Konzertsaal der Königskammer kopierte. An den Wänden hingen mehrere Porträts des 18. Jahrhunderts, von Pesne die Schwestern Friedrichs II., Philippine Charlotte und Amalie, und von Anton Graff das Bildnis der Königin Friederike Luise. Auf dem Kamin stand eine Terrakottabüste von Jean Antoine Houdon.

Das Wohnzimmer der Kaiserin besaß von der Ausgestaltung durch Langhans die reizvolle Deckenmalerei und den schönen mit eingelegten Verzierungen in verschiedenen Holzarten gearbeiteten Fußboden, ein Werk von Johann Christian Fiedler. Über dem barok-

Vortragszimmer Wilhelms II., Nordwand mit dem Porträt Friedrich Wilhelms I. von Antoine Pesne, Foto nach 1926

Arbeitszimmer Wilhelms II. mit dem Schreibtisch, auf dem der Kaiser 1914 die Mobilmachung unterzeichnete, Foto nach 1926 (Abb. S. 67)

ken Stuckgesims hatte Bernhard Rode, Direktor der Berliner Kunstakademie, Deckenvoute und Plafond ausgemalt mit allegorischen Jahres- und Tageszeitbildern, deren Stil noch dem Rokoko angehörte. Zum Teil zeigten sie die damals beliebte en grisaille Manier, eine grau-in-grau-Malerei. Als zu Beginn der wilhelminischen Zeit Türen, Täfelung und Wandbespannung des Wohnraumes erneuert wurden, versetzte man zwei ebenfalls von Rode gemalte Supraporten hierher, die früher das Schlafzimmer Friedrichs II. zierten. Nach 1926 hingen an den Wänden Hauptwerke der französischen Rokokomalerei, die von Friedrich II. erworbenen berühmten Gemälde Antoine Watteaus, die 1716 gemalte »Einschiffung nach Cythera« und das »Firmenschild des Kunsthändlers Gersaint« von 1720, außerdem an der Fensterwand das Porträt der Königin Elisabeth Christine von Antoine Pesne.

Der letzte Raum der kaiserlichen Wohnung in der Schloßplatzfront, das Schreibzimmer Auguste Viktorias, wurde wegen der Stuckmarmorwände auch Marmorkammer genannt. Langhans hatte sogar diesem kleinen Raum (8,38 Meter mal 6,13 Meter) durch Abstumpfung der Ecken und entsprechender Ausbildung des Gesimses die Wirkung eines ovalen Raumes gegeben. Er galt durch glückliches Zusammenwirken von Architektur, Plastik und Malerei als ein Raumjuwel von überraschender Schönheit: »Die Wände sind in hellgetöntem Stuckmarmor von zarter Farbenabstufung hergestellt, belebt durch sechs Nischen und dicht unter dem Gesims durch vier Relieffriese, zwischen denen sich auf den Schrägflächen der Ecken vier ovale Reliefs mit Darstellungen von Tänzerinnen in kameenartiger Wirkung befinden, die Friese und die ovalen Reliefs in Elfenbeinton auf blaugrünem Stuckmarmorgrunde nach Zeichnungen von Gottfried Schadow gefertigt.«[34] Das gesamte Kabinett war der griechischen Mythologie gewidmet. Schadows Friese gaben den Festzug des Bacchus und der Ariadne, den Raub der Sabinerinnen und die Hochzeit von Amor und Psyche wieder. In den Nischen standen der antiken Ideenwelt entnommene Marmorbildwerke von Antoine Tassaert, dem Hofbildhauer Friedrichs II., und die Decke zeigte Malereien von Kimpfel. Auf die untere flache Kuppelwölbung waren die Zeichen des Tierkreises gemalt, auf die obere Kuppelfläche Apollo und Helios auf dem Sonnenwagen.

Zwei Ausstellungsräume der ehemaligen kaiserlichen Wohnung lagen am Eosanderhof. Die Bibliothek (Raum 695) des Kaiserpaares, einstmals Thronsaal der Königin Friederike Luise, wurde 1888 von v. Ihne in maßvollen, eleganten Neubarockformen umgebaut. Das von einer weißen Stuckvoute eingerahmte Deckenbild von Woldemar Friedrich stellte Athena als Schutzgöttin der Künste und Wissenschaften dar. Sonst zeigte der Raum dem Kunstinteressierten nur ein über dem Kamin angebrachtes lebensgroßes Bildnis Friedrichs II. von Pesne und einige Porträts europäischer Herrscher, die über den Türen in die Nußbaumtäfelung eingelassen waren.

Ebenfalls 1888 war der Speisesaal daneben ganz neu ausgebaut worden. Die Architekten Kyllmann und Heyden hatten in dem Saal, dessen Länge zwei Räume des Böhmschen Schloßtraktes umfaßte, einen reichen Barockstil angewandt (Raum 696). Die Wandbekleidung aus Nußbaumholz war in beinahe jeder Einzelheit barocken Vorbildern aus preußischen Schlössern nachempfunden worden.[35] In der Aufeinanderfolge der »Historischen Wohnräume« kam hier am deutlichsten das überladene und selbstherrliche Kunstverständnis zum Ausdruck, das dem Stil des wilhelminischen Barock eigen war. So versinnbildlichten Reliefs die Tugenden des Herrscherpaares: Gerechtigkeit und Tapferkeit, Wohltätigkeit und Demut. In den mit Hirschgeweihen geschmückten Supraporten waren der Erzengel Michael und der Heilige Georg als Schutzpatrone des Kaiserreiches abgebildet. Das Deckengemälde, das 1888 nach Entwurf von Max Koch gemalt war, mußte später auf Veranlassung des Kaisers durch ein Bild ersetzt werden, das den Ruhm Preußens verherrlichte und nach Anton von Werners Entwurf entstand. Es stellte die Apotheose Friedrichs II. dar, auf der ein Gemälde des jugendlichen Königs zu sehen war, das musizierende Engel hinauf in den Himmel trugen, umgeben von einem Kreuzritter in seiner Rüstung und dem vor der aufgehenden Sonne fliegenden Adler mit dem Spruchband »Non soli cedit«. Der Duktus des kaiserlichen Speisesaales konnte seit 1926 gut nachempfunden werden, als auf der langen weißgedeckten Tafel das sogenannte Kron-

Pfeilersaal über Portal II, 1789/91 von Carl Gotthard Langhans, bis 1918 Vorsaal und Festsaal der kaiserlichen Wohnung, Foto nach 1926

Rote Marmorkammer von Carl Gotthard Langhans 1789/91, bis 1918 Empfangszimmer der Kaiserin Auguste Viktoria, Foto nach 1926

prinzensilber ausgestellt war, das 414 preußische Städte 1905 dem Kronprinzenpaar zur Hochzeit geschenkt hatten. Das Prachtgedeck für 50 Personen, dem Entwürfe namhafter Künstler der Jahrhundertwende zu Grunde lagen, war 1914 noch nicht vollständig ausgeführt. Es wurde nach 1918 von der Stadt Berlin angekauft. Zum Charakter des Raumes trug das große Gemälde der Krönungsfeierlichkeiten Wilhelms I. in der Schloßkirche zu Königsberg am 18. Oktober 1861 von Adolf Menzel bei, das die Schlösserverwaltung auf den mit Samt bespannten Feldern der Wandtäfelung anbringen ließ, wo ehemals fünf Gobelins von Francois Boucher hingen, ebenso wie einige Bildnisse der Hohenzollernfamilie und ein Bronzeguß nach dem Kopf der Statue Friedrichs I. von Schlüter, die zunächst für das Berliner Zeughaus bestimmt war und 1801 vor dem Schloß in Königsberg aufgestellt wurde.[36]

Die Wanderung durch die »Historischen Wohnräume« führte über die Marmortreppe zurück zum Schlüterhof. Die am südlichen Ende des Quergebäudes gelegene Marmortreppe (Räume 453, 676, 856) stammte aus der Zeit der Schloßerweiterung durch Eosander.

Bibliothek des Kaiserpaares, Blick zur Südwestecke, im Nußbaumholzpaneel Bildnisse von Peter dem Großen, Gustav Adolf und Maria Theresia, Foto nach 1926

Sie blieb unvollendet, da Eosanders Plan, das alte Quergebäude zwischen den Schloßhöfen durch eine Säulenhalle zu ersetzen, nicht mehr zur Ausführung kam. Wilhelm I. ließ 1863/64 Treppenstufen und Geländer aus schlesischem Marmor einbauen, die der Treppe den Namen gaben – übrigens einer der wenigen Eingriffe in Bauangelegenheiten im Stadtschloß, die der nachmalige Kaiser vornahm, um die damals traurigen Arbeitsverhältnisse in Schlesien zu bessern. 1902 wurden Wandverkleidungen und Stützen aus Stuckmarmor angebracht. Nach 1926 hingen verteilt im Treppenhaus Gemälde, Porträts von Offizieren der Zeit Friedrich Wilhelms I., das überlebensgroße, 1871 von Menzel gemalte, Bildnis des Fürsten Bismarck und eines der von zeitgenössischen Künstlern auf Bestellung gemalten Schlachtengemälde. Es stellte den Burggrafen von Nürnberg, den Hohenzoller Friedrich III. dar, der auf dem Marchfeld die Sturmfahne des Reiches hochhielt.

Verwaltung der Staatlichen Schlösser und Gärten

Am 1. April 1927 wurde die Verwaltung der Staatlichen Schlösser und Gärten gegründet, die Schlösserverwaltung, eine Institution, die über den Zweiten Weltkrieg bestehen blieb und danach in den beiden deutschen Staaten getrennt existierte. Vorausgegangen war ihrer Gründung die Erarbeitung eines Gesetzes, um die rechtliche Grundlage für die Klärung der Eigentumsverhältnisse zu schaffen und die privaten Vermögensanteile der Hohenzollern von denen des Staates zu trennen. In dieser Angelegenheit hatten sich schon 1920 Vertreter des öffentlichen Bildungswesens an die Gesetzgebende Preußische Landesversammlung gewandt. Die Eingabe vom 15. Januar 1920, unterzeichnet von Wilhelm von Bode, Adolf von Harnack und anderen Persönlichkeiten, legte grundsätzlich fest: »Die Schlösser als Ganzes sind selbständige Organismen, in deren Zusammenhang und Lebensbedingungen nicht eingegriffen werden darf. Sie zu schonen und zu pflegen ist daher in Gegenwart und Zukunft die Pflicht einer jeden Regierung und des ganzen Volkes... Die beweglichen Kunstwerke werden in den Schlössern zu belassen sein, wenn sie zu dem geschichtlichen und künstlerischen Gesamtbilde der Bauten und ihrer Einrichtung gehören.«[37] Eine weitere Eingabe vom April 1922 trug zusätzlich die Unterschriften der neuen Generaldirektoren der Museen und der Staatsbibliothek Otto von Falke und Fritz Molkau, des Konservators der Kunstdenkmäler, der Intendanten des Staatlichen Schauspielhauses und der Staatsoper sowie die von L. Justi.

Im Januar 1920 lag der erste Entwurf zu einem Gesetz über die Vermögensauseinandersetzung zwischen dem Preußischen Staat und dem Preußischen Königshaus vor; 1925 folgten drei weitere Vergleichsvorschläge. Keiner der Entwürfe wurde vom Preußischen Landtag angenommen und bestätigt. Auch ein Volksentscheid über ein Gesetz zur Enteignung des Fürstenvermögens am 20. Juni 1926 – zu welchem Anlaß im Lustgarten eine Demonstration stattfand –, brachte nicht die zur Gesetzesannahme notwendige Stimmenmehrheit. Jedoch war nun das Königshaus zum Einlenken bereit, so daß ein Abänderungsvertrag zwischen der Staatsregierung und dem Haus Hohenzollern geschlossen werden konnte. Der Landtag stimmte schließlich dem Vertrag vom 12. Oktober 1925 mit Nachtrag vom 29. Oktober 1926 zu, und mit Wirkung vom 29. Oktober 1926 trat das Gesetz über die Vermögensauseinandersetzung zwischen dem Preußischen Staat und den Mitgliedern des vormals regierenden Preußischen Königshauses in Kraft. Damit erst wurde das Berliner Stadtschloß von Rechts wegen Staatseigentum.

Die 1927 konstituierte Verwaltung der Staatlichen Schlösser und Gärten unterstand dem Kultusministerium. Zu ihrem Bereich gehörten die kunst- und kulturgeschichtlich wertvollen Schlösser; das waren in Berlin außer dem Stadtschloß mit Lustgarten die Schlösser und Parke Monbijou (kriegszerstört, 1960 abgerissen), Charlottenburg sowie in Charlottenburg Neuer Pavillon, Mausoleum, Große Orangerie, Theater, Belvedere, Kleine Orangerie, das Jagdschloß Grunewald und Schloß Pfaueninsel mit Park.

Erster Direktor der Schlösserverwaltung wurde Paul Hübner; ihm folgte 1930 der Kunsthistoriker Ernst Gall, der vorher als Ministerialrat im Ministerium für Wissenschaft, Kunst und Volksbildung tätig gewesen war. Ernst Gall blieb bis 1945 Direktor der Schlösserverwaltung in Preußen. Die Arbeitsstelle für die Berliner und Potsdamer Schlösser befand sich im Berliner Stadtschloß, wo sie bis 1948 – bis auf die Monate ihrer Ausquartierung von Februar bis April 1945 in das Potsdamer Stadtschloß – in den Räumen des ehemaligen Hofmarschallamtes, dann der Krongutverwaltung, im Erdgeschoß am Schloßplatz zwischen den Portalen I und II ihr Domizil hatte. In Zusammenarbeit mit den Schloßbauämtern vollzog sich die denkmalpflegerische und museale Betreuung der Schlösser.

In der Epoche zwischen den beiden Weltkriegen war das Stadtschloß in Berlin zu einem der größten deutschen Museumsschlösser und zum Zentrum des kulturellen Lebens in der Reichshauptstadt geworden. Seit 1929 fanden im Rahmen der sommerlichen Berliner Festwochen, die der Oberbürgermeister Gustav Böß ins Leben gerufen hatte, Konzerte im Schlüterhof statt. Während der »Berliner Kunstwochen« anläßlich der Olympischen Spiele 1936 gab das Berliner Philharmonische Orchester Abendkonzerte im Schlüterhof; der Weiße Saal war Kammerkonzerten vorbehalten.

Nach 1918 hatte die Krongutverwaltung in zahlreichen Schloßräumen Mieter aufgenommen. Unter der Adresse Schloß, Lustgarten 1–3 und Schloßfreiheit 1 verzeichnen die Adreßbücher der Jahre seit 1920 auch private Mieter, Beamte des Kultusministeriums, den Generaldirektor der Staatlichen Museen von Falke, den Direktor der Skulpturenabteilung Theodor Demmler, außerdem eine Anzahl öffentlicher Einrichtungen, Behörden und Vereine. Sie hatten Schloßräume gemietet, deren Belegung bis in die dreißiger Jahre ständig wechselte.

In den Raumfluchten im Erdgeschoß, im zweiten Stock am Schloßplatz und an der Schloßfreiheit befanden sich die Kaiser Wilhelm-Gesellschaft, die den Staatsratsaal als Vortragsraum nutzte (Raum 489), das Phonogramm-Archiv, das Räume im Erdgeschoß zwischen den Portalen I und II innehatte, die später das Amt für Denkmalpflege erhielt, ferner die Notgemeinschaft der deutschen Wissenschaft, die Österreichische Freundeshilfe, das Psychologische Institut der Universität, die Landesanstalt für Gewässerkunde sowie die Geschäftsstelle des Deutschen Vereins für Kunstwissenschaft. Im Erdgeschoß des Apothekenflügels am Lustgarten waren die Schloßbauämter untergebracht und im Dachgeschoß am Eishof von 1925 bis 1931 das Museum für Leibesübungen. Außerdem gab es im Schloß gemeinnützige Einrichtungen, die durch die wirtschaftliche Not der Nachkriegsjahre entstanden waren: die Zentrale für Kinderspeisung und für Vermittlung von Heimarbeit an Mittelständige, das Fürsorgeamt für Beamte aus dem Grenzgebiet, die Gewerkschaft Deutscher Verwaltungsbeamte, das Helene-Lange-Heim und die Studentenhilfe, die in der ehemaligen Schloßküche an der Spree eine Mensa für Studenten unterhielt. Bis 1932 kamen hinzu der Deutsche Akademische Austauschdienst, der Atlas der Deutschen Volkskunde, die Deutsche Akademie sowie die Deutsche Kunstgemeinschaft, in deren Räumen im Querflügel des Schlosses regelmäßige Kunst- und Verkaufsausstellungen veranstaltet wurden.

Die Deutsche Kunstgemeinschaft wurde 1933 als Einrichtung zur Unterstützung und Verbreitung »artfremder« Kunst aufgelöst. Ihre Räume bezog die am 1. November 1933 gegründete Reichskulturkammer der Bildenden Künste, die nun hier in denselben Räumen ihre Ausstellungen »arteigener« Kunst darbot. Diese von Reichsminister Joseph Goebbels geschaffene kulturpolitische Institution befand sich bis Anfang 1936 im Schloß unter Leitung ihres ersten Präsidenten, des Architekten Eugen Hönig. Sie zeichnete verantwortlich für die Berufsverbote nicht genehmer Künstler und trieb viele Architekten, Bildhauer, Maler und Kunsthandwerker in die äußere oder innere Emigration. Nach dem Auszug der Reichskulturkammer aus dem Schloß und unter dem nächsten Präsidenten Adolf Ziegler begann die radikale Diffamierung der sogenannten entarteten Kunst, die zur Vernichtung vieler berühmter Kunstwerke führte. Noch 1936 erhielt das Museum der Staatstheater die Räume der Reichskulturkammer im Querflügel des Schlosses, in dem sich schon seit dem Jahr davor eine Probebühne für die Preußischen Staatstheater befand. Die Schloßbauverwaltung hatte dafür den von Johann Arnold Nering 1681/85 erbauten Alabastersaal erneuern und diesen

Repräsentationssaal des Großen Kurfürsten durch Rekonstruktion der Wände und Entfernung einer Zwischendecke wiedererstehen lassen.

Die Pflege, die die Schloßbauverwaltung dem alten Bauwerk angedeihen ließ, hing von den Geldmitteln ab, die für die Unterhaltung der Schlösser zur Verfügung standen. Hier wirkten sich erst die Weltwirtschaftkrise und später Hitlers Sparmaßnahmen auf dem Bausektor negativ aus. Seit dem Beginn der dreißiger Jahre wurden die Fassaden beginnend mit dem Portal I am Schloßplatz neu verputzt, »die Sandsteinteile ausgebessert, die Dächer instandgesetzt, die etwa drei Meter hohe Dachbalustrade teilweise erneuert und die riesigen Sandsteinfiguren auf den Attiken über den Portalen repariert und neu verankert.«[38]

In diese Zeit fiel die Wiederentdeckung der alten Kunstkammer, die das Schloß seit der Barockzeit besessen hatte.[39] Als anläßlich einer wissenschaftlichen Bearbeitung alter Buchbestände 1929 die kurfürstliche, später königliche Kunstkammer ins Gespräch kam, hatte die Schloßbauverwaltung von den alten Räumlichkeiten keine Kenntnis. Auf den ihr vorliegenden Plänen waren sie nicht mehr eingezeichnet. Erst bei einer Schloßbegehung, die vom Keller heraus durch alle Geschosse führte, fand man im dritten Stock des Lustgartenflügels Hinweise auf sie in den Livreekammern, die seit den Plünderungen 1918 leer standen. Über dem Portal V wurden zu beiden Seiten des bis ins Dachgeschoß durchgehenden Rittersaales die alten Kunstkammerräume festgestellt, deren Wand- und Deckengestaltung aus der Zeit Schlüters – hinter Livreeschränken verborgen – verhältnismäßig gut erhalten waren. Diese frühe museale Einrichtung im Schloß war in Vergessenheit geraten, nachdem im 19. Jahrhundert die Kunstkammer aufgelöst und ihre Sammlungen den Königlichen Museen einverleibt wurden. Die kunstvolle alte Ausstattung im ehemaligen Antiken-, Münz-und Medaillenkabinett, in den Räumen der Kunst- und Naturalienkammer mit ihren Deckenmalereien, die in barokken Verschlüsselungen und beziehungsreichen Allegorien auf den Charakter des Raumes hinwiesen, gab den Anlaß, in der Ausstellung »Altes Berlin«, die im Sommer 1930 in den Messehallen am Funkturm stattfand, die Rekonstruktion von zwei Kunstkammerräumen des Schlosses zu zeigen, denn die neuentdeckten originalen Räume konnten aus baulichen Mängeln leider nicht zugänglich gemacht werden. Eine späte Würdigung erfuhr die »Königliche Kunst- und Naturalien-

Blick zur Nordseite des Schlosses über den seit 1936 als Aufmarschplatz gepflasterten Lustgarten

Das Schloß im Fahnenschmuck zur Olympiade im August 1936 in Berlin (Abb. S. 75 unten)

Die Wirkung des in der Dunkelheit angestrahlten Schlosses, Foto um 1937

kammer im Schlosse zu Berlin« im Jahre 1981 im Rahmen der Ausstellung »Preußen – Versuch einer Bilanz« im Martin-Gropius-Bau.

Für die nationalsozialistischen Machthaber besaß das Berliner Stadtschloß durchaus keinen negativen Sinngehalt. Das Wahrzeichen der Hohenzollernmacht war ihnen willkommen zur Verherrlichung von Krieg und Militarismus, und die preußische Geschichte mußte ihnen zur Bekräftigung ihres Herrschaftsanspruches dienen. In der »Hauptstadt des Großdeutschen Reiches« bekam der Schlüterbau die Bedeutung einer prachtvollen, altertümlichen Kulisse für die Machtdemonstrationen der Nationalsozialisten. Die Bereiche politischer Macht und Repräsentation konzentrierten sich nach 1933 um die Wilhelmstraße – nach 1945 umbenannt in Otto-Grotewohl-Straße – mit der Reichskanzlei und den Ministerien. Das Schloß und die Prachtstraße Unter den Linden lagen außerhalb der Pläne Hitlers und Albert Speers zur Umgestaltung der Berliner Innenstadt, die im wesentlichen Projekt geblieben ist.

Anders verhielt es sich mit dem Lustgarten. Der vor der Nordseite des Schlosses gelegene Lustgarten, über den bei Festlichkeiten des Kaiserhauses Salutschüsse und das Läuten der Domglocken getönt hatten und auf dem seit 1918 Demonstrationen stattfanden, war über 100 Jahre lang die schöne auf Schinkels Entwurf zurückzuführende Gartenanlage geblieben. 1935/36 verunstalteten die Nationalsozialisten den Lustgarten zum Aufmarschplatz ihrer 1.-Mai-Demonstrationen. Vorgreifend sei daran erinnert, daß 15 Jahre später für die von staatswegen verordnete 1.-Mai-Feier 1951 der Sozialistischen Einheitspartei Deutschlands der vom Lustgarten bis zur Breiten Straße erweiterte große Aufmarschplatz zur Verfügung stand, weil das Schloß gesprengt und seine Reste pünktlich zur Maifeier beseitigt waren. In Vorbereitung der Olympiade 1936 genehmigte Hitler im Dezember 1935 die Pläne für den von ihm selbst als einen Parade- und Aufmarschplatz vorgesehenen Lustgarten. Am 1. Mai 1936 waren auf der freien, nun gepflasterten großen Mittelfläche die Reihen der Uniformierten aufmarschiert. Der ehemalige Gartencharakter war zerstört, nur einige Baumreihen entlang der Westseite und an der Ostseite vor dem Dom stehengeblieben. Die Granitschale hatte man von ihrem Platz vor dem Alten Museum versetzt an die Nordseite des Domes, die Museumstreppe wurde als Rednertribüne benutzt. So standen nun für große Versammlungen, »wo von der Schloßrampe ... oder von der Museumstreppe aus gesprochen«[40] werden sollte, der Lustgarten in Verbindung mit dem Schloßvorplatz als Aufmarschgelände für 27 000 Menschen zur Verfügung. Die Feierlichkeiten zum Auftakt der Olympischen Spiele im Sommer 1936 in Berlin begannen am Vormittag des 1. August auf dem Lustgarten mit einem Aufmarsch von 25 000 jungen Sportlern aus 28 Nationen der Welt. Auf einem Altar vor der Mitte der Museumstreppe und auf einem zweiten Altar auf der Schloßrampe entzündeten Fackelträger das olympische Feuer und trugen es dann zum Olympiastadion in Spandau.

In dem letzten 1939 von der Schlösserverwaltung unter Ernst Gall herausgegebenen Katalog »Die Historischen Wohnräume im Berliner Schloß« stehen am Schluß der Einleitung die Sätze: »Wäre die alte Einrichtung noch ungeschmälert erhalten – sie ist heute bis auf wenige Stücke im Hause Doorn in Holland –, so würde das Gefühl des Beschauers, hier am Ende einer Epoche zu sein, sehr verstärkt werden; der Kunstfreund ist beim Durchschreiten dieser Räume des letzten Kaisers enttäuscht, jeder nachdenkliche Besucher aber wird zur Deutung jener abgeschlossenen Periode unserer Geschichte wichtige Hinweise empfangen.« Der Katalog verzeichnet als Raum 23 und 24 in der Schloßplatzfront zwei hinzugekommene Räume, das ehemalige Schlaf- und Badezimmer der Kaiserin Auguste Viktoria. Hier hatte Margarete Kühn, Mitarbeiterin der Schlösserverwaltung seit 1929 Modelle, Zeichnungen und Ansichten zusammengestellt, die für die Baugeschichte des Berliner Schlosses wichtig waren: »In der Mitte des Raumes 23 ein Modell des Schlosses mit seiner Umgebung, das den Zustand um 1650, also vor dem großen Schlüterschen Umbau wiederzugeben versucht. Zwischen den Fenstern das alte Holzmodell des Eosanderportals, dessen Turmaufbau leider verlorengegangen ist.«[41]

In welchem Maße das Schloß als Symbol preußischer Geschichte und wie sehr der Künstler als eine dem Herrscher verwandte Persönlichkeit der Ideologie der Epoche untergeordnet werden konnte, brachte der 1942 gedrehte Film »Andreas Schlüter« zum Ausdruck, der im Rahmen einer Geschichte des Berliner Stadtschlosses zu erwähnen ist. In dem Film – übrigens einer der beachtenswerten Filme dieser Zeit –, der in dem von Kriegszerstörungen noch nicht betroffenen Schloß gedreht wurde und viele Details der Innenarchitektur, vornehmlich die schönen Stuckdecken, deutlich ins Bild brachte, ließ der Regisseur Schlüter sagen: »Der Schloßplatz soll ein Forum werden, wie es in Europa nur das alte Rom vorzuweisen hat. Ein gigantischer Plan.«[42]

Das Werk Schlüters und Eosanders, die Innenräume des Barock, des Klassizismus und des Historiums überliefern die seit der Kaiserzeit bis zum Zweiten Weltkrieg entstandenen Aufnahmen der Staatlichen Meßbildanstalt, von denen viele im Rahmen der Dokumentation zum Berliner Stadtschloß von Peschken/Klünner im Jahre 1980 in dem großen Schloßband veröffentlicht worden sind.

II.
DAS SCHICKSAL DES SCHLOSSES
1939–1950

»In Ruinen steht es da:
noch immer von einer faszinierenden Wucht und Monumentalität,
ein Repräsentant des spezifisch norddeutschen Barock,
der sich Michelangelos St. Peter in Rom,
dem Louvre in Paris würdig zur Seite stellt.«

28. 8. 1950, Richard Hamann,
Direktor am Kunstgeschichtlichen Intitut der
Humboldt-Universität Berlin

Zerstörungen im Zweiten Weltkrieg

Am Tag des Kriegsausbruches, dem 1. September 1939, wurden die Ausstellungen der Museen geschlossen, um den ergangenen Verfügungen gemäß die Kunstwerke durch Abtransport in geeignete Räume oder durch entsprechende Sicherung an Ort und Stelle gegen etwaige Luftangriffe zu schützen. Nach Abschluß der Bergungsmaßnahmen wurden die Festräume des Schloßmuseums – Paradekammern, kurfürstliche Wohnung und Königskammern – wieder zur Besichtigung freigegeben. 1940 zeigte das Schloßmuseum im ersten Stock in den Räumen der französischen Renaissance und des Barock seine letzte Ausstellung »Lederarbeiten aus fünf Jahrhunderten«.[43] Seit dem Winter 1940/41 blieben im Schloß sämtliche Ausstellungsräume geschlossen.

Die Kunstwerke des Schloßmuseums wurden wie die Sammlungsbestände anderer Abteilungen der Staatlichen Museen verpackt und in Gebäuden untergebracht, die als sicher galten, in den Tresoren der Neuen Münze am Molkenmarkt, der Staatsbank am Gensdarmenmarkt, in den gewölbten Kellern des Schlosses, in dem 1942 fertiggestellten Flakturm im Friedrichshain. Schließlich transportierte man auch Sammlungen des Schloßmuseums in die außerhalb Berlins gelegenen Schlösser Paretz und Oegeln in der Provinz Brandenburg, Zützen und Sonnewalde in der Lausitz, Sophienhof in Mecklenburg, Weissensee in Thüringen und Dobitschen in der Nähe von Leipzig, außerdem in die Salzbergwerke Kaiseroda, Grasleben und Schönebeck.

Die Schlösserverwaltung ließ ihren Besitz an Gemälden und Möbeln in den Jahren 1941 bis 1944 aus dem Stadtschloß abtransportieren nach Borkow in Mecklenburg, Schloß Molsdorf in Thüringen, nach Paretz und in die Klosterkirche Lehnin. Im März 1945 gelangten noch kostbare Gemälde und Gobelins mit dem preußischen Kronschatz in das Salzbergwerk Bernterode bei Leinefelde, Thüringen; hier wurden sie bald darauf von den Amerikanern übernommen. Das Silberbuffet und die Plankammer der Schlösserverwaltung befanden sich über das Kriegsende im Schloß Sanssouci. Die meisten Kunstgegenstände verblieben in den Kellern des Berliner Schlosses, wo auch Sammlungsbestände aus dem Hohenzollernmuseum Schloß Monbijou untergestellt waren.

Bis Ende 1943 blieb das Schloß von den Bombenangriffen auf Berlin weitgehend verschont, die dann mehr und mehr zunahmen und immer schrecklichere Auswirkungen zeigten. Am Abend des 22. November 1943 erfolgte der bis dahin schwerste Luftangriff auf Berlin, der fortgesetzt in der Nacht vom 23. auf den 24. November im Zentrum der Stadt viele Gebäude einäscherte und am Zeughaus, an Universität, Kommode, Hedwigskirche, Staatsbibliothek und auf der Museumsinsel die bis dahin umfangreichsten Zerstörungen verursachte. Um den zerstörten Bahnhof Alexanderplatz brannten die großen Warenhäuser lichterloh. Weiter stadtwärts stand Schlüters herrliches Schloß, die einstige Residenz der Hohenzollern, inmitten eines Orkans

Der erste große Bombenschaden am Schloß im Mai 1944, Zerstörung der Lust gartenfront westlich von Portal IV mit der Gobelingalerie und den darunter liegenden Schloßmuseumsräumen

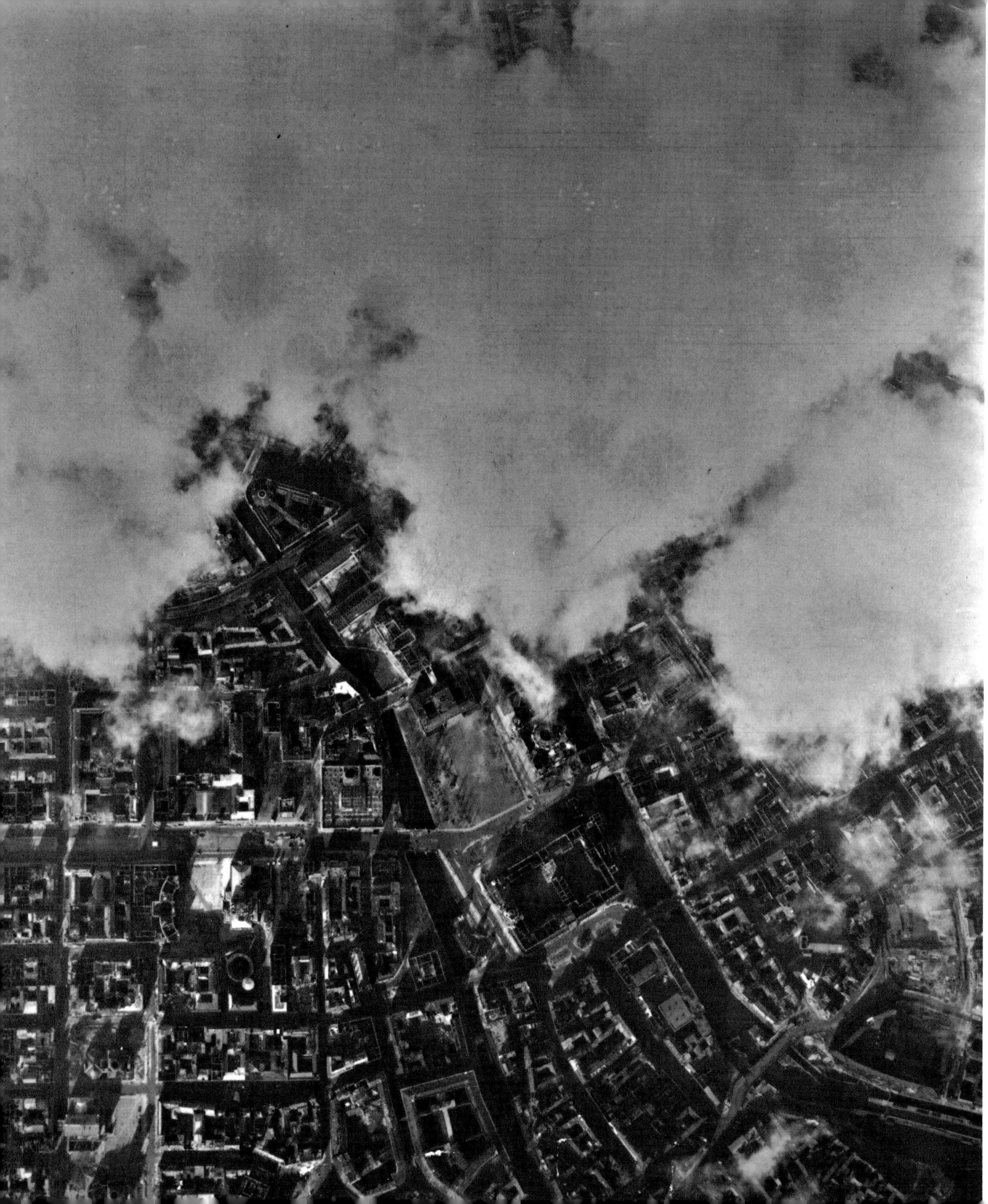

Blick auf das stark beschädigte Schloß von Nordwesten, aufgenommen am 14. Oktober 1946, rechts das ebenfalls beschädigte Kaiser-Wilhelm-Denkmal (1949 vernichtet, Plastik von R. Begas verschrottet bis auf drei bronzene Löwen, jetzt im Tierpark Friedrichsfelde)

Die Feier am 1. Mai 1946 im Lustgarten vor der Nordseite des Schlosses

Luftbild der Zerstörungen um Schloß, Lustgarten, Schloßplatz, aufgenommen von den Engländern am 8. Februar 1945 (Abb. S. 80)

von Rauch und Funken. Aus einem Flügel schlugen riesige Flammen.[44] In den letzten Kriegsjahren verfügte eine Anordnung, die angeblich Hitler selbst gegeben hatte, Photographien vom Schloß herzustellen. Der Photograph Peter Cürlis machte 1943/44 Aufnahmen von Innenräumen des Schlosses, von denen 149 Farbdiapositive von barocken Deckengemälden und Stuckdecken erhalten sind.[45] Das Meßbildarchiv bewahrt aus dieser Zeit etwa 400 schwarzweiße Aufnahmen der Schloßräume auf.

Bei einem Tagesangriff im Mai 1944 wurde das Schloß erstmalig von Sprengbomben getroffen und an der Lustgartenseite in die Fassade ein großes Loch gerissen. Die tiefe Einbruchstelle im Eosanderschen Teil zwischen der nordwestlichen Schloßecke und dem Portal IV ging von oben bis zum Kellergeschoß durch und verursachte in der Gobelingalerie und in den frühklassizistischen Räumen darunter schwere Schäden.

Zerstört jedoch wurde das Schloß zu einem großen Teil erst bei dem Tagesangriff am Vormittag des 3. Februar 1945, als ab 11 Uhr 50 Minuten lang 937 Bomber und 600 Jagdflugzeuge den schwersten Luftangriff des Zweiten Weltkrieges auf Berlin flogen. Es wurden insgesamt 1 854,5 Tonnen Spreng- und 228,8 Tonnen Brandbomben abgeworfen, 2 893 Menschen getötet und viele verletzt und obdachlos. Nur eine während des Angriffs aufkommende starke Bewölkung verhinderte die Zielgenauigkeit der zweiten Angriffswelle und damit die beabsichtigte völlige Einäscherung des Stadtzentrums. Das Schloß wurde von mehreren Sprengbomben und von zahlreichen Brandbomben getroffen und brannte in weiten Teilen aus. Nicht alle Gewölbe der Schloßkeller hatten den Bomben standgehalten, und viele der geborgenen Kunstwerke gingen verloren.[46] Nur im Flügel an der Schloßfreiheit bis zur Nordwestecke mit dem Weißen Saal und im Erdgeschoß an der Schloßplatzseite blieben Räume von dem Brand verschont. In der Presse wurde erst spät und auffallend kurz – am 9. und 11. Februar – über das zerstörte Berliner Stadtschloß berichtet.

In den letzten Apriltagen 1945 wurde das Schloß umkämpft und von schwerer Artillerie beschossen. Es entstanden neue Schäden an der Schloßplatzfassade und am Eosanderportal. Augenzeugen berichteten, daß Teile des Schlosses noch am 27. April in Brand gerieten. »Ich konnte neben dem brennenden Schloß die Spree noch an einem Notsteg überqueren. In der Kaiser-Wilhelm-Straße vor der Marienkirche, deren Turm ebenfalls brannte, sah ich das große Denkmal Martin Luthers gerade in dem Moment, als eine Granate Luthers erhobene Hand abriß. An einer Wasserpumpe standen Menschen Schlange, trotz der Beschießung, die noch zugenommen hatte.«[47] Zerstört waren auch neben dem Schloß die beiden Spreebrücken. Das berühmte Reiterdenkmal des Großen Kurfürsten von Andreas Schlüter stand zu dieser Zeit nicht mehr am alten Platz auf der Langen Brücke. Es war per Schiff abtransportiert worden und blieb – im Tegeler See gesunken – über die Zerstörungen des Krieges erhalten (jetzt im Vorhof des Charlottenburger Schlosses).

Am Ende des Krieges stand das Schloß in der Trümmerwüste der Altstadt von Berlin wie ein monumentaler Torso, dessen dicke Außenmauern bis auf einige tiefe Einbruchstellen unerschüttert waren. Die Architektur des Schlüterhofes und der Großen Treppe mit den Bildwerken Schlüters und seiner Zeit war mit vielen Schäden und Zerstörungen erhalten geblieben, ebenso das Eosanderportal und Trakte am Eosanderhof. Das Schicksal, das viele berühmte Bauwerke im Zweiten Weltkrieg erlitten, hatte auch das Berliner Stadtschloß getroffen: Das Innere war ausgebrannt und zum großen Teil vernichtet, das architektonische Werk aber hatte standgehalten.

Unter dem Magistrat von Groß-Berlin 1945–1946

Am 1. Mai 1945 wurde als Zeichen der Eroberung Berlins durch die sowjetische Armee auf dem Brandenburger Tor eine rote Fahne gehißt. Am 2. Mai unterzeichnete der ehemalige Berliner Stadtkommandant General Helmut Weidling die Kapitulation Berlins. Das Kommando der Roten Armee hatte am 28. April Generaloberst Nikolai Bersarin zum Stadtkommandanten von Berlin ernannt. Bersarin ließ schon im Mai 1945 den neuen Magistrat aufstellen und einberufen. Da das Rote Rathaus und das Stadthaus am Molkenmarkt stark zerstört waren, nahm der erste Berliner Magistrat seine Arbeit im Gebäude der Feuersozietät in der Parochialstraße auf. Am 19. Mai wurde die neue Stadtverwaltung hier in einem halbzerstörten Saal vorgestellt, dessen Wände geborsten waren, dessen Fenster und Fensterkreuze mit Transparenten und Wandbehängen verdeckt wurde und der nur über halbzerstörte Treppen erreicht werden konnte. Das war damals der besterhaltene Saal in der Innenstadt.

Auch nach der Teilung Berlins in vier Sektoren, deren Grenzen am 30. Juli 1945 festgelegt wurden, – vom 1. bis 4. Juli waren die Amerikaner und Engländer in Berlin eingezogen, am 12. August die Franzosen –, hat es während der vier ersten Nachkriegsjahre einen Gesamt-Berliner Magistrat gegeben. Im Sommer 1945 war die Zuständigkeit der Verwaltung des ehemals Preußischen Eigentums noch nicht festgelegt, für die es bis zur Gründung der BRD am 7. September 1949 und der DDR am 7. Oktober 1949 keine Institution auf staatlicher Ebene gab. Die ehemals Staatlichen Schlösser Berlins, die Staatlichen Museen und folglich auch das Stadtschloß mit dem Schloßmuseum wurden durch Befehl der sowjetischen Militär-Administration in Deutschland vom 30. Oktober 1945 der Treuhänderschaft des unter der Viermächte-Kontrolle stehenden Magistrats unterstellt. Für die Sicherung des Schlosses, das heißt für die Bereitstellung von Geldmitteln, um einen weiteren Verfall zu verhindern, war bis Ende 1948 der Magistrat von Groß-Berlin zuständig, dann infolge der Teilung der Stadt – bis zur Gründung der DDR – der Ostberliner Magistrat; mit Wirkung vom 31. Dezember 1950 endete die Treuhandverwaltung durch den Magistrat; das Schloßareal und die Staatlichen Museen unterstanden der Regierung der DDR.

Der sowjetische Sektor – später das Gebiet »Berlin, Hauptstadt der DDR« – umfaßte die gesamte Altstadt von Berlin mit Schloß, Lustgarten und Museumsinsel sowie die östlichen, südöstlichen und nordöstlichen Stadtbezirke. Dem von Bersarin berufenen »Magistrat der Stadt Berlin« gehörten unter dem ersten Oberbürgermeister Arthur Werner 14 Stadträte an. Stadtrat und Leiter der Abteilung Wohnungs- und Bauwesen war vom 19. Mai 1945 bis zum 31. Dezember 1946 der Architekt Hans Scharoun, dessen Tätigkeit, – was das Berliner Stadtschloß und sein Schicksal betraf – hier gewürdigt werden soll.

Hans Scharoun zählte zu den bedeutenden Architekten des »Neuen Bauens« nach 1918. Er war der Haupt-

Ansicht des Schlosses von Südwesten, Zustand der Front zur Schloßfreiheit im Sommer 1950

Ruine des Hofapothekenflügels, Nordostecke des Schlosses, Foto vom 1. September 1950, gesprengt am 6. September, vorn der Sockel der vernichteten Statue Colignys

vertreter einer Architektur, die das Bauwerk als »Organ« des Menschen gestaltete. Da seine Art zu bauen der Ideologie des Nationalsozialismus nicht entsprach, erfuhr er Zurücksetzung. Er lebte in dieser Zeit in Berlin als freischaffender Architekt und arbeitete im Krieg in der Fliegerschadensbeseitigung in Steglitz. Noch während seiner Amtszeit als Stadtrat erhielt Scharoun 1946 die Professur für Städtebau an der Technischen Universität Berlin-Charlottenburg. Vom 19. Oktober 1947 bis zum 31. Dezember 1950, dem Tag, als das Schloß endgültig vernichtet war, stand er dem neuge-

gründeten Institut für Bauwesen an der Akademie der Wissenschaften im sowjetischen Sektor Berlins vor. Von 1955 bis 1968 war er Präsident der Akademie der Künste in Berlin (West), die er mitbegründet hat. Seit dem Sommer 1945 setzte sich Scharoun für die Erhaltung der Schloßruine ein.

Die Südwestecke des Schlosses von der damals noch durchgehenden Brüderstraße aus gesehen, Foto Sommer 1950

Aufschlußreich waren die Diskussionen in den Magistratssitzungen und Abgeordnetenversammlungen, in denen Stimmen gegen Scharoun laut wurden, die von Anfang an die Problematik um das Stadtschloß zum Ausdruck brachten. So äußerte Stadtrat Arthur Pieck in der Magistratssitzung am 23. Juli 1945: »Die Schlösser enthalten keineswegs nur Gegenstände von Wert, sondern auch viel Kunstkitsch. Niemand hat heute Interesse an Machwerken, die nur Ausdruck des hohenzollernschen Imperialismus sind.« Und der Stellvertreter des Oberbürgermeisters Paul Schwenk erklärte am 20. August: »Heute braucht man Arbeitskräfte und Geldmittel vor allem für den Wohnungsbau.«[48] Außerdem wurde an die ungeheuere Not erinnert, die der erste Nachkriegswinter bringen würde und daß ja sowieso ein großer Teil der deutschen Kultur durch die Schuld der Naziverbrecher untergegangen sei. Ungeachtet dessen legte Scharoun erste Kostenvoranschläge für das Schloß vor, mit Datum vom 15. August über 19 000,– RM und vom 18. September über 65 000,– RM über die dringendsten Baumaßnahmen zum Schutze wichtiger Gebäudeteile gegen Witterungseinflüsse und Verfall im Stadtschloß, das nicht allein der große Brand am 3. Februar des Jahres, sondern auch spätere Bomben-und Granateneinschläge und der Artilleriebeschuß in den letzten Kriegstagen stark

Der Begasbrunnen an seinem ursprünglichen Aufstellungsort auf dem Schloßplatz vor Portal II, über die Kriegszerstörungen und Schloßsprengungen erhalten geblieben (jetzt südlich der Marienkirche)

Die Schloßplatzfront, vorn das stark beschädigte Portal II, aufgenommen am 5. September 1950

Ansicht der Spreefront des Schlosses im Sommer 1950, vorn die Lange Brücke, im Hintergrund der Dom

Südöstliche Schloßecke mit dem zum Schloßplatz gerichteten Schlüterschen Portal I, das bis auf die aus späterer Zeit stammenden Figuren der Dachbalustrade wenig beschädigt war

zerstört hatte. Angeführt wurden Aufräumungsarbeiten, Durchsuchen der Schuttberge nach wichtigen Schlüterschen Details, Beseitigung der Schuttberge, die die meisten Räume und die Schloßhöfe füllten, Errichtung von Notdächern, Zusetzen von Fenstern und Sicherung des ganzen Schloßareals gegen Diebstahl. Überliefert sind Scharouns Ansichten über das stark zerstörte Bauwerk: »Die Architektur als solche ist bis auf einige tiefe Einbruchstellen im Eosanderschen Teil im wesentlichen erhalten und kann unter Zuhilfenahme von Zeichnungen und Photographien archäologisch getreu wiederhergestellt werden. Dies zu tun, dürfte bei der Bedeutung, die dem Schloß als dem hervorragendsten Bau des norddeutschen Barock und einzig erhaltenen Werk Schlüters zukommt, als ein Gebot erscheinen, zumal seine städtebauliche Funktion ... einen künstlerisch prägnanten Ausdruck verlangt. Vom Inneren sind an künstlerisch bemerkenswerten Räumen nur der Weiße Saal mit Treppenhaus und die zwischen Querhaus und Schloßplatzflügel gelegene Marmortreppe sowie der Staatsratssaal von Schinkel nahezu unversehrt geblieben. Außerdem sind der Elisabethsaal und das Schlütersche Treppenhaus soweit erhalten, daß sie von der Raumkunst Schlüters noch eine Vorstellung vermitteln können, falls die durch Notdächer vor weiterem Verfall geschützt werden ... Im Übrigen muß das Innere des Schlosses als künstlerisches und geschichtliches Dokument als verloren gelten. Obwohl alle Dekorationen bis ins Detail durchphotographiert worden sind, ist eine Nachschaffung natürlich nicht möglich. Eine moderne Ausgestaltung für Museums- und Repräsentationszwecke, welche die wenigen historischen Fragmente einbezieht, sonst aber frei von künstlerischer Scheu ist, würde auch in der Vergangenheit des Schlosses am ehesten gerecht werden.«[49]

Nach mehrmaliger Ablehnung der Kostenanschlä-

Kriegsschäden im Großen von Schlüter geschaffenen Treppenhaus an der Ostseite des Schlüterhofes (Wendeltreppe), Blick vom zweiten Treppenlauf in den Mittelraum (Abb. S. 88)

Figuren der Götter, Titanen und Giganten von Schlüter im Großen Treppenhaus, Foto 16. Juli 1950

Schuttmassen in dem zerstörten Parolesaal nach Kriegsende

Elisabethsaal über Portal I, aufgenommen am 14. Juli 1950, Figuren von Schlüter vernichtet (Abgüsse jetzt im Zeughausrestaurant angebracht)

Blick nach Nord aus dem Elisabethsaal über den Schlüterhof auf die Hofseite von Portal V, Zustand im Sommer 1950

Der stark zerstörte Rittersaal über dem Lustgartenportal V, Ansicht der Deckenvoute in der Nordostecke, Blick durch das Fenster auf die Südseite des Domes

Der noch im Sommer 1950 verhältnismäßig gut erhaltene klassizistische Staatsratssaal

ge, die Scharoun vorgelegt hatte, stimmte der Magistrat schließlich am 1. Oktober einem Antrag der Abteilung Bau- und Wohnungswesen zu, der Baumaßnahmen bis zu 45 000,– RM beinhaltete, die zur Schaffung besonders gesicherter Räume im Schloß zur Unterbringung der geborgenen Kunstschätze dienen sollte. Geplant war dafür der Weiße Saal, dessen Bereich aber nicht überdacht war. Oberbürgermeister Werner, der nach einer Schloßbesichtigung an Ort und Stelle einen Eindruck von den Verhältnissen gewonnen hatte, trug den Antrag selbst vor und machte geltend, daß man den in Ordnung gebrachten Weißen Saal auch sehr gut für Versammlungszwecke nutzen könnte und bat um Zustimmung, die schließlich erteilt wurde. Ausschlaggebend dafür war noch ein Einwurf von Stadtrat Otto Winzer, daß in dem Wohnsitz von Hermann Göring, in Karinhall, noch Kunstwerke im Wert von Millionen geborgen werden müßten.[50]

Seit dem Sommer 1945 wurden die Reste der ehemals reichen Kunstbestände des Schlosses nach und nach aus den Verlagerungsorten zurückgeführt und in den verbliebenen Räumen im Schloß untergebracht, wo sie gesichtet und vor Diebstahl, Verfall und weiterer Zerstörung bewahrt werden sollten. Das Schloßmuseum mit seinen kunstgewerblichen Sammlungen und die Kunstwerke aus dem Schloßbesitz hatten ungeachtet der umfangreichen Verlagerungsaktionen große und unersetzliche Schäden erlitten. In die als besonders sicher angesehenen Tresore der Neuen Münze waren am 3. Februar Bomben eingeschlagen, denen die nur teilweise aus Beton bestehenden Decken nicht standgehalten hatten. In den Trümmern blieb eine Zeitzünderbombe verborgen, die am 11. März explodierte und 3 500 Kunstwerke des Museums zerstörte. Darunter befanden sich Kostbarkeiten, z. B. frühe Meißner Porzellane, venezianische Gläser, Fayencen,

Die Schlüterschen Götterfiguren Meleager mit dem Eberkopf und Herkules mit der Keule, um 1700, vom Großen Portalrisalit des Schlüterhofes, seit der Schloßvernichtung in den Staatlichen Museen zu Berlin, 1987 im Bodemuseum in der Eingangskuppelhalle aufgestellt (Abb. S. 93)

Der Große Portalrisalit an der Ostseite des Schlüterhofes, Foto Sommer 1950 (sechs der acht Götterfiguren in den Staatlichen Museen zu Berlin)

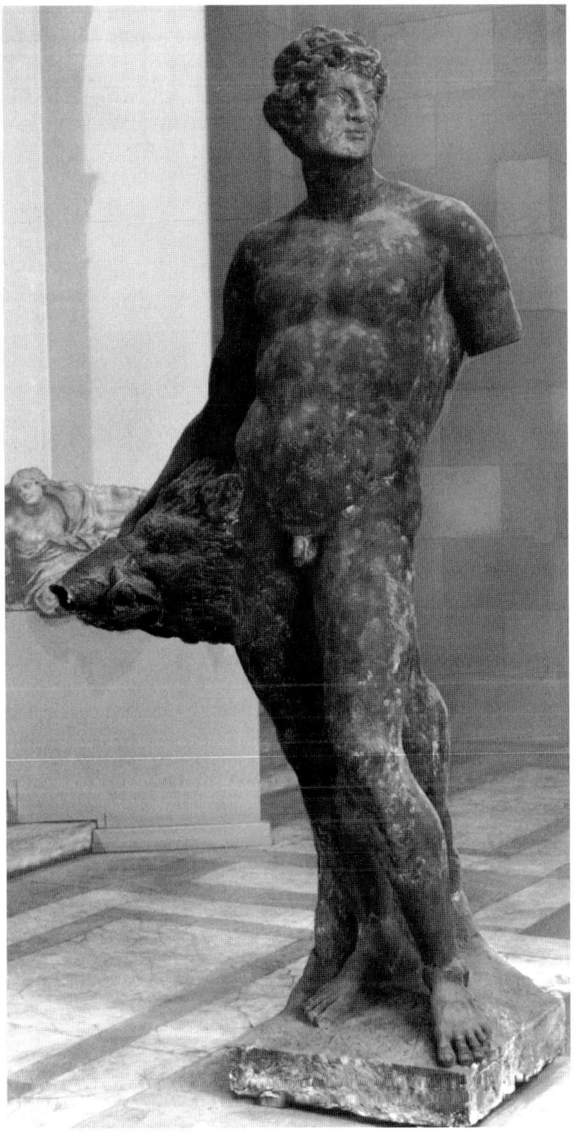

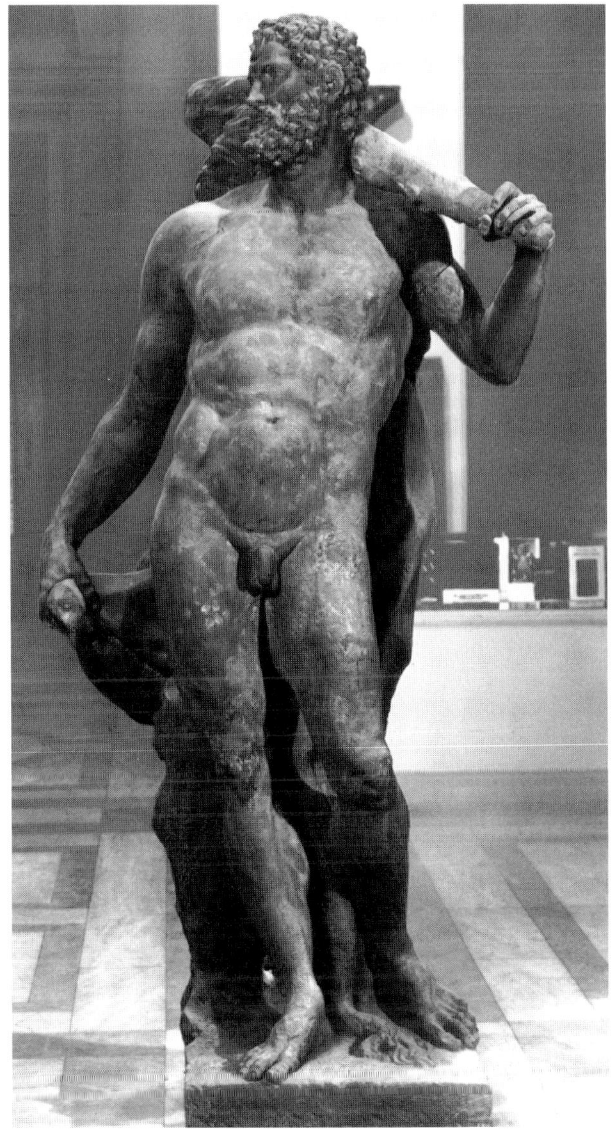

italienische Majoliken, wie auch der »Pommersche Kunstschrank«, ein Zeugnis der Augsburger Renaissancekunst. Damit hatte das Museum innerhalb weniger Wochen den Verlust von ca. 6 000 der wertvollsten Kunstwerke zu beklagen.[51]

Auch nach Beendigung der Kampfhandlungen waren die Verluste an Kunstwerken des Schloßmuseums nicht unbeträchtlich: Im Flakturm Friedrichshain vernichteten zwei Brände, die im Mai kurz hintereinander in den Lagerräumen mit Museumsgut ausgebrochen waren, den weitaus größten Teil der hier untergebrachten Gegenstände, die gesamte Glasgemäldesammlung, bedeutende Goldschmiedearbeiten und Schmuck, fast alle Gobelins, mittelalterliche Bronzearbeiten. Nur sehr wenige dort gelagerte Kunstwerke kamen mit geringen Beschädigungen davon. Darunter befand sich der Giselaschmuck, der zwar beschädigt und nicht mehr ganz vollständig, in seinen wesentlichen Teilen jedoch erhalten und restaurierbar war. Auch konnten etliche beschädigte Bronzearbeiten aus dem Schutt geborgen werden. In den Auslagerungsorten entstanden ebenfalls Verluste. Im Schloß Sophienhof verbrannten während der Kämpfe am Ende des Krieges dort untergebrachte wertvolle Möbel sowie Stoffmuster, Kostüme, Wirkereien; aus dem Schloß Sonnenwalde, wohin ebenfalls Möbel und Textilien verlagert worden waren, kamen nur 1 100 alte Stoffe in das Schloßmuseum zurück, das Übrige blieb verschollen.[52] Die in den Salz-

Ansicht der starken Zerstörungen der Architektur an der Nordseite des Schlüterhofes über Portal V

Nordwestecke im Schlüterhof mit der Ruine des Querflügels, der zwischen den beiden Schloßhöfen stand, Foto Sommer 1950

Südostecke des Schlüterhofes mit der von Schlüter geschaffenen Architektur von Arkaden und Galerien, die bis 1950 erhalten war, Foto Juli 1950

Südseite des Schlüterhofes und der Zustand von Portalrisalit I, Foto Juli 1950

Die Hofseite der Schloßkuppel über dem Eosanderportal (Portal III) in den Nachkriegsjahren

bergwerken Grasleben und Kaiseroda sichergestellten Kunstwerke des Schloßmuseums und die kostbaren Exponate der Schlösserverwaltung aus Bernterode wurden nicht in das Berliner Schloß zurücktransportiert, sondern bei Kriegsende von den Westalliierten übernommen und nach der Teilung Berlins den Sammlungen Preußischer Kulturbesitz in Westberlin hinzugefügt.

Im Berliner Stadtschloß wurde die Museumsarbeit in den ersten Nachkriegsjahren – wenn auch unter stark erschwerten Bedingungen –weitergeführt. Für die Unterbringung der Kunstwerke standen die noch erhaltenen Kellerräume, Erdgeschoßräume am Schloßplatz und der Weiße-Saal-Flügel zur Verfügung. Außerdem befanden sich im Schloß das Amt für Denkmalpflege, die Verwaltung der Staatlichen Schlösser und Gärten, die Registratur und Verwaltung für die sichergestellten Kunstgegenstände; Räume waren Handwerkern und Bildmaterial der Staatlichen Bildstelle vorbehalten. In der Restaurierungswerkstatt des Schlosses wurde an der Instandsetzung von geborgenem Kunstgut und an der Wiederherstellung der erhaltenen Schloßräume gearbeitet. Wie aus einem Schreiben vom 9. März 1946 hervorgeht, in dem es wegen der Lebensmittelkarten um die Anerkennung als Kunsthandwerker ging, war man hier in mühsamer Kleinarbeit bemüht, Porzellane und Glaswerke wieder zusammenzufügen, Marmorwandverkleidungen herzurichten und Kunstwerke für Ausstellungszwecke zu restaurieren.[53]

Das Schloß barg damals nicht nur Museumsgut. Der Leiter des Referates Rückführung, Karl Reutti, der als Kunstdezernent im Amt Bildende Kunst, Museen und Sammlungen arbeitete, nutzte die Schloßkeller zur Unterbringung von Kunstwerken und Sammlungen. Reutti, ein Maler, hat seit dem Sommer 1945 vieles zur Rettung von Berliner Kunst getan und auf Grund guter Fachkenntnisse bedeutende Objekte aus den Trümmerbergen überall in der Stadt geborgen und in sicheren Gewahrsam bringen lassen. Durch Reutti gelangten in die Schloßkeller Sammlungen der Akademie der Wissenschaften und der Universität, 300 Kisten mit Menschenschädeln, die teilweise aus der Sammlung Virchow stammten, holzgeschnitzte barocke Bilderrahmen, eiserne Kaminplatten, Marmorkamine des 16. bis 18. Jahrhunderts, alte Möbel aus den Beständen des aufgelösten Baudepots der Hohenzollern in der Prinz-Louis-Ferdinand-Straße (Geschwister-Scholl-Straße). In der Schloßküche lagerten mehrere Lastwagenladungen von Keramiken, darunter Schliemannsche Funde aus Troja, und Ausgrabungen der Forschungsstelle des Museums für Vor- und Frühgeschichte von den Oderwällen bei Lebus.[54]

Schon in der unmittelbaren Nachkriegszeit war Scharoun daran gegangen, grundsätzliche und umfassende Neuplanungen für Berlin aufzustellen. Er hatte zur Mitarbeit Architekten und Architektinnen des Stadtplanungsamtes gewonnen und aus ihnen einen Planungsstab gebildet. Es waren neben Scharoun selbst die Bauhausschüler Wils Ebert, Peter Friedrich, Ludmilla Herzenstein, Luise Seitz, Herbert Weinberger, Selman Selmanagič. Den von diesem Planungskollektiv erarbeiteten Strukturplan für Berlin stellte Scharoun am 4. April 1946 dem Bauwirtschaftsausschuß vor. Bereits zu diesem Zeitpunkt vertrat Heinrich Starck, KPD-Mitglied seit 1927, jahrelang im KZ Sachsenhausen inhaftiert und ab 1945 Bürgermeister des Stadtbezirkes Friedrichshain, ab Februar 1946 Scharouns Stellvertreter im Amt des Stadtrates für Bau- und Wohnungswesen, die Ansicht: »Die Tatsache, daß Berlin nicht nur die Hauptstadt Deutschlands bleiben, sondern auch eine Stadt der Kongresse werden wird, müßte bei der Neugestaltung Berlins ebenfalls berücksichtigt werden. Man sollte beispielsweise den Platz am Schloß zu einem Platz der Arbeiteraufstände umgestalten. Das Schloß war das Symbol einer für uns nicht tragbaren Zeit. Man sollte diese Dinge beseitigen.«[55]

Um die Arbeiten des Planungskollektivs an die Öffentlichkeit zu bringen, wurde eine Ausstellung vorbereitet. Scharoun wollte die Ausstellung, die die Alliierte Kommandantur am 4. April genehmigte, zuerst in der ehemaligen Reichskanzlei unterbringen – denn der Aufbau Berlins soll dort beginnen, wo die Zerstörung ihren Abschluß fand –, sah dann aber den Weißen Saal des Schlosses vor. In der Magistratssitzung am 29. Mai 1946 war Scharoun heftigen Angriffen ausgesetzt, die nun vor allem den Ausbau des Weißen Saales betrafen. Stadtrat Winzer fand, daß der hier verbrauchte Zement für andere wichtigere Dinge besser angewandt wäre. Die Bürgermeister Stark und Schwenk erinnerten daran, daß sie von Anfang an dagegen waren, in einen so zerstörten Gebäudekomplex Geld zu investieren. Scharoun wehrte den Vorwurf ab, die Gelder für einen anderen Zweck verwandt zu haben, als der Magistrat am 1. Oktober 1945 beschlossen hatte, weil bei diesen Wiederherstellungsarbeiten gewissermaßen zufällig der Weiße Saal für Ausstellungen gewonnen werde. Schließlich entschied der Stellvertreter des Oberbürgermeisters Karl Maron, da die Arbeiten schon so weit fortgeschritten seien, bliebe nichts weiter übrig, als den Ausbau des Weißen Saales unter größter Sparsamkeit an Material fertigzustellen.

Kunstwerke und Schrott im Eosanderhof, Blick nach Nordwesten zur Höllentreppe, vorn Sockelfigur vom Reiterdenkmal Friedrich Wilhelms III., das ehemals im Lustgarten stand (diese jetzt im Nikolai-Viertel aufgestellt)

Die Ausstellungen im Schloß 1946 und 1948

In der Ruinenstand Berlin, die zu 40 % zerstört war, kam den Diskussionen um das Berliner Stadtschloß in der unmittelbaren Nachkriegszeit eine besondere Bedeutung zu. In ihnen bahnten sich spätere Entscheidungen und Ereignisse an. Diese Debatten belegen das geringe Engagement der Magistratsmitglieder, der Bürgermeister, Stadträte und Abgeordneten, die der am 21./22. April 1946 gegründeten SED angehörten, hinsichtlich kultureller und historischer Dinge. In den ersten schweren Jahren beruhte die Ablehnung, die Schloßruine zu erhalten, noch auf der vom Magistrat einer so stark zerstörten Stadt streng geforderten Sparsamkeit. Als es aber 1950 um die Vernichtung des Schlosses ging, war um das Bauwerk Andreas Schlüters bereits ein ideologischer Kampf entbrannt, in dem die Kostenberechnungen und die Planungen für ein neues Stadtzentrum nur noch als vordergründige Argumente anzusehen sind.

Der auf Initiative Scharouns zustande gekommene Ausbau des Weißen Saales war insofern eine bedeutungsvolle Tat, als eben hier bereits im Jahre 1946 nacheinander drei Ausstellungen gezeigt werden konnten, die die ersten größeren Kunstausstellungen der Nachkriegszeit in Berlin waren: »Berlin plant/Erster Bericht« 22. August–15. Oktober 1946, »Französische Malerei« 22. Oktober–6. November 1946 und »Wiedersehen mit Museumsgut« eröffnet am 21. Dezember 1946. Sie wurden für die Bevölkerung zu großartigen Erlebnissen und waren ein Hoffnungszeichen in der zerstörten, kunstarmen Stadt, in der Museen und Galerien lange Jahre geschlossen sein mußten. Vom 17. März bis Ende April 1948 folgte als vierte und letzte Ausstellung im Weißen Saal die Gedenkausstellung »Berlin 1848«.

Unter den Berliner Bauausstellungen des Jahres 1946 – am 23. Januar eröffnete im Zeughaus »Berlin baut«, am 16. Juni folgte im Zehlendorfer »Haus am Waldsee« eine Regionalausstellung – war »Berlin plant/Erster Bericht« im Weißen Saal als die umfassende Ausstellung anzusehen. Ihrer Eröffnung, die, mehrfach verschoben, vom 15. Juli auf den 15. August, schließlich am 22. August stattfand, ging ein Festakt im Sitzungssaal des Stadthauses voraus, in dem auch eine zweite gleichzeitig eröffnete Bauausstellung gewürdigt wurde. Die Ausstellung »Berlin im Aufbau« im sogenannten Schweizer Haus Ecke Friedrichstraße/Unter den Linden zeigte Aufbauleistungen der einzelnen Stadtbezirke. Vor Vertretern der vier Besatzungsmächte, der Behörden und der Presse legte Karl Maron einen Rechenschaftsbericht über die Arbeit der Stadt und ihres Magistrats ab, den die beiden Ausstellungen dokumentierten. (Auch Karl Maron war seit den zwanziger Jahren Kommunist. Er emigrierte nach 1933 in die Sowjetunion und trat nach seiner Rückkehr nach Deutschland als Politiker an, hatte führende Positionen inne, zunächst beim Magistrat, dann beim »Neuen Deutschland« und bei der Volkspolizei, von 1955 bis 1965 war er Innenminister der DDR.)

Der im Weißen Saal des Schlosses ausgestellte Pla-

Der 1946 wiederhergestellte Weiße Saal mit den Statuen preußischer Könige und deutscher Kaiser (bei der Sprengung am 11. Dezember 1950 vernichtet)

Weißer Saal, Blick zur Nordostecke und zum Durchgang zur Gobelinsgalerie, Zustand 1945

nungsbericht der Abteilung für Bau- und Wohnungswesen bezog sich auf sämtliche Funktionsbereiche der Stadt von der wirtschaftlichen Großraumplanung bis zur neuen Wohnung. Er zeigte den Besuchern ein neues Berlin und versuchte, von der alltäglichen Not der Stadt durch Bauplanungen Abstand zu gewinnen. Es wurden hier nicht allein Entwürfe des Planungskollektivs gezeigt, sondern vielmehr ein umfassender Strukturplan und ein Sofortprogramm vorgestellt, was in der damaligen Lage der besetzten und geteilten Stadt, deren Schicksal noch ungeklärt war, Realitätssinn und Utopie zugleich bewies. In neuester Zeit wurde die Ausstellung »Berlin plant« zum ersten Mal ausführlich gewürdigt von Geist/Kürvers in »Das Berliner Mietshaus 1945–1989«. Dokumentiert sind hier die Versuche, auf den Trümmern der Hauptstadt des Großdeutschen Reiches ein neues Berlin zu bauen. Aus dem 1989 erschienen Band geht hervor, in welchem Maße die Bauausstellungen der Weimarer Zeit, die Berlin betrafen, hier wieder aufgenommen und unter den veränderten Verhält-

nissen verarbeitet wurden von Architekten, die wie Scharoun in der Zeit des Nationalsozialismus in Berlin geblieben waren und die die Arbeit an der Ausstellung mitgetragen haben.

Ein Ausstellungskatalog, der vorgesehen war, und zu dem Maron die Einleitung geschrieben hatte, kam nicht zustande, nur ein unbebildertes Heft, das durch die Ausstellung führte, lag vor. Dagegen warb ein Plakat, das am linken Pfeiler des Eosanderportales an der Schloßfreiheit errichtet war, sehr gut für die Ausstellung und wies auf ihr Programm hin: »Berlin Plant Erster Bericht Arbeit Verkehr Wohnung Versorgung und

Eosanderportal, Plakat zur Ausstellung »Berlin plant«, August bis September 1946 im Weißen Saal

Erholung in der Neuen Stadt Ausstellung im Weißen Saal des Schlosses Eröffnung 22. 8. 1946, Tägl. 10–18 Uhr Veranstalter Magistrat der Stadt Berlin Abteilung für Bau und Wohnungswesen.« Auf schwarzem Grund hatte der Graphiker Hans Leistikow, dessen Plakatentwurf in einem Wettbewerb ausgewählt worden war, einander überkreuzende Schriftzeichen angeordnet. Ein anderes zum Eröffnungstermin am 15. Juli ausgeführtes Plakat verkündete anspruchsvoll »Die Neue Stadt«, was für die schlichte und fachlich fundierte Ausstellung zu hochgestochen erschien und geändert wurde.

Für die Ausstellung waren das Treppenhaus und der Weißen Saal mit angrenzenden Räumen hergerichtet worden. Um den riesigen Saal benutzbar zu machen, hatte man ihn vollkommen verändert, den Marmorfußboden und die neubarocke Architektur der Wände, wo in den Nischen noch die Statuen der preußischen Könige standen, verkleidet, den Fußboden mit Brettern, die Deckenwölbung und das Deckengebälk mit Stoffbahnen und die Wände mit Lattengerüsten und Holzplatten, die so aufgestellt waren, daß hinter ihnen an einigen Stellen die Architektur des Saales sichtbar wurde. Der Länge nach war der Saal durch eine etwa drei Meter hohe geschwungene Wand geteilt, die durch Biegung und Querwände Stabilität und gefälliges Aussehen bekommen hatte. Dadurch ergab sich ein Rundgang vom Treppenhaus durch den Saal und zurück zum Treppenhaus und zu den Räumen, die zum Schloßhof hin lagen und in die Ausstellung einbezogen waren. Eine eindrucksvolle Schilderung der Ausstellung »Berlin plant«, eine fachliche Würdigung der damals schon nicht leicht nachzuvollziehenden Planungen lieferte die Journalistin Margret Boveri, die ihren Artikel in der Wirtschaftszeitung vom 6. Dezember mit dem Untertitel »Werkbund- und Bauhaustradition auf Ruinenfeldern« versah. »Der Anmarsch vom Spittelmarkt her ist deprimierend: aufgeräumte tote Trümmerhaufen, reparierte Brücken, die keinem Verkehr mehr dienen, die ausgebrannten edlen Fassaden der Breiten Straße und der Blick auf das Schloß von der Seite. Hier ist es weniger aufgeräumt; denn die Schloßtrümmer bestehen nicht aus zusammenklebenden Backsteinen, verkohlten Balken, verbogenen Eisenträgern, sondern aus schweren dunkelgrauen Steinblökken, die wie Felsbrocken quer übereinander liegen und nur mit Maschinenarbeit gehoben werden könn-

Die Abteilung »Arbeit und Wirtschaft« in der Ausstellung »Berlin plant« (Abb. S. 100 oben)

Blick in die Ausstellung »Berlin plant«, Abteilung »Städtebauliche Elemente«

ten. Gegen Westen stehen unversehrt und gespenstisch ein paar grauschwarze Steinfiguren vor dem Himmel. Unversehrt ist auch des geräumige Treppenhaus des Vordereinganges. Ein paar ärmliche Efeupflanzen sollen wohl anzeigen, daß hier ein Ereignis gefeiert wurde. Sie erhöhen im Heraufgehen den Eindruck des Niederdrückenden. Mit einem Schlag ist jedoch dieser Eindruck vergessen, wenn der Fuß den »Weißen Saal« im zweiten Stock betreten hat und der Blick über die karten- und aufrißbesetzten Wände und Quertafeln hinweg geht. Auch hier ist Ruinenerbe: Die Decke ist mit weißem Papier bespannt, darüber sind Löcher in der ursprünglichen Decke. Wenn es regnet, wird das Papier naß ... Es gibt wohl kaum einen Besucher des »Weißen Saales«, der sich der suggestiven Wirkung dieser Leistung entziehen kann, suggestiv vielleicht weniger im Hinblick auf die einzelnen Vorgänge als auf das herzerhebende Bewußtsein, daß hier mit Ernst, Fleiß, Sachkenntnis und Zukunftsmut gearbeitet wurde. Mehr als ein Berliner und mancher auswärtige Besucher hat aus der Tatsache, daß diese Ausstellung, von Deutschen gearbeitet, von allen vier Alliierten genehmigt, möglich wurde, wieder neue Hoffnungen geschöpft, und zwar nicht nur für Berlin, sondern für ganz Deutschland.«

Eine grundsätzliche Kritik an der Ausstellung »Berlin plant/Erster Bericht« veröffentlichte der »Sozialdemokrat« am 29. September. Die Mitglieder des Ausschusses für Bau- und Wohnungswesen waren der Auffassung, daß die Pläne des Magistrats reale Möglichkeiten völlig unbeachtet ließen, sie seien utopisch und deshalb abzulehnen, denn alle Pläne, die in absehbarer Zeit mit den zur Verfügung stehenden Mitteln nicht durchführbar sind, müssen daher – auch aus politischen Gründen – unterbleiben.

Vom 22. Oktober bis zum 6. November 1946 nahm der Weiße Saal eine bedeutende und sehr schöne Ausstellung französischer Malerei auf. Die Ausstellung »La Peinture française moderne. Moderne Französische Malerei«, die davor in Baden/Baden gezeigt worden war und von Berlin dann nach Mainz ging, wurde, wie der Katalog aufführt, »in der Reichshauptstadt durch die Zusammenarbeit der Besatzungsmächte ermöglicht«. Der in Französisch und Deutsch sowie in Russisch und Englisch abgefaßte Ausstellungskatalog nannte als Veranstalter die französische Gruppe »Erziehung und kulturelle Angelegenheiten« im Kontrollrat. In Vertretung von Armeegeneral Koenig eröffnete Generalinspekteur Hepp die Ausstellung. Sie wurde ein ungeheurer Erfolg. Die Besichtigung der aus dem Louvre und dem Musée National d'Art Moderne in Paris, aus dem Musée Municipal de Strasbourg und aus Privatsammlungen und Galerien stammenden Werke französischer Kunst der letzten 75 Jahre, die für die Entwicklung der modernen Malerei die fruchtbarsten Anregungen gegeben hatte, war ein heute kaum noch nachvollziehendes Ereignis, denn den Berlinern hatten nur in den Jahren zwischen 1919 und 1933 die Kunstwerke der Impressionisten und Expressionisten uneingeschränkt zur Verfügung gestanden. Nach 1933 fiel die sogenannte entartete Kunst der Vernichtung durch die Nationalsozialisten anheim, im Jahre 1937 schloß die Neue Galerie ihre Sammlungen im Kronprinzenpalais Unter den Linden und mit Kriegsbeginn wie alle Museen auch die Nationalgalerie mit ihrer Kunst des 19. Jahrhunderts.

Infolgedessen war die im Berliner Schloß, »dem Chateau impérial Berlin«, ausgestellte französische Malerei vielen Kunstinteressierten, vor allem den jüngeren, weitgehend fremd geblieben und die Besichtigung eines Gemäldes von Marc Chagall, Amedeo Modigliani, Salvadór Dali, Paul Ernst, Georges Braques, Jaques Villon ein erstmaliges Erlebnis. Die Ausstellung zeigte 75 Exponate, darunter Werke von Picasso, Manet, Renoir, van Gogh, Toulouse-Lautrec, Gauguin, Utrillo, Cézanne, deren Würdigung das Vorwort in dem vom Direktor des Nationalmuseums für moderne Kunst in Paris, Jean Casson, verfaßten Ausstellungskatalog in berechtigt selbstbewußten Sätzen ausdrückte: »Immer wieder war es die Malerei, die französischem Wesen seinen stärksten Ausdruck verlieh ... das sind die Erkenntnisse, die diese Ausstellung vermitteln möchte ... Wir haben aber nicht die Absicht, uns der Welt gewaltsam aufzudrängen. Gleichwohl geben uns die Werke der französischen Kunst das Gefühl des Stolzes, das uns erlaubt, anderen Nationen Methoden und Denkformen vor Augen zu führen, die uns von allgemeinem Wert zu sein scheinen. Damit aber dürften wir vor die Welt treten als ein Volk von Humanität und Kultur, dessen höchste Aufgabe der Dienst an der Menschheit ist.«

Ganz anders und nahezu bedrückend wirkte danach die dritte Ausstellung des Jahres 1946 im Schloß »Wiedersehen mit Museumsgut«, die am 21. Dezember eröffnet wurde. Ludwig Justi, der am 17. August zum Generaldirektor der ehemals Staatlichen Museen berufen worden war, hatte diese »Erste Schau seit 1940 aus Beständen der Berliner Kunstmuseen« ins Leben gerufen und das Wagnis unternommen, 98 Kunstwerke aus den stark reduzierten Beständen aller Abteilungen der einst großen und bedeutenden Sammlungen der Öffentlichkeit vorzustellen. Die Ereignisse des letzten Winters überschatteten noch die Arbeit in den Museen, deren Mitarbeiter erlebt hatten, daß zu den umfangreichen Kriegsverlusten nun auch noch die Abtransporte von wertvollen Kunstwerken in die Sowjetunion kamen. Von Januar bis März 1946 hatte die sowjetische Militäradministration in Deutschland zahlreiche Kunstwerke aus Berlin und der Sowjetischen Besatzungszone in die Museen nach Moskau und Leningrad bringen lassen, und ungewiß blieb über Jahre hinaus ihr Schicksal. Über eine Rückgabe erhielten die Direktoren des Sammlungen damals keinen Bescheid. Sie erfolgte dann jedoch ab 1958.

Auf eine besondere Weise hatte Justi gerade diese Schwierigkeiten zu überwinden versucht, und in dem von ihm selbst verfaßten Katalog dargelegt: »Gezeigt

GROUPE FRANÇAIS DU CONSEIL DE CONTROLE
DIVISION "EDUCATION ET AFFAIRES CULTURELLES"

LA PEINTURE FRANCAISE MODERNE

MODERNE FRANZÖSISCHE MALEREI

BERLIN
1946

Katalog der Ausstellung »Moderne Französische Malerei« im Oktober 1946, mit Abbildung der »Bierkellnerin« von Claude Monet

Eosanderportal mit Plakaten der Ausstellung »Französische Malerei« im Oktober 1946

wird Einzelnes aus den Beständen fast aller Abteilungen: der ägyptischen, vorderasiatischen und islamischen, der Papyrus-Sammlung, den Museen für Vor- und Frühgeschichte, für deutsche Volkskunde, für Völkerkunde, der Gemäldegalerie, der Sammlung von Bildwerken, des Kupferstichkabinetts, des Schloßmuseums und der Nationalgalerie ... es gilt dies Wenige genau und aufgeschlossenen Sinnes zu betrachten, bei jedem einzelnen Stück zu verweilen. Vor einem Kunstwerk, so hat Schopenhauer und ihm folgend Anselm Feuerbach gesagt, sollst du warten, bis es zu dir spricht.« Die von Ludwig Justi kreierte »Schule des Sehens« fand

WIEDERSEHEN MIT MUSEUMSGUT

Erste Schau seit 1940
aus Beständen der Berliner Kunstmuseen

Eröffnet im Schloßmuseum
am 21. Dezember 1946

ERLÄUTERUNGEN

VERLAG GEBR. MANN · BERLIN

in ungünstigen und großenteils dunklen Räumen statt, überdies in trüber Jahreszeit. Sie nahm in der Nordwestecke des Schlosses im Geschoß unter dem Weißen Saal drei Räume und die davor liegende Halle ein.

Es war versucht worden, gerade durch die Ungunst der Raumbildung und Belichtung besondere Wirkungen zu erzielen; auch die Wahl der Wandfarben, an der Oskar Moll mitwirkte, trug dazu bei. Der letzte Teil der Ausstellung, die im Treppenhaus mit drei holzgeschnitzten buddhistischen Tempelwächtern aus dem fernen Osten begann, führte durch die ältere deutsche Kunst, aufgeteilt in ritterliche, bürgerliche und höfische Kunst und endete im Raum mit Werken des Impressionismus und der »Entarteten Kunst«. Ludwig Justi, der zu Beginn seiner Laufbahn an der Nationalgalerie in der wilhelminischen Zeit die Auseinandersetzung um Ankauf und Ausstellung impressionistischer Kunstwerke erlebt hatte, wurde 1933 aus dem Amt des Direktors der Nationalgalerie, das er seit 1909 innehatte, entlassen. Sein Einsatz für die zeitgenössische Kunst, die während der Weimarer Zeit in dem hervorragenden Aufbau der Sammlung der Neuen Galerie im Kronprinzenpalais zum Ausdruck kam, veranlaßte die Nationalsozialisten, ihn zu diffamieren. Nur einige Exponate, die der auf Befehl Hitlers durchgeführten systematischen Vernichtung »Entarteter Kunst« entgangen waren, konnten hier ausgestellt werden: »Die Kniende« vom Lehmbruck, ein Gipsabguß, hinter dem Bruchsteine des Originales lagen, das der Krieg zerstört hatte, außerdem acht Werke –Gemälde, Holzschnitte, Drucke, Radierungen – von Ludwig Kirchner, Otto Müller, Max Pechstein, Erich Heckel, Ernst Barlach und Max Beckmann, für deren Kunst und zeitgeschichtliche Bedeutung Justis Katalogtext Verstehen weckte. Die infolge des Krieges lückenhafte Schau erhob er durch seine Erläuterungen zum Abbild der Weltgeschichte und ließ den Rundgang durch die Ausstellung enden mit der Gegenüberstellung der kolossalen Büste einer ägyptischen Königin und des Selbstporträts des Künstlerarbeiters Erich Heckel.

»Der Tagesspiegel« nannte die Ausstellung am Tag der Eröffnung eine Inventur der Museen, die offenbarte, »was wir vermissen, und wie betrüblich es ist, wenn nur Restbestände gezeigt werden können: Depotstükke, die der Vernichtung und dem Abtransport entgingen«. Während des kalten Winters 1946/1947 mußte die Ausstellung zeitweise geschlossen bleiben, weil die Räume nicht geheizt werden konnten.

Nach den drei für das Schloß und seine Nutzung hoffnungsvollen Ausstellungen des Jahres 1946 fand von März bis April 1948 noch einmal eine Ausstellung im Weißen Saal statt: Es war die letzte im Barockbau Schlüters und Eosanders. Zum Gedenken an die Märzrevolution 1848 in Berlin wurde hier am 17. März 1948 um 13 Uhr »Berlin 1848« feierlich eröffnet. Gleichzeitig stellte auch die Staatsbibliothek Unter den Linden Exponate aus unter dem Titel »1848. Eine Revolution und ihre Lehren«.

Vorbereitungen und Verlauf der Gedenkfeiern, die dem Achtundvierziger Ausschuß unter Volksbildungsstadtrat May oblagen, waren bereits vom sich abzeichnenden Kalten Krieg beeinträchtigt. Aus einem Schreiben von Walter Ulbricht und Otto Nuschke an die Abgeordneten geht hervor, daß der Eindruck, die Einheit sei gefährdet, vermieden und deshalb eine für alle zeitlich passende gemeinsame Feier an den Gräbern am 18. März früh veranstaltet werden solle.[56] Der Magistrat hatte die Begräbnisstätte im Friedrichshain zu dem Anlaß anlegen und in ihrer Mitte einen Gedenkstein aufstellen lassen. In der Berliner Zeitung wurde am 9. März sogar noch vermutet, daß die Märzfeierlichkeiten möglicherweise unter Ausschluß der Öffentlichkeit stattfänden.

Auf die Ausstellung im Schloß »Berlin 1848« wies vor dem Eosanderportal ein Denkmal für die Märzgefallenen hin, das aus Ziegelsteinen des Schloßgemäuers errichtet worden war. Der Weiße Saal bot eine Schau zeitgenössischer, zum Teil einmaliger Dokumente, umfangreiches Material aus den Beständen der Berliner Ratsbibliothek, das den Verlauf der Ereignisse in den Märztages 1848 in Berlin schilderte und bildlich darstellte. An den Wänden des Saales verwiesen Texte auf die Revolution, verfaßt von Ernst Moritz Arndt, Ludwig Uhland, von dem Utopisten Wilhelm Weitling und von Rudolf Virchow, der als junger Arzt an den Barrikadenkämpfen teilgenommen hatte.

Katalog der Ausstellung »Wiedersehen mit Museumsgut«, in Schloßmuseumsräumen unter dem Weißen Saal am 21. Dezember 1946 eröffnet (Abb. S. 104)

Dokumente an der Nordwand der Ausstellung, die »Aufbahrung der Märzgefallenen« von Adolph von Menzel, 1848

Weißer Saal, Gedenkausstellung »Berlin 1848«, Eröffnungsfeier am 17. März 1948

Unter dem ersten freigewählten Magistrat 1946–1948

Am 20. Oktober 1946 erfolgten die ersten freien Wahlen der Stadt- und Bezirksparlamente von Berlin, auf lange Zeit die einzige Wahl eines gemeinsamen Stadtparlamentes für ganz Berlin, dessen Magistrat seit dem 1. November die Bezeichnung Magistrat von Groß-Berlin trug. »Der Abend« warf am 29. Oktober die Frage auf, ob Professor Scharoun in seinem Amt verbleiben könne. Die Zahl der renommierten Architekten, die sich bewarben, war groß. Am 5. Dezember wählte die Stadtverordnetenversammlung den neuen Magistrat. Oberbürgermeister wurde Otto Ostrowski, der am 8. Mai 1947 zurücktrat und dem am 26. Juni Ernst Reuter folgte. Zum Stadtrat für Bau- und Wohnungswesen wurde Karl Bonatz gewählt. Der Berliner Architekt Bonatz hatte in den zwanziger Jahren in der städtischen Bauverwaltung Neukölln gearbeitet, unter den Nationalsozialisten wurde er zunächst entlassen, erhielt unter Generalbauinspektor Albert Speer dann eine leitende Stellung im Bunkerbau und wurde nach Kriegsende Baustadtrat in Steglitz. Von Bonatz, der während der Jahre 1947 bis 1948 im Amt des Stadtrates für Bau- und Wohnungswesen blieb – er ging zum 1. September 1949 als Stadtbaudirektor in den Westen der Stadt und trat 1950 in den Ruhestand –, stammte eine sachliche Kritik und anerkennende Wertung der Ausstellung »Berlin plant/Erster Bericht«. Unter den Planungsarbeiten für Groß-Berlin, die er bei seinem Amtsantritt vorfand, galt sie ihm als eine fundierte Basis für weitere Bauplanungen.

In den Jahren 1947 und 1948 sorgte der 1947 erlassene Befehl 209 des Obersten Chefs der sowjetischen Militäradministration in Deutschland, der die sofortige Errichtung von Neubauerngehöften unter Inanspruchnahme der schon durch die Bodenreform erfaßten Gutsanlagen anordnete, für die Vernichtung von Gebäuden. In dem kriegszerstörten Land, in dem überall Wohnungen fehlten und kommunale Einrichtungen schwer unterzubringen waren, wurden durch diesen Befehl wahllos oft gut erhaltene und in vielen Fällen alte und wertvolle Gutshäuser abgerissen. Zwar sollte über die zur Bodenreform gehörenden Gutsanlagen von historischem und künstlerischem Wert in der Akademie der Wissenschaften verhandelt werden, doch vielerorts verfuhr man in dieser Sache schnell und gründlich. Vom Institut für Bauwesen der Akademie der Wissenschaften und vom Referat Bildende Kunst, Museen und Denkmalpflege bei der Deutschen Verwaltung für Volksbildung, dessen Leiter zu der Zeit der Kunsthistoriker Gerhard Strauß war, wurde beim Stadtrat Wandel wegen der Abtragung der Schlösser und Burgen Einspruch erhoben. Jedoch ehe die Listen der zu schützenden Bauten aufgestellt und den Räten der Städte und Dörfer zugeleitet werden konnten, waren bereits zahlreiche dem Erdboden gleichgemacht, so das Barockschloß Schöneiche, das zu einem Berliner Stadtgut gehörte und eine Schule beherbergt hatte und während der Bodenreform sinnloser Zerstörung anheimfiel. Die Vorkommnisse dieser Jahre blieben im Verständnis und im Einfühlungsvermögen der Verantwortlichen nicht ohne Einfluß auf die Entwicklung der Ansichten über das Stadtschloß in Berlin, das noch dazu eine Ruine war und an dem Platz stand, der Demonstrationen dienen sollte.

Zu Bonatz' Zeiten stand das Schicksal des Berliner Schlosses noch nicht zur Diskussion. Der unter ihm erarbeitete Plan »Berlin 1948« sah die wiederhergestellte City vor und in ihr um den Schloßkomplex keine grundlegende Veränderung der Straßenführungen und Platzanlagen. Mittel zur Erhaltung der Bausubstanz des Schlosses und für Maßnahmen gegen den fortschreitenden Verfall wurden nach wie vor nur unzureichend genehmigt. Der »Plan 48« wurde in der Bau-Leistungsschau Berlin 1948 in den neueröffneten Ausstellungshallen am Funkturm gezeigt. Die dort vom 24. September bis 10. Oktober 1948 veranstaltete Bau-Leistungsschau fiel gerade in die Zeit, als die zivile Verwaltung Berlins in Ost und West auseinanderfiel. Vorausgegangen war der Anfang des Kalten Krieges, der zur Spaltung Berlins führte:
Am 23. Juni wurde für die Sowjetische Besatzungszone mit Groß-Berlin eine Währungsreform angeordnet,
am 24. Juni die West-Mark durch die Westalliierten eingeführt,
am 26. Juni begann die Luftbrücke, die organisierte Versorgung der Bevölkerung der Westsektoren Berlins durch Militärflugzeuge der Westalliierten,
am 1. Juli erklärte der sowjetische Vertreter der Alliierten das Ende der Viermächteverwaltung für Berlin,
am 27. August verhinderten organisierte Demonstranten, vorwiegend Angehörige der FDJ, die Stadtverordnetenversammlung,
am 6. September wurde der Sitzungssaal der Stadtverordneten ebenfalls vornehmlich durch FDJ gestürmt,
am 7. September das Stadthaus durch Polizei abgeriegelt und westlichen Besatzungsmitgliedern der Zugang verwehrt;
Am 30. November erklärte die außerordentliche Stadtverordnetenversammlung den Magistrat von Groß-Berlin, dem auch die von den Westberliner Stadtbezirken gewählten Mitglieder angehört hatten, für abgesetzt und beschloß die Bildung eines provisorischen Magistrats. Friedrich Ebert wurde als Oberbürgermeister eingesetzt.
Am 1. Dezember erließ Ebert ein Hausverbot für die Mitglieder des vorherigen Magistrates;
am 2. Dezember erkannte die Sowjetische Zentralkommandantur den neueingesetzten Magistrat als das einzig rechtmäßige Stadtverwaltungsorgan an.

Unter dem Ostberliner Magistrat 1948–1949

Beide Verwaltungen nannten sich anfangs noch Magistrat von Groß-Berlin. Seit dem 1. September 1950 hieß der Magistrat in den Westsektoren Senat von Berlin, der Oberbürgermeister Regierender Bürgermeister.

Mit dem Ausscheiden von Karl Bonatz aus dem Magistrat im Ostteil der Stadt wurde das Amt des Stadtrates für Bau- und Wohnungswesen geteilt. Zum Magistratsbaudirektor wurde Heinrich Starck, zum Stadtrat für Wohnungswesen Arnold Munter ernannt. Damit hatten nicht mehr Architekten, sondern verdiente Antifaschisten die Leitung des Bauwesens inne. Arnold Munter war gelernter Rohrleger und Bauklempner und von 1942 bis 1945 im Konzentrationslager Theresienstadt eingekerkert gewesen. In den ersten Nachkriegsjahren hatte er wieder als Klempner gearbeitet. Von nun an traten die im Bauwesen Verantwortlichen nicht mehr grundsätzlich für die Erhaltung des Schlosses ein, dessen spätere Wiederherstellung jedoch als realisierbar angesehen wurde.

Nach einer Besichtigung des Schlosses ordnete das Baupolizeiamt Mitte am 21. Oktober 1948 an, Teile des Schlosses zu sperren und zu räumen. Auch Trakte, die das Schloßmuseum nutzte, wurden für baufällig erklärt. Gegen diese Maßnahme erhob das Amt Museen und Sammlungen Einspruch und bat um Beseitigung der Gefahrenstellen und um Ermittlung der dafür entstehenden Kosten zur Aufnahme in den Generalreparaturplan 1950. Der dann aufgestellte Kostenanschlag betrug 17 000,– Mark und führte die Schäden auf, die nicht nur durch den Krieg, sondern auch seitdem durch Witterungseinflüsse an der Seite zur Schloßfreiheit entstanden waren: an den Werkteilen des Eosanderportales, am Zugang zum Schloßmuseum und zum Weißen Saal, an der Eisenkonstruktion der Kuppel und des Daches in diesem Bereich sowie an Stuck-Gesimsteilen und Marmorbekleidungen. Auf die Aufforderung zur Räumung ihres Büros im Erdgeschoß am Schloßplatz und der Werkstätten antwortete die Leiterin der Schlösserverwaltung, Margarete Kühn, der Abteilung Volksbildung: »Abgesehen davon, daß die Verlegung der Diensträume äußerst schwierig ist, und eine andere Unterbringungsmöglichkeit für die im Schloß befindlichen Kunstwerke im russischen Sektor nicht besteht, würde die Durchführung der angeordneten Maßnahme auch die uns obliegende ordnungsgemäße Verwaltung und Betreuung des Schlosses unmöglich machen. Mir scheint auch, daß man hier die Vorsicht reichlich weit getrieben hat ...«[57]

Der Einspruch blieb wirkungslos; die Schlösserverwaltung und das Amt für Denkmalpflege mußten ausziehen. Archivmaterial – darunter die umfangreiche Plansammlung des Berliner Schlosses – kam nach Potsdam-Sanssouci. Infolge der Spaltung Berlins übernahm Margarete Kühn die Leitung der Verwaltung der Staatlichen Schlösser und Gärten im Schloß Charlottenburg und der Landeskonservator von Berlin, Hinnerk Scheper, das Amt für Denkmalpflege im Westen der Stadt. Im sowjetischen Sektor Berlins wurde nach Gründung der DDR beim Magistrat eine Arbeitsstelle für Denkmalpflege geschaffen.

Im März 1949 erfolgte die seit dem Herbst schwebende Sperrung des Schlosses. Außer dem Direktor des Schloßmuseums Professor Martin Klar und seiner Assistentin durften Mitarbeiter der im Schloß untergebrachten Einrichtungen das Gebäude nicht mehr betreten. Zur Begründung für diese Maßnahme der Baupolizei dienten Angaben über unberechenbare Schübe im Gemäuer der Front an der Schloßfreiheit. Jedoch zeigten – wie äußerlich zu sehen war – die meterdicken Mauern in diesem Bereich keine Sprünge. Um noch einen letzten Versuch zu machen, die leidige Schloßangelegenheit in einem günstigen Sinn zu beeinflussen, fand am 25. Mai 1949 eine Schloßbesichtigung statt. Der Leiter des Hauptbaupolizeiamtes Fahrenwald und eine Spezialistin für Baustatik sowie von den Museen die Professoren Justi und Kühnel besichtigten die Hauptschadenstellen im Weißen Saal und an der Schloßkuppel über dem Eosanderportal. Der dreiundsiebzigjährige Justi ließ es sich nicht nehmen, selbst bis unmittelbar unter die Kuppel hinaufzusteigen, um sich über den Grad der Zerstörungen zu informieren.[58] Danach wurde entschieden, die verhältnismäßig stabilen Räume im Erdgeschoß und im zweiten Stock des linken Teiles an der Schloßfreiheit dem Schloßmuseum weiterhin zu überlassen; die Gefahrenstelle in der Kuppel sollte noch überprüft werden, was aber vermutlich nicht mehr geschah.

Seit der Ausstellung »Berlin plant/Erster Bericht« des Jahres 1946 hatten Wils Ebert, der Ende September 1949 nach Westberlin ging, und Peter Friedrich, der am 31. März 1950 sein Dienstverhältnis beim Magistrat beendete, an der Planung eines Kulturzentrums für Berlin weitergearbeitet. Das Kulturzentrum sollte die Straße Unter den Linden und die Museumsinsel als verwalterische und räumliche Einheit zusammenfassen. Im April 1949 ließ Wils Ebert für diese Planung eine Liste der unter Denkmalschutz stehenden Bauwerke aufstellen. Die Liste bezeichnete das Schloß als aufbau- und ausbauwürdig sowie als aufbaufähig und kulturell wertvoll und forderte die Instandsetzung im Rahmen der Neuplanung unter Weglassung von zerstörten Teilen, die an die Geschichte der Hohenzollern erinnerten. Die Wiederherstellungskosten wurden mit 11 900 000,– Mark angegeben. Ebert mußte sich 1952, als es um seine Berufung an die Hochschule der Künste in Westberlin ging, gegen Vorwürfe wehren, daß unter seiner Leitung der Abriß des Schlosses geplant worden sei. Er legte deshalb schriftlich dar, daß es dem Planungskollektiv damals gelungen sei, die Ansichten des Magistratsbaudirektors Starck zu wandeln, »indem man ihn mit dem kunst- und kulturhistorischen Wert des Schlosses bekanntmachte.«[59]

Am 29. April 1949 hatte der Oberbürgermeister Ebert in einer öffentlichen Sitzung angekündigt, einen für zehn Jahre berechneten Generalplan zum Wiederaufbau Berlins der Bevölkerung vorzulegen. Einen Monat später stellte das Hauptamt für Stadtplanung das Programm für die »Neuplanung der Stadt Berlin« vor, die von acht Mitgliedern des Planungskollektivs erarbeitet worden war. Die »Neuplanung der Stadt Berlin« wurde zusammen mit dem »Raumordnungsvorschlag« am 15. Juli von Friedrich Ebert bekanntgegeben und fand in der Presse Würdigung unter der Bezeichnung »Generalplan für den Wiederaufbau der Reichshauptstadt«. General Kotikow hatte den Plan nach mehrstündiger Aussprache mit den Planern wohlwollend aufgenommen.

Am 15. Juli 1949 gründete sich ein Arbeitskreis für die Geschichte Berlins im »Kulturbund zur demokratischen Erneuerung Deutschlands«, dessen Präsident seit der Gründung 1945 Johannes R. Becher war. Dem Arbeitskreis gehörten namhafte Kunstwissenschaftler an, so die Professoren Richard Hamann von der Humboldt-Universität, Ludwig Justi und Friedrich Winkler von den Staatlichen Museen und Walter Stengel vom Märkischen Museum. Seinem Programm nach verstanden sich die Mitglieder des Arbeitskreises aus historischen Gründen als Opponenten gegen die Stadtplanung: »Wir müssen darüber wachen, daß nicht die ganze Innenstadt einfach eingerissen wird; denn wir tragen die Verantwortung vor den kommenden Generationen.«[60] Am 20. August beschloß das Planungskollektiv, eine Magistratsvorlage auszuarbeiten, die den Aufbau der Schloßruine für übergeordnete und repräsentative Zwecke vorschlagen sollte und auf einer weiteren Sitzung am 3. September, an der Wils Ebert schon nicht mehr teilnahm, wurde im Anschluß an einen Bericht von Starck im allgemeinen Einverständnis festgelegt, den Schlüterhof in seiner jetzigen Form zu erhalten und später bei anderen Zeiten wieder aufzubauen, dagegen den vorderen, westlichen Teil, des Schlosses als baufällig abzutragen.

Daß es jetzt in erster Linie um das Berliner Stadtschloß ging, wurde in einer öffentlichen Versammlung des Kulturbundes am 11. November offensichtlich; anwesend waren auch die städtischen Baubehörden, das Planungskollektiv unter seinem neuen Leiter, dem Architekten Edmund Collein, der am Bauhaus in Dessau studiert hatte und in Wien, München und Berlin tätig gewesen war. In dieser Versammlung bezog der Arbeitskreis für die Geschichte Berlins gegen den Beschluß des Planungskollektivs entschieden Stellung: Selbst als Ruine wird das Schloß noch Jahrhunderte stehen. Es gibt nur eine Lösung, Erhaltung des Schlosses als Gesamtkörper, Befestigung der Bauteile, die herabfallen könnten, und Restaurierung der erhaltenen Trakte. »Sicher wird eine spätere Zeit einmal in der Lage sein, das Schloß von innen heraus neu aufzubauen und es einem demokratischen Verwendungszweck zuzuführen, den es schon seit 1918 hatte.«[61] In der anschließenden Diskussion äußerte sich Starck auf Fragen über das Schloß, dessen endgültiges Schicksal er als noch nicht entschieden ansah: »An einen Wiederaufbau ist, vor allem wegen fehlender Mittel, nicht zu denken. Es gibt außerdem eine Reihe von Personen und Institutionen, die einen Abriß des Vorderteils ... befürworten. Wieweit diesen Plänen, die ein notwendiges Aufmarschforum fordern, nähergetreten wird, kann ich zur Stunde noch nicht sagen. Eines aber ist gewiß: der wertvollste Teil des Schlosses, der Schlüterhof, wird auf jeden Fall der Nachwelt erhalten.«[62]

Wie ein böses Omen für das Schloß wirkten auf alle, die es miterlebten, die Ereignisse, die sich am 3. und 5. Oktober 1949 in der Berliner Innenstadt abspielten, als von der sowjetischen Besatzungsmacht der Film »Die Schlacht um Berlin« gedreht wurde. Dazu war die Umgebung des Schlosses kriegsmäßig ausstaffiert worden. Russische Soldaten drangen in das Schloß, schleppten eine große Bronzefigur heraus und zerschlugen die beiden Puttengruppen, die im Vestibul an der Großen Treppe zum Schlüterhof standen. Vorkommnisse, wie sie erst vier Jahre zurücklagen, wurden wieder Wirklichkeit. Russische Soldaten plünderten das Schloß, zerstörten alte Wandbespannungen, zerschlugen Museumsstücke, rissen an einem Schrank Goldbronzebeschläge ab, und fast kam es dazu, daß der dagegen einschreitende Schloßkastellan von einem wie in Kriegspsychose wütenden Soldaten erschlagen wurde. Im Feuer der Geschütze zersprangen über 200 Fensterscheiben des Schloßmuseums.

Gegen das Vorgehen der Soldaten, die im Schloß nur Feuerwerkskörper und weiße Fahnen anbringen sollten, aber auch von anwesenden Offizieren nicht an den Gewalttaten gehindert wurden, intervenierte das Amt Museen und Sammlungen vergeblich bei Major Kotelnikow in der Zentralkommandantur. »Ich fürchte, daß sich in diesen Fällen dasselbe ereignen wird, was im Fall der von der Besatzungsmacht sichergestellten Museumsgegenstände eintraf, nämlich, daß bei einer direkt von Moskau geleiteten Aktion auch die hiesigen sowjetischen Besatzungsbehörden nicht helfend eingreifen können oder wollen. Wir befinden uns daher in der unangenehmen Lage, möglichst rasch Ersatz für die zerstörten Fensterscheiben ... zu beschaffen, denn wenn das Schloß für uns seit einiger Zeit auch als abgeschrieben gilt, so können die Räume dort in der nächsten Zeit doch nicht ohne Fenster bleiben. Ist Ihnen eine Stelle bekannt, die augenblicklich über Glas bezw. Igelit verfügt?«[63] In der öffentlichen Meinung trug der Artikel »Das Zukunftsgesicht Berlins«, den die Berliner Zeitung am 12. Februar 1950 brachte, dazu bei, die Unsicherheit um das Schicksal des Schlosses geradezu zu perfektionieren. Danach soll aus kulturellen Gründen der um das Westportal gelegene Teil des Schlosses erhalten bleiben. Die übrigen Trakte könnten sich infolge der übergroßen Zerstörungen nicht mehr erhalten lassen und sollen nach Sicherstellung der dort noch vorhandenen Kunstwerke abgetragen werden. Von Lesern auf den offensichtlichen Widerspruch aufmerksam gemacht, antwortete die Berliner Zeitung am 3. März, der Magistrat bemühe sich, wie alle künstlerisch wertvollen Bauten auch das Schloß als Ganzes zu erhalten.

Das Schloß seit Gründung der DDR 1949

Der »Generalaufbauplan für Deutschlands Hauptstadt« wurde in der »Täglichen Rundschau« vom 14. September 1949 in einem Artikel von Kurt Liebknecht veröffentlicht. Kurt Liebknecht, ein Neffe von Karl Liebknecht, hatte bei Hans Poelzig studiert und war 1931 als Architekt in die Sowjetunion gegangen. Er kehrte 1946 nach Deutschland zurück und arbeitete zunächst unter Scharoun am Institut für Bauwesen der Akademie der Wissenschaften. Kurt Liebknecht erhielt den Auftrag, am 26. November 1949 vor dem Ministerrat und dessen Vorsitzenden Otto Grotewohl den ersten Aufbauplan der DDR, das Berliner Stadtzentrum betreffend, zu erläutern. Seine Ausführungen über die Planung für das Gebiet vom Brandenburger Tor über die Straße Unter den Linden und den Lustgarten bis zum Alexanderplatz einschließlich der vom Alexanderplatz abgehenden Frankfurter Allee, nahmen die Mitglieder des Ministerrates mit Wohlwollen auf, berichtete Liebknecht in seinen 1986 gedruckten Lebenserinnerungen.

Nach Konstituierung der DDR wurde als eines der 14 Fachministerien das Ministerium für Aufbau gegründet und zum Minister Lothar Bolz berufen. Karl Liebknecht wurde im Ministerium für Aufbau Direktor des Institutes für Städtebau und Hochbau, ein Amt, das er innehatte, bis er am 1. März 1951 zum Präsidenten der neu gegründeten Deutschen Bauakademie berufen wurde. Von allen Bauten, die Liebknecht damals vorstellte, entstanden in der folgenden Zeit einige in der alten Gestaltung neu: das barocke Zeughaus, die Neue Wache Schinkels, die aus dem 18. Jahrhundert stammende Hedwigskathedrale und das Prinzessinnenpalais sowie das Brandenburger Tor, das Rote Rathaus und der im Neubarockstil um die Jahrhundertwende gebaute Marstall. Den in der Breiten Straße geplanten Neubau eines Opernhauses beschloß man fortzulassen zu Gunsten des dann ebenfalls wiederaufgebauten Knobelsdorffschen Opernhauses Unter den Linden. Jedoch über das Schloß oder den in der Planung noch vorgesehenen Restbau verfügte man bei den kommenden Entscheidungen über die Gestaltung des Stadtzentrums anders.

Lothar Bolz, ein Jurist, der nach seiner Rückkehr aus der Emigration in der Sowjetunion 1945 Mitglied der Deutschen Wirtschaftskommission in der sowjetisch besetzten Zone geworden war, äußerte sich über die Beteiligung des Aufbauministeriums am Wiederaufbau Berlins Ende des Jahres mit den lapidaren Sätzen: »Die beteiligten Stellen werden alle ihre Kräfte anspannen, um die ihnen vom ganzen Volk gestellte große nationale Aufgabe des Aufbaues der Hauptstadt der DDR »rasch, gründlich, zweckentsprechend und formschön zu lösen.« Anläßlich seines Aufenthaltes in Moskau zum 70. Geburtstag von Josef Stalin am 21. Dezember 1949 bat Walter Ulbricht, Generalsekretär der SED und Erster Stellvertreter des Vorsitzenden des Ministerrates der DDR, den Präsidenten der Sowjetischen Architekturakademie Mordwinow um ein Gespräch über Städtebau und Architektur. Liebknecht berichtete, daß Ulbricht und Friedrich Ebert daraufhin »eine Lektion über die Direktiven des Genossen Stalin über Städtebau und Architektur, wie sie bei der Umgestaltung der sowjetischen Hauptstadt und vieler anderer Städte der Sowjetunion zur Grundlage gedient hatten« erhielten. Über Ulbricht sagt er: »Sein Interesse an der Architektur setzte schon früh ein, als der sozialistisch erzogene Arbeitersohn in seiner Vaterstadt Leipzig eine Fachschule für Möbel- und Bautischler besuchte, wo auch Fragen der Architektur behandelt wurden. Seine Wanderschaft als Tischlergeselle führte ihn durch Deutschland und in das Ausland, wo er schöne Städte und schöne Bauten kennen und vor allem das deutsche Baukulturerbe schätzen lernte.«[64]

Ganz andere Ansichten über die Machthaber der DDR und ihren Umgang mit dem Kulturerbe brachte der Präsident der Akademie der Wissenschaften Johannes Stroux in einem Brief vom 6. Januar 1950 an Ebert zum Ausdruck. Dem persönlich gehaltenen Brief lagen Unterlagen zu Grunde, die Ludwig Justi Stroux übergeben hatte. Der Text der beiden Professoren führte Bauwerke auf, die trotz Kriegsschäden erhaltenswert gewesen wären: Das Prinz-Albrecht-Palais, ebenso das Ordenspalais und fast die ganze Westseite der Wilhelmstraße waren bereits abgerissen. Noch standen als letzte in der Wilhelmstraße die Palais Schwerin und Schulenburg, die später auch vernichtet wurden, wie viele alte Wohnhäuser im Zentrum Berlins. Auch Gefahren für Bildwerke am Schloß und am Zeughaus erwähnte der Brief (s. Anlage 1).

1950 war das Jahr, in dem die DDR-Regierung mit großen Feierlichkeiten die 200-Jahrfeier der Akademie der Wissenschaften beging. Der Gensdarmenmarkt wurde in Platz der Akademie umbenannt. Die Professoren Johannes Stroux und Ludwig Justi erhielten mit anderen Wissenschaftlern in Anerkennung ihrer Verdienste den Nationalpreis. Bereits 1950 wurde die Verantwortung für die Neugestaltung des Stadtzentrums von Berlin dem Ministerium für Aufbau übertragen. Das Institut für Bauwesen an der Akademie der Wissenschaften sowie das Planungskollektiv beim Magistrat wurden ausgeschaltet. Im März 1950 wurden die neuen »Leitsätze für die Planung Groß-Berlins« bekanntgegeben. Darin hieß es: Berlin, die Hauptstadt Deutschlands, ist Sitz der Regierung der Deutschen Demokratischen Republik. Grundlage für die Planung und den Aufbau Berlins sind die neue demokratische Ordnung sowie die Wirtschaftspläne der DDR und des Magistrats von Groß-Berlin. Die Innenstadt muß als Standort der zentralen Regierungs- und Wirtschaftsorgane sowie übergeordneter kultureller Bauten besonders hervorgehoben werden.[65] Der Wiederaufbau der ganzen Stadt einschließlich ihrer zentralen Straßen und Plätze sollte danach nicht nur zweckmäßig, sondern auch im sozialistischen Sinn geplant werden. Zu diesem Zweck fand eine Studienreise in die Sowjetunion statt.

Vom 12. April bis zum 27. Mai 1950 hielt sich eine Delegation von sechs verantwortlichen Mitarbeitern des Bauwesens in der UdSSR auf, übrigens die erste Fachdelegation der DDR, die zu Studienzwecken dorthin reiste. Minister Lothar Bolz war Leiter der Delegation, an der teilnahmen, Walter Pisternik, ehemaliger Gewerkschaftler, nun Leiter der Hauptabteilung Allgemeines Bauwesen, Städtebau und Hochbau im Ministerium für Bauwesen, Waldemar Adler, technischer Leiter der Hauptabteilung Bauindustrie, Edmund Collein und Kurt Leucht, Leiter des Planungsamtes der Stadt Dresden, sowie Kurt Liebknecht, der im Alter über den Besuch der Städte Moskau, Leningrad, Kiew, Stalingrad und über das Studium der Theorie und Praxis des Städtebaus in der Sowjetunion berichtete. Die Erkenntnisse, die die Delegation im Laufe der Besichtigungen und bei den Besprechungen im Ministerium für Städtebau und in der Akademie der Architektur gewann, bildeten die Grundlage für die wichtigsten Ergebnisse der Reise, die »Grundsätze des Städtebaues«,[66] die die Regierung der DDR am 27. Juli 1950 verabschiedete, sowie für das »Aufbaugesetz«[67] vom 6. September 1950, in dem auch die Bildung der Bauakademie beschlossen wurde.

Die Ergebnisse der Delegationsreise lieferten aber ebenso die Begründungen für die Vernichtung des Berliner Stadtschlosses, die vom 7. September bis zum 30. Dezember erfolgte. Vom 20. bis 24. Juli fand der III. Parteitag der SED in Berlin statt. Am 22. Juli hielt Walter Ulbricht die Rede »Der Fünfjahresplan und die Perspektiven der Volkswirtschaft«, in der er die Beseitigung der Schloßruine bekanntgab. Aus den Berichten Liebknechts, Colleins und Pisterniks werden hier, wo es um die Vorgänge geht, die zur Vernichtung des Schlosses geführt haben, Sätze zitiert, die die ursächlichen Zusammenhänge erhellen, jedoch keine Rechtfertigung der bald nach dem Parteitag folgenden Maßnahmen brachten, sondern eher das Engagement für Denkmalpflege und Wahrung historischer Baudenkmale in der Sowjetunion belegen. »... Die Architektur muß ihrem Inhalt nach sozialistisch und ihrer Form nach national sein. Aus diesem Grunde wird dem Denkmalschutz eine besondere Bedeutung beigemessen. Wir konnten uns vor allem in Kiew wie auch in Leningrad, der Schatzkammer der russischen Baukunst, überzeugen, wie sorgfältig man an die Wiederherstellung der durch den Krieg zerstörten Baudenkmäler herangeht, die im wahren Sinn des Wortes unter Berücksichtigung wissenschaftlicher Methoden so wiederhergestellt werden, daß man die restaurierten von den alten Teilen kaum unterscheiden kann ... Ungeheuer große Aufgaben stehen vor uns. Wir müssen unsere zerstörten Städte aufbauen und mit unserem neuen Geist erfüllen«, schrieb Liebknecht. Collein hob hervor: »Wir konnten immer wieder feststellen, wie sehr das einmalige Gesicht der Stadt durch die Einbeziehung des historisch Wertvollen in die Neuplanung bereichert wird. Die naiv-radikalistische Mißachtung des Historischen wird von den sowjetischen Architekten und Städtebauern als falsch angesehen und abgelehnt.«[68]

Walter Ulbricht entwickelte in seiner Rede auf dem III. Parteitag neue Richtlinien für den Wiederaufbau Berlins. In den Fragen zu Architektur und Städtebau hatte er sich von Liebknecht beraten lassen, der darüber 1958 veröffentlichte: »Mit welcher Klarheit sah er die Schwerpunkte eines neuen Berlins, und wie verstand er es, seine Vorschläge für den Aufbau des Zentrums und der zentralen Achse Berlins bis in alle Einzelheiten zu begründen! Wie kleinbürgerlich und arm waren die Arbeiten einer Gruppe von Stadtplanern ... gegenüber diesen kühnen Ideen.«[69] Diese neue Linie brachte Ulbricht unmißverständlich zum Ausdruck: »Bisher wurde nach den Plänen der einzelnen Stadtverwaltungen gebaut und nicht genügend die großen Erfahrungen der fortschrittlichen Städteplanung berücksichtigt. Der Wiederaufbau der zerstörten Städte soll jetzt nach den Plänen durchgeführt werden, die vom Ministerium für Aufbau bestätigt sind ... Wäre es nicht zweckmäßig, im Zentrum der Stadt den Straßenzug von der Stalinallee bis zum Brandenburger Tor wiederaufzubauen, den Lustgarten und den Alexanderplatz als die beherrschenden Plätze des Stadtinnern zu architektonisch schönen Plätzen zu gestalten ...? Unser Beitrag zum Fortschritt auf dem Gebiet des Bauwesens soll gerade darin bestehen, daß sowohl unsere Stadtplanung, als auch der Städtebau, der Industriebau, der Bau der neuen Kulturstätten, die Maschinenausleihstationen das Besondere unserer nationalen Kultur zum Ausdruck bringen. Das Zentrum unserer Hauptstadt, der Lustgarten und das Gebiet der jetzigen Schloßruine müssen zu dem großen Demonstrationsplatz werden, auf dem der Kampfwille und Aufbauwille unseres Volkes Ausdruck finden können.«[70] Dieser Satz, dem stürmischer Beifall folgte, gab die Schloßvernichtung nur indirekt und in Verbindung mit dem großen Demonstrationsplatz bekannt, der in Berlin nach dem Vorbild des Roten Platzes in Moskau nun entstehen sollte. Außer diesem Satz, der das Schicksal des Schlosses besiegelte, können weder Diskussionen im Politbüro, noch Stellungnahmen des Ministerpräsidenten oder des Oberbürgermeisters zur Schloßvernichtung angeführt werden, so daß nach wie vor nur Ulbricht als Initiator dieser Maßnahme anzusehen ist.

Die in Ulbrichts Rede enthaltenen Grundsätze für den Wiederaufbau Berlins enthielten eine offene Kritik an der Arbeit des Planungskollektivs. Zum besseren Verständnis der Vorgänge im Bauwesen im ersten Jahr der Ära Ulbricht ist ein Rechtfertigungsschreiben von Interesse, das die ehemaligen Mitglieder des Planungskollektivs an Ulbricht gerichtet, aber möglicherweise nicht abgeschickt haben. In der Beurteilung ihrer beim Magistrat von 1945 bis 1949 geleisteten Arbeit, der noch 1949 grundlegende Anerkennung zuteil geworden war, verwahrten sie sich gegen aufgekommene Mißverständnisse, fachliche Entstellungen und Diffamierungen bis hin zu politischer Verleumdung, die ein Artikel der »Neuen Berliner Illustrierten« am 24. November 1950 brachte. Die seit dem 27. Juli gültigen 16 Grundsätze des Städtebaues wurden die Grundlage, sowohl für den Entwurf des sogenannten Aufbaugesetzes, des am 6. September 1950 in der Volkskammer verabschiedeten »Gesetzes über den Aufbau der Städte in der DDR und der Hauptstadt Deutschlands (Berlin)« als auch für den Entwurf der »Grundzüge für den Wiederaufbau und die Neugestaltung des Zentrums der Hauptstadt Berlin.« Um die beiden Entwürfe zur Vorlage und zur Beschlußfassung in der Volkskammer vorzubereiten, fand am 23. August eine Beratung statt, an der der

Ministerrat und der Magistrat teilnahmen. Das Aufbaugesetz erläuterte Lothar Bolz, über die neue Stadtplanung berichtete Kurt Liebknecht.

Der Neuaufbau von Berlin stand in der Sitzung der Regierung der DDR am 23. August 1950 auf der Tagesordnung. Unter dem Vorsitz des Ministerpräsidenten Otto Grotewohl, seiner Stellvertreter Walter Ulbricht und Otto Nuschke kam es zur Beschlußfassung über die Vernichtung des Schlosses, der acht Minister, sechs Staatssekretäre, der Oberbürgermeister Friedrich Ebert, zwei Bürgermeister, fünf Stadträte sowie vier Vertreter des Ministeriums für Aufbau zustimmten. Kurt Liebknecht erläuterte anhand von Skizzen und eines Modells die Grundgedanken der Gestaltung des Berliner Stadtzentrums. Nach »eingehender« Aussprache wurden »einstimmig« erste Maßnahmen zur Neugestaltung des Stadtzentrums beschlossen: Das Schloß soll unter Sicherung der darin enthaltenen kulturellen Werte abgebrochen, architektonisch wertvolle Teile des Schlosses als Baudenkmäler an anderer Stelle untergebracht werden. Die Abräumungsarbeiten müßten am 15. Januar 1951 abgeschlossen sein. Oberbürgermeister Ebert trug den Terminplan für die Herrichtung des Lustgartens zum 1. Mai 1951 vor und erläuterte, daß der Magistrat als erste Rate für den Beginn der Arbeiten einen Betrag von 5 Millionen Mark zur Verfügung stellen werde. Die Regierung billigte den Terminplan.[71]

Am 27. August brachte die »Berliner Zeitung« den ganzseitigen Bericht »Aufbauplan für das Zentrum des neuen Berlin« mit Grundriß sowie einer perspektivischen Darstellung des Lustgartens und seiner Umgebung. »Der zentrale Punkt im Zuge Stalinallee – Brandenburger Tor ist der Lustgarten, der durch das Verschwinden der Schloßruine erheblich erweitert wird. Der Abriß wird bereits von Wissenschaftlern vorbereitet. Noch vorhandene künstlerisch wertvolle Teile des Gebäudes, wie der Schlüterhof und das Eosanderportal, sollen erhalten bleiben, um sie eventuell an anderer Stelle wiederaufzubauen. In seiner erweiterten Form wird der Lustgarten der ideale Platz für fließende und stehende Demonstrationen sein und 350 000 Menschen aufnehmen können. Wenn die Schloßruine verschwunden ist, wird der Lustgarten eine Größe von über 180 × 450 Metern haben. Das sind 82 000 Quadratmeter ... Der erste Bauabschnitt des Planes zum Aufbau Berlins, die Neugestaltung des Lustgartens, soll bis zum 1. Mai 1951 beendet sein. Die nächste Maidemonstration wird auf dem erweiterten Lustgarten stattfinden. Der Lustgarten wird dann durch folgende Bauten umrahmt sein: Im Norden Altes Museum, rechts davon der Dom; wo heute das Schloß steht, wird eine große Tribüne für über 3 000 Zuschauer, vorläufig in Holzkonstruktion, endgültig in Naturstein errichtet; im Süden schließt den Lustgarten der wiederaufzubauende Marstall und –gegenüber dem Alten Museum – die neue Staatsoper ab, die auf der Westseite der heutigen Breite Straße gebaut werden soll. Gegenüber der Tribüne, an der Stelle, an der das deutsche National-Denkmal stand, das im Augenblick abgebaut wird, steht bis zum 1. Mai das FIAPP-Denkmal als Mahnmal für die ermordeten Antifaschisten aller Länder. Hinter der Tribüne, auf der anderen Seite des östlichen Spreearms soll sich ein repräsentatives Hochhaus erheben.« Das »Neue Deutschland« hatte in seiner Veröffentlichung am Tag davor die Bekanntgabe mit der Begründung versehen: »Es soll uns nichts mehr an unrühmlich Vergangenes erinnern.« Übrigens war auch damals die Beseitigung des Nicolaihauses Brüderstraße 13 und des Ermelerhauses Breite Straße 11 vorgesehen. Die erwähnte Staatsoper und das Mahnmal wurden jedoch nicht gebaut.

Zur Information über die Pressemitteilungen kamen am 30. August Vertreter des Aufbauministeriums und Mitglieder der Kulturorganisationen zusammen. Gegen die Pläne der Regierung, insbesondere gegen die Schloßvernichtung meldeten sich zu Wort Direktor Stengel vom Märkischen Museum, Professor Blümel als Vertreter der Staatlichen Museen, der Rektor der Humboldt-Universität Friedrich und Direktor Rabe von der Ratsbibliothek. Überliefert ist Stengels radikale Kritik: »Wenn diese Pläne Wirklichkeit werden, und man hat uns wohl nur herbestellt, um uns vollendete Tatsachen mitzuteilen, dann kann man dieser Stadt einen anderen Namen geben ... Ich habe noch niemand gesprochen, der für die Vernichtung des Schlosses sei. Ich hatte andere Vorstellungen von Demokratie, ich hatte geglaubt, Demokratie sei der Wille der Mehrheit.«[72] Da eine selten einmütige Ablehnung der Pläne zustande gekommen war, beendete Liebknecht die Versammlung, ohne die vorgesehene Resolution zu verabschieden.

III.
DIE SPRENGUNGEN DES SCHLOSSES UND DIE PROTESTE SEPTEMBER BIS DEZEMBER 1950

*»Das Zentrum unserer Hauptstadt,
der Lustgarten und das Gebiet der Schloßruine,
müssen zu einem großen Demonstrationsplatz werden,
auf dem der Kampfwille und der Aufbauwille unseres Volkes
Ausdruck finden können.«*

23. 7. 1950, Walter Ulbricht

Erst nach den Presseveröffentlichungen setzten die Proteste gegen die Vernichtung des Stadtschlosses ein, das auch als Ruine noch das großartigste Baudenkmal in Berlin darstellte. Die Proteste, die im Folgenden aufgeführt sind, dokumentieren den Einsatz vor allem namhafter Wissenschaftlicher der DDR zur Rettung des Berliner Schlosses. Überliefert sind Memoranden, kunstwissenschaftliche Stellungnahmen und persönlich gehaltene Briefe an Wilhelm Pieck, Otto Grotewohl, Walter Ulbricht, Friedrich Ebert, an die Presse und an Fachkollegen. Aus dem Inhalt der Proteste, die bis in den November hinein geschrieben wurden, und aus dem Ablauf der vom 7. September bis zum 30. Dezember 1950 durchgeführten Sprengungen geht hervor, daß die Beseitigung der Schloßruine eine politische Entscheidung war, gegen die bautechnische und kunstwissenschaftliche Argumente nicht verfangen konnten.

Den Protesten vorangestellt sei ein lange unbekannt gebliebener Versuch Scharouns, den am 23. August gefaßten Beschluß, noch vor der entscheidenden Volkskammersitzung am 6. September rückgängig zu machen. Scharoun entwarf einen Kompromißvorschlag – da nur so überhaupt etwas zu retten sei –, auf dem er am Rande des Aufmarschplatzes den östlichen Schloßhof, den oft im Gespräch gewesenen Schlüterhof, einzeichnete und schickte die Unterlagen mit einem erklärenden Schreiben am 31. August an den ihm persönlich bekannten Grotewohl (s. Anlage 2). Außerdem sind Notizen Scharouns erhalten, die Einzelheiten über die geplante Gestaltung des Schlüterhofes überliefern: Loggien in der »neuen Platzwand« für Gäste der Demonstrationen in Verbindung mit kulturellen und repräsentativen Räumen – Werkstein – gebogene Rückwände – Glasmosaik – angestrahlt –Schlüterhof – Kern der repräsentativen und kulturellen Räume – Kraft und Würde ausstrahlen – Gegenpol zur monumentalen Gestaltung der »neuen Platzwand …«[73] Grotewohls verständnisvoll wirkende Antwort erreichte Scharoun einen Tag vor der Volkskammersitzung (s. Anlage 3). Es war Scharoun noch möglich, auf die Argumente Grotewohls einzugehen und seine Gegenargumente – nach einer schlaflosen Nacht –am 6. September unmittelbar vor der Sitzung der Volkskammer zuzustellen (s. Anlage 4). Scharoun hatte jedoch keinen Erfolg. Die Volkskammer bestätigte die Beschlüsse vom 23. August und beschloß das Aufbaugesetz. Am 9. September wurde das Gesetz über den Aufbau der Städte in der DDR und der Hauptstadt Deutschlands, Berlin, vom Präsidenten der Volkskammer ausgefertigt und am 14. vom Präsidenten der DDR, Wilhelm Pieck, verkündet.

In Grotewohl sahen die Gegner der Schloßvernichtung einen Ansprechpartner, der ihren Protesten zugänglich zu sein schien. Grotewohl soll geäußert haben: Warum können wir einen Regierungsbeschluß nicht ändern, wenn alle der Meinung sind, daß er falsch ist. Auch soll auf Grotewohls Schreibtisch das Modell gestanden haben, das Scharoun mit dem erwähnten Schreiben übergeben hatte und das den Lustgarten mit dem zu erhaltenden Schlüterhof, der Loggien-und Tribünenanlage darstellte. Ulbricht, der das Modell sah, verlangte dessen sofortige Entfernung.[74] Diese Darstellung brachte Karl Reutti in dem 78 Seiten umfassenden Manuskript »Das Berliner Schloß«, aus dem ein Teil 1952 unter dem Pseudonym Karl Rodemann veröffentlicht worden ist und das er als Ganzes 1966 dem Berlin-Museum übergab.[75]

Reuttis Manuskript ist ein zeitgeschichtliches Dokument und enthält die ausführlichste Wiedergabe der Ereignisse um das Schloß. Aus eigenem Erleben hat er die Vorgänge breit und stark Partei nehmend beschrieben. Sein übergroßes Engagement spricht aus dem Text. Er hielt über die Zeit, in der das Schloß Angriffen und dann der Vernichtung ausgesetzt war, ständige Kontakte zu Gleich- und Andersgesinnten aufrecht und sprach überall völlig unverblühmt seine Meinung aus. Es gelang ihm, noch während der Sprengungen 350 Aufnahmen vom Schloß zu machen, die wichtigste Bilddokumentation über die Schloßruine und die Sprengungen. Ab Mitte September durfte er das Schloß nicht mehr betreten.

Das Schloßmuseum behielt noch bis in den August hinein seine Räume im Schloß, dann wurden Einrichtung und Sammlungsbestände abtransportiert in die notdürftig instandgesetzte Ruine der ehemaligen Freimaurerloge »Zu den drei Weltkugeln« in der Splittgerbergasse, einem heute nicht mehr vorhandenen Straßenzug an der Wallstraße. Trotz vieler Behinderungen in dem neuen Domizil – in der Eile des Umzuges blieben die Fenster noch einige Zeit unverglast – konnte das Museum, nun wieder Kunstgewwerbemuseum genannt, hier eine Restaurierungswerkstatt aufbauen. 1953 bezog das Kunstgewerbemuseum Räume auf der

Das Schloß nach den ersten Sprengungen im September 1950

Museumsinsel, und 1963 wurde ihm – nach fast zwanzigjähriger eingeengter und beschränkter Unterbringung – das Schloß Köpenick zuerkannt.

Mit der Dokumentation, der Abwicklung des Abbruchs und der darauffolgenden Unterbringung wertvoller Baubestandteile und Kunstwerke war der Kunsthistoriker Gerhard Strauß betraut worden. Strauß, der zu der Zeit als Denkmalpfleger im Volksbildungsministerium tätig war, wurde am 11. August zum Beauftragten des Ministeriums für Aufbau in Sachen Berliner Schloß ernannt. Er gründete das Wissenschaftliche Aktiv, dem vier Berliner Studenten der Kunstgeschichte, 20 aus Halle und 21 aus Greifswald angehörten, außerdem die Professoren Carl-Heinz Clasen aus Greifswald, Hermann Weidhaas aus Weimar sowie Strauß' Stellvertreter Konrad Kaiser. Die von Strauß verfaßten Thesen »Was ist das Berliner Schloß?«, die Sätze enthielten wie »Symbol des völligen Verfalls jener feudalistischen und imperialistischen Macht« riefen einen Sturm der Entrüstung bei Studenten und Professoren hervor. Mit dem Vorschlag, zu diesen Thesen Stellung zu nehmen und gegebenenfalls weitere hinzuzufügen, hatte Strauß seine Verlautbarung sowohl in einem Arbeitsraum im Schloß als auch in der Humboldt-Universität an der Tür zum Kunsthistorischen Institut anbringen lassen (s. Anlage 5). Der Ordinarius für Kunstgeschichte Richard Hamann ließ daraufhin sein Memorandum gleichfalls dort anbringen, in dem er die Erhaltung des einmaligen Kunstwerkes forderte, das wie der Louvre in Paris und der Kreml in Moskau, beide ehemals Sitz der von Regierungen bekämpften Mächte, auch heute Sitz der Regierung werden könnte (s. Anlage 6).

Bereits am 21. August war Hamann über die dem

Schloß drohende Gefahr privat informiert worden. Eine daraufhin erfolgte Anfrage bei Grotewohl verwies Hamann an den Architekten Hermann Henselmann. Henselmann, der seit 1945 die Staatliche Hochschule für Bauwesen Weimar als eine sozialistische Lehrstätte aufgebaut hatte und 1951 die Leitung des Instituts für Theorie und Geschichte der Baukunst an der Bauakademie übernahm, bestritt nicht, daß das Schloß in Gefahr sei, doch sprach er sich Hamann gegenüber für dessen Erhaltung aus. Henselmann hielt die Angelegenheit zu der Zeit nicht für eilig und beruhigte Hamann: »Aber an den Abriß ist ja nicht zu denken, und wenn der Abriß wirklich erwogen wird, würden wir Sie, Herr Professor, doch selbstverständlich als Gutachter zu Rate ziehen.«[76] Er riet Hamann, von namhafter Persönlichkeiten oder wissenschaftlichen Gremien Eingaben an die Regierung schreiben zu lassen, eventuell auch Rücksprache mit der Besatzungsmacht zu halten. Auf Grund der Aussagen Henselmanns fuhr Hamann zu Erholung nach Heiligendamm, kehrte jedoch sofort zurück, als am 26. und 27. August der Ministerratsbeschluß veröffentlicht wurde.[77] Im Kunstgeschichtlichen Institut der Humboldt-Universität liefen die Fäden zusammen, hier wurden Gleichgesinnte informiert und zu Protestaktionen aufgefordert, die damals jedoch kaum an die Öffentlichkeit gelangten. Durch Hamanns persönlichen Einsatz war es möglich, daß in der kurzen Zeitspanne zwischen den Presseverlautbarungen am 26. und 27. August und der ersten Schloßsprengung am 7. September mehrere fachliche Gutachten über das Schloß den Regierenden der DDR und der Stadt Berlin übergeben werden konnten.

Für Richard Hamann, einen der bekannten und berühmten Kunsthistoriker des 20. Jahrhunderts, ging 1947 ein lange gehegter Wunsch in Erfüllung. Nach der Zurücksetzung, die er während seines Gelehrtenlebens aus politischen Gründen erfahren hatte, war er endlich an die Alma Mater nach Berlin gerufen worden. Es erfüllte ihn mit Stolz, hier zu lehren. Die Leitung des von ihm aufgebauten Forschungsinstitutes für Kunstgeschichte in Marburg behielt er bei. 1949 wurde er mit dem Nationalpreis ausgezeichnet und zum Mitglied der Akademie der Wissenschaften ernannt. Seine Studenten, die nach dem Krieg ihr Studium an der Berliner Universität hoffnungsvoll begonnen hatten und nun die Herrschaft der SED und FDJ erlebten, wurde Hamanns humanistische und demokratische Kunstphilosophie, die von ihm dargelegten Zusammenhänge zwischen Kunst und Gesellschaft und schließlich seine rigorose Ablehnung der dialektisch-materialistischen Doktrin zur Grundlage ihres Studiums und Berufes. Die späte Aufarbeitung der damaligen Ereignisse, die ich selbst miterlebt habe, soll deshalb auch eine Würdigung Richard Hamanns und seines Engagements für die Erhaltung des Schlosses sein.

Um die Frage zu klären, ob dem geplanten Schloßabriß vielleicht sogar ein sowjetischer Befehl zu Grunde liege, kam es in Karlshorst noch Ende August zu einem Gespräch zwischen den Professoren Hamann und Stroux sowie dem stellvertretenden Vorsitzenden der Sowjetischen Kontrollkommission in Deutschland Semjonow. Semjonow erklärte, daß die Besatzungsmacht alle Vollmachten an die Regierung der DDR abgetreten hätte. Zum Schluß baten die Professoren Semjonow

Prof. Richard Hamann mit einer Studentengruppe im Schlüterhof des Schlosses, Foto 1950

»in beredten Worten«, bei der Regierung der DDR seinen Einfluß geltend zu machen, damit das Schloß erhalten bleibe. Semjonow versprach, sich mit Grotewohl in Verbindung zu setzen.[78]

Am 28. August richtete der Landeskonservator von Sachsen-Anhalt, Wolf H. Schubert, an Ulbricht ein Protestschreiben, dem er ein ausführliches Gutachten über die Baugeschichte des Schlosses und seine städtebauliche Bedeutung anfügte. Er ging von der Voraussetzung aus, der Staatschef könnte für wohlbegründete Argumente eines Denkmalpflegers zugänglich sein, die die Erhaltung des Schlüterschen Bauwerkes forderten (s. Anlage 7). Die Akademie der Wissenschaften legte am 29. August ein von ihrem Präsidenten Johannes Stroux unterzeichnetes Memorandum vor, das Hamann am 30. August Grotewohl persönlich übergab. Stroux betonte, daß in der Sowjetunion kulturell bedeutende Denkmäler erhalten und sorgfältig gepflegt würden (s. Anlage 8). Überliefert ist ein Brief des Architekten Martin Mächler an Scharoun, in dem ein Schreiben Lenins erwähnt wird. Lenin soll sich um 1919 für die Erhaltung des Berliner Stadtschlosses ausgesprochen haben. Das Schreiben Lenins, das nicht mehr vorlag, weil es in der Zeit des Nationalsozialismus beschlagnahmt worden war, hatte man zur Rettung des Schlosses unbedingt vorlegen wollen (s. Anlage 9). Einen Einspruch gegen die Sprengung des Schlosses erhob auch der Dekan der Fakultät für Architektur der Technischen Universität Berlin. Am 30. August begab sich Hamann zu einem persönlichen Gespräch zu Grotewohl, »um ihm eingehend seine schwersten Bedenken gegen die Zerstörung des Schlosses vorzutragen. Der Ministerpräsident hat ihm mit wachsendem Interesse zugehört und zu seiner Orientierung die wissenschaftlichen Gutachten und photografisches Material behalten.«[79] Hamann übergab sein Memorandum und das der Akademie der Wissenschaften. Bei diesem Gespräch sollen die Worte gefallen sein: »Warum kommen die Wissenschaftler erst jetzt?«[80] Eine Zusicherung Grotewohls erfolgte nicht. Der Rektor der Humboldt-Universität Walter Friedrich richtete am 4. September an Grotewohl die Bitte, »alles daran zu setzen, daß dieser Bau, der zu den bedeutendsten Schöpfungen deutscher Baukunst gehört, erhalten bleiben möge« (Anlage 10).

Die Reste des Hofapothekenflügels am Lustgarten nach der ersten Schloßsprengung am 6. September 1950

Die Südwestecke des Schlosses ist gesprengt, aufgenommen nach dem 16. September 1950

Der Aufforderung von Strauß, zu seinen Thesen Stellung zu nehmen, kam der Kunsthistoriker Walter Hentschel in Dresden nach. Er schrieb unter demselben Titel »Was ist das Berliner Schloß« Antithesen, in denen er Absatz für Absatz das Pamphlet von Strauß widerlegte. Sein Schreiben zur Schloßvernichtung und die Antithesen schickte er an die Arbeitsstelle in der Schloßruine mit der Bitte, beides ebenso wörtlich auszuhängen wie die Straußschen Thesen (s. Anlage 11).

Ludwig Justi hielt sich zu der Zeit in Westdeutschland auf. Er gab Hamann telegraphisch die Zusicherung, einen Protest gegen die Schloßvernichtung zu unterschreiben, allerdings unter folgenden Bedingungen: Vorherige Mitteilung des Textes durch Luftpost, andere Museumsleute müßten unterschreiben, ebenso Stroux und Johannes R. Becher, »pure Kunsthistoriker Eingabe mache ich als zwecklos nicht mit.«[81] Die Eingabe der Museumsleute kam nicht zustande. Der Präsident des Kulturbundes Becher war nicht erreichbar, und sein Sekretär bat, ihn in dieser Sache besser nicht zu behelligen. Arnold Zweig, von Hamann wegen eines Protestes angesprochen, gab zu verstehen, der alte Kasten interessiere ihn nicht, sagte aber doch seine Unterstützung zu.

Während des Jahres 1950 und vor allem in den Monaten der Schloßvernichtung verließen viele Mitarbeiter der Museen die DDR. Der Direktor der Nationalgalerie, Paul Ortwin Rave, hat in seinem Tagebuch zahlreiche Gespräche unter Kollegen vermerkt, auch mit Karl Reutti und öfter zur Schloßvernichtung, jedoch ohne Angaben von Details und Ansichten, wie das schon seit der Zeit des Nationalsozialismus in persönlichen Aufzeichnungen als Vorsichtsmaßnahme gehandhabt wurde. Die Wissenschaftler trennten sich schweren Herzens von ihrer Arbeit in den altehrwürdigen Institutionen auf der Museumsinsel und im Märkischen Museum.

Einen Tag nach der Volkskammersitzung wurde am 7. September die erste Schloßsprengung ausgeführt und die Hofapotheke am Lustgarten niedergelegt (s. Anlage 12). Vor der Sprengung, die vor neun Uhr angesagt war, begab sich der einundsiebzigjährige Hamann zum Schloß mit der Absicht, durch sein Auftreten, seine Persönlichkeit und mit überzeugenden Sätzen das

Der südliche Trakt an der Schloßfreiheit ist vernichtet, links Portalrisalit III, Bildmitte Portalrisalit II, hinten rechts Rathausturm, aufgenommen nach der Sprengung am 14. Oktober 1950

Sprengkommando dahin zu bringen, die Sprengung zu unterlassen. Dies gelang ihm nicht. Sein Unternehmen blieb eine der persönlich ergreifenden Einzelheiten bei der Schloßvernichtung, die für Hamann die größte Enttäuschung seines Lebens gewesen ist.

In den Tagen vor der ersten Schloßsprengung zeigten die Verantwortlichen in der Partei- und Staatsführung eine gewisse Unsicherheit. Man hatte wohl mit Protesten gerechnet, doch nicht mit einem so radikalen Widerstand. Der deutlichen Sprache Hamanns und dem unverhohlenen Vorwurf der Akademie der Wissenschaften mußte entgegengetreten werden. Da es nicht gut möglich war, die renommierten Vertreter der DDR-Intelligenz zur Rechenschaft zu ziehen, die man gerade als »Aushängeschilder gegenüber dem kapitalistischen Westen« brauchte[82], wurde am 5. September eine Landessitzung des Kulturbundes einberufen. Ziel war die Verabschiedung einer Resolution, die den Eindruck erwecken sollte, als billigten alle im Kulturbund zusammengeschlossenen Vertreter von Kunst und Wissenschaft die Maßnahmen der Regierung zum Schloßabriß. Die Resolution des Kulturbundes, die selbstverständlich ohne die aufbegehrenden Wissenschaftler abgefaßt wurde, sah vor, die Schloßinsel zum Zentrum des demokratischen Lebens in der Hauptstadt zu machen: Die Abtragung des Domes wurde befürwortet, ein Wiederaufbau des Schlosses einstimmig abgelehnt. Sie schloß mit der Bitte, bei der Neugestaltung des Lustgartens zum Aufmarschplatz der Werktätigen, diesen Wünschen Rechnung zu tragen (s. Anlage 13).

Am 7. September informierte die »Berliner Zeitung« über die von Friedrich Ebert in der Volkskammersitzung gehaltene Rede zur Neugestaltung des Lustgartens. Provozierend setzte sich Ebert mit Auffassungen zur Erhaltung alter Bauwerke auseinander: »Es gibt viele Zitate von Lenin ... Wir sind für den demokratischen Frieden ...Für diesen Frieden räumen wir die Trümmer des Krieges weg.« (s. Anlage 14). Nach der ersten Sprengung am Schloß setzte Hamann seine Protestaktion entschlossen fort. Am 8. September schrieb Hamann an Ebert unter dem Einfluß der Rede in einem jetzt schärferen Ton: »Solange man mir nicht den Mund gewaltsam verschließt, werde ich nicht aufhören, gegen den Beschluß zu protestieren und zwar nicht als

Die Spreeseite im Oktober 1950 nach der Sprengung der Nordostecke des Schlosses, vernichtet der kurfürstliche Wohnflügel und der Galeriebau

Blick auf Schloßplatzfront und Spreeseite mit den bis gegen Ende Oktober noch stehenden Bauteilen, hinten rechts das alte Museum (Abb. S. 123)

ein Angehöriger des Westens, sondern als ein Sohn des Ostens, der durch Herkunft und Erziehung (1898 an der Berliner Universität immatrikuliert, 1911 habilitiert) aufs innigste mit Berlin und seiner Kultur verknüpft ist ... Es ist nicht wahr, daß die noch stehenden Teile des Schlosses so baufällig sind, daß sie nicht erhalten oder restauriert werden könnten. Es ist nicht wahr, daß die Kosten des Abbruchs und einer ästhetisch unmöglichen teilweisen Verpflanzung von Gebäudeteilen und Resten von Kunstwerken soweit hinter den Kosten zurückstehen, die für die Erhaltung des ganzen Schlosses notwendig sind, daß der ideelle Schaden, der durch die Zerstörung angerichtet würde, dadurch gerechtfertigt wäre.« (s. Anlage 15). Auch an den Präsidenten der DDR Wilhelm Pieck richtete Hamann am 8. September ein Schreiben und appellierte an ihn als den »Vater des Vaterlandes«, dem er in voller Verantwortung seinen scharfen Protest gegen den Abriß des Schlosses vortrug (s. Anlage 16).

Am 15. September legte die zweite Sprengung die Südweststrecke des Schlosses, die Ecke an Schloßplatz und Schloßfreiheit, in Trümmer. Von diesen Tagen an bemühte sich der Journalist Helmut Räther, der der Intendanz des Berliner Rundfunks angehörte und durch Hamann über die Vorgänge um die Schloßvernichtung informiert worden war, eine Sendung in dieser Sache beim Berliner Rundfunk unterzubringen. In seinem Kommentar zu der geplanten Sendung »Flucht in die Öffentlichkeit« verlangte Räther die Aufhebung des Regierungsbeschlusses als nicht mehr vertretbar. Der Intendant des Berliner Rundfunks, Kurt Heiss, gab Inhalt und Form des Kommentars seine Zustimmung, verlangte aber, weil das Eisen so heiß sei, daß Pieck und Ulbricht vor der Sendung informiert und um Stellungnahme gebeten werden müßten (s. Anlage 17). Ulbricht reagierte umgehend ablehnend auf Räthers Kommentar, in dem die Durchführung des Regierungsbeschlusses zum Abbruch des Berliner Schlosses als eine Kulturbarberei bezeichnet wurde (s. Anlage 18).

Helmut Räther hat die Ereignisse um die Schloßvernichtung dargestellt in dem 1952 erschienen Buch »Vom Hohenzollernschloß zum Roten Platz« und ähnlich wie Reutti gegen die Machthaber und die Verantwortlichen radikal Stellung bezogen.

Hamann setzte in den Tagen der zweiten Schloßsprengung noch Hoffnung auf ein persönliches Gespräch mit Walter Ulbricht. Er bemühte sich darum und erhielt eine Zusage; den genauen Termin des Empfanges werde man mitteilen. Das aber erwies sich als eine bewußte Brüskierung Richard Hamanns. Als die Zusage gegeben wurde, stand fest, daß Ulbricht an dem in Aussicht genommenen Tag nicht in Berlin sein konnte, sondern Wirtschaftsgespräche in Sofia und Bukarest führte. Schriftlich lag Hamanns Protest an Ulbricht seit dem 18. September vor (s. Anlage 19). Der Schlüterbau des Schlosses hätte zu dieser Zeit noch gerettet werden können; die Sprengungen betrafen bisher Teile, die – wie Hamann einräumte – bei einem Wiederaufbau des Schlosses abzutragen gewesen wären. Wie bei Hamanns Protesten an Grotewohl und Pieck waren auch dem an Ulbricht sämtliche Schriftstücke beigelegt, die als Begründung für die Erhaltung des Schlosses abgefaßt worden waren. Diese Schriftstücke werden in mehrfacher Ausführung im ehemaligen Parteiarchiv der SED, jetzt Institut für Geschichte der Arbeiterbewegung, aufbewahrt und sind dort zugänglich. Dagegen enthält das Archiv kein Material, das über die Schloßvernichtung von Seiten der Partei- und Staatsführung Auskunft gibt.

Die Bevölkerung wurde durch Pressemitteilungen über das Schloß nur einseitig informiert. Seit der ersten Sprengung erschienen in den Ostberliner Tageszeitungen Artikel zum Abriß des Schlosses und zur Bergung der Kunstwerke, so in der »Täglichen Rundschau« am 15. September, wo die Baufälligkeit des Schlosses hervorgehoben wurde. Hamanns Bemühungen, die beiden Memoranden zu veröffentlichen, waren vergeblich. Die »Tägliche Rundschau« hatte sich zunächst bereit erklärt, eine Antwort Hamanns auf ihren Beitrag vom 15. des Monats zu drucken, verlangte dann aber

Die Südostecke des Schlosses ist gesprengt; Portalrisalit I am Schloßplatz steht noch, gesprengt am 29. Oktober 1950

Blick aus dem Marstall über den Schuttberg der Schloßplatzfront (östliche Hälfte) auf die noch stehenden Fassaden an Ost- und Nordseite des Schlüterhofes, Foto Ende Oktober, Anfang November 1950 (Abb. S. 125)

die Streichung wesentlicher Teile. So blieb Hamanns Richtigstellung der Tatsachen unbekannt, und die Bevölkerung erfuhr nichts von den vorhandenen Gutachten und Protesten, nichts über die hohen Abbruchkosten und die Unmöglichkeit, daß die Bergung von Einzelkunstwerken »irgend etwas von der Bedeutung des Schlosses im Ganzen und ihrer Schöpfer auszusagen vermöchte« (s. Anlage 20). Ebenfalls nicht gedruckt wurde Hamanns Artikel »Noch ist es nicht zu spät«, der am 18. September an alle Zeitungen ging. Wie der Redakteur der »Nachtausgabe« dachten sicher auch andere: »Natürlich sind wir für die Erhaltung des Schlosses. Aber als Parteimitglied der SED kann ich keinen Artikel drucken, in dem für die Erhaltung des Schlosses eingetreten wird, wenn das Politbüro den Abriß verlangt.«[83] Dieses letzte für die Presse bestimmte Protestschreiben Hamanns führte noch einmal die Argumente gegen die Schloßvernichtung an, die von Sachverständigen und auch von denen unbestritten waren, die sich für die notwendig werdenden Arbeiten zur Verfügung gestellt haben, und endete mit dem Satz: »Meine Stimme ist nur eine von vielen.« (s. Anlage 21). Die offizielle Meinung war Hamann nicht unbekannt. Wilhelm Girnus, damals einer der leitenden Redakteure des »Neuen Deutschland« und für Fragen der Kunst, Kunstgeschichte und Kulturpolitik verantwortlicher Ressortleiter, hatte sie ihm gegenüber offen ausgesprochen: »Wir hatten die Wahl: Schloß oder Dom? Hätten wir den Dom abgerissen, dann hätte der Westen für einige Jahre Wasser auf die Mühle gehabt und von den ‚Kirchenstürmern' gesprochen. Dann lieber das Schloß. Mit den Kunsthistorikern werden wir schon fertig.«[84]

Am 20. September beantwortete Friedrich Ebert den fast 14 Tage zurückliegenden Brief Hamanns kurz und bündig: Das neue Berlin soll nicht wie Rom eine Ruinenstadt werden. Die Kosten für den Aufbau des etwa zu 80 % zerstörten Schlosses wären zu hoch, die Bergung des Erhaltenswürdigen schien allen Beteiligten der beste Weg zu sein (s. Anlage 22). Mit der Überschrift »Eine undankbare Aufgabe. Zum Abbruch der Schloßruine« erschien am 23. September Eberts Antwort an Hamann in der »Berliner Zeitung«; im Berliner Rundfunk wurde am selben Tag in den Sieben-Uhr-Nachrichten darauf hingewiesen, daß der Oberbürgermeister von Berlin ein Schreiben an Professor Richard Hamann von der Humboldt-Universität gerichtet habe (s. Anlage 23). Tatsächlich entbehrt die Angabe, das Schloß sei zu 80 % zerstört gewesen, die in den Deklarationen mehrmals vorkommt, einer exakten Grundlage. In der kurzen Zeitspanne haben weder die Befürworter noch die Gegner des Abrisses Gutachten erstellt, denen Untersuchungen und statische Berechnungen der einzelnen Bauteile zu Grunde lagen. Doch überzeugend waren die Texte von Kennern der Barockbaukunst – Schubert und Hamann – vor allem, nachdem die hohen Kosten des Abrisses des stabilen alten Mauerwerkes bekanntgeworden sind. Die letzten Pressemitteilungen sollten die Diskussion um das Schloß beenden.

Die Proteste jedoch gingen weiter. Ende September richtete der Fachausschuß Architekten der Kammer der Technik Thüringen an den Präsidenten der Volkskammer Johannes Dieckmann ein Protestschreiben, ebenso der Dekan der Fakultät Bauwesen der Technischen Hochschule Dresden. In der Westberliner Tagespresse erschienen seit Beginn der Aktion informative Berichte.

Über einen Protest des Senats von Westberlin und der Bundesrepublik in Bonn ist nichts bekannt, der offi-

ziell nur an eine anerkannte Regierung gehen konnte. Der DDR blieb bis 1972 die Anerkennung versagt, und auch Ostberlin wurde als Hauptstadt nicht anerkannt. Der »Tagesspiegel« brachte am 1. Oktober unter der Überschrift: »Berliner Schloß vor dem Untergang« eine Stellungnahme der Direktorin der Verwaltung der Staatlichen Schlösser und Gärten, Margarete Kühn. Mitten im Vernichtungsprozeß wurden hier Geschichte und Kunstwert des Schlosses dargestellt und der Bericht mit dem Satz geschlossen: »Mit der Beseitigung des Schlosses wird der Baumeister Schlüter ausgelöscht sein und mit ihm die große moralische Kraft, die von seinem Werk ausgeht.« (s. Anlage 24). Am 25. Oktober hielt Margarete Kühn im Rathaus Schöneberg einen Vortrag über das Berliner Schloß.

Im Oktober 1950, als die Rettung des Schlosses schon nicht mehr möglich war, erhielt Richard Hamann eine an ihn gerichtete Eingabe sächsischer Museumsleiter und ebenfalls ein von westdeutschen Konservatoren und Denkmalpflegern unterzeichnetes Schreiben in der Schloßangelegenheit (s. Anlage 25). Gerichtet an die Adresse des Ministerpräsidenten der DDR brachte die Historische Gesellschaft in Berlin-Dahlem noch die Bitte um die Erhaltung des Schlosses zum Ausdruck. Überliefert ist auch ein persönliches Schreiben an Friedrich Ebert von Doktor Rochlitz aus Berlin-Zehlendorf, der darauf hinweist, »daß wir in einer demokratischen Behörde der Weimarer Republik zusammengearbeitet haben«. Die Niederlegung des Schlosses bewege viele Berliner, ganz unabhängig von den leidigen Sektorengrenzen und unbeeinflußt von der Weltanschauung.

Erst ab November publizierte auch die ausländische Presse Berichte, die über das Berliner Schloß und seine Vernichtung informierten. In ihrer Sorge um das Schloß, in dem Margarete Kühn nahezu 20 Jahre lang gearbeitet hatte, richtete sie am 1. November an Ragnar Josephson in Stockholm, einen Kenner Schlüterscher Barockbaukunst, die Bitte, in einer Stockholmer Zeitung über das Berliner Schloß zu berichten. Seit den Sprengungen im Oktober sei zwar das Schicksal des Bauwerkes besiegelt und weitere Proteste könnten nur

Die Sprengung der Ostseite am Schlüterhof mit dem Großen Portalrisalit und der Gigantentreppe von Schlüter am 4. November 1950, Vernichtung des Grünen Hutes und Kapellenturmes, der in die Spree stürzte, im Hintergrund die Kuppel über Portal III, daneben ein spitzes Türmchen des Doms

Schloßplatzfront (westliche Hälfte), Portalrisalite II, III und Teile der Lustgartenfront stehen noch, im Vordergrund der Begasbrunnen (vergleiche Abb. S. 125)

noch die moralische Entrüstung dokumentieren, den Gang der Dinge aber nicht mehr beeinflussen.[85] Im Laufe des November erschienen Artikel im »Svenska Dagbladet« und »Sydsvenska Dagbladet Snällposten« über das Schloß in Berlin jeweils mit Abbildungen, die den kriegszerstörten Zustand des Gebäudes und die bereits ausgeführten Sprengungen zeigten. Viele Deutsche hätten damals gern die dort veröffentlichten Sätze über die Mißlaute eines seit langem vergangenen Fürstenkultes gelesen. »Sie haben die empfindlichen Trommelfelle der augenblicklichen Machthaber irritiert und sollen zum Verstummen gebracht werden. Sie wollen lieber ihre eigenen Laute hören auf dem Aufmarschplatz, den sie auf dem Grundstück des abgerissenen Schlosses anlegen. Auch dieser öde Platz wird eines Tages ein Denkmal sein – ein Denkmal der Pietätlosigkeit, der Engstirnigkeit und der geistigen Armut.« (s. Anlage 26).

Protestschreiben aus der Bevölkerung liegen ansonsten nicht vor, so daß sich die Frage stellt, ob sie nicht erhalten geblieben sind oder ob die Berliner zu gleichgültig, vorsichtig oder zu mutlos waren, um sich aufzulehnen gegen die vielen, oft unnötigen Abrißmaßnahmen, die sie in der Stadt nach Kriegsende erlebten? Waren Repressalien zu befürchten, wenn man für das ehemalige Hohenzollernschloß eintrat? Dies fragten sich wohl vor allem diejenigen, die im sowjetisch besetzten Gebiet wohnten. Und wer mochte sich für das Schloß engagieren – selbst wenn er den Brand am 3. Februar 1945 tief ergriffen erlebt hatte – zu einem Zeitpunkt, wo man sich an den Anblick der Schloßruine bereits gewöhnt hatte und nicht beurteilen konnte, ob es stimmte, was in den Zeitungen stand. Räther äußerte sich 1952 im Nachwort seines Buches zu der Frage, was aus denen wurde, die Proteste gewagt hatten. So bekannte Persönlichkeiten wie Johannes Stroux, Walter Friedrich, Ludwig Justi, Otto Nagel wurden – wie zur Verschleierung der Ereignisse um das Schloß – mit dem Nationalpreis ausgezeichnet. Räther aber erhielt keinen Manuskriptauftrag mehr. Da er für verschiedene Zeitungen schrieb, wurden kurzerhand ein Ausübungsverbot und die Kündigung beim Berliner Rundfunk ausgesprochen. Außerdem versuchte der Staatssicherheitsdienst bei ihm, Material zu beschlagnahmen, so daß Räther schließlich sich und sein Material in Westberlin in Sicherheit bringen mußte. Stroux trat 1951 vom Amt des Präsidenten der Akademie der Wissenschaften zurück. Hamann blieb unangetastet. Seine unerschütterliche, unbeirrbare, geradezu erbitterte Haltung behielt er bei. Hamann nahm noch bis 1957 den Lehrstuhl für Kunstgeschichte an der Humboldt-Universität ein. Sein Nachfolger wurde Gerhard Strauß.

Portalrisalit V an der Lustgartenfront des Schlosses, Foto September 1950, gesprengt am 7. Dezember 1950. (Die Gebälkfiguren »Frühling« und »Sommer« von B. Permoser sind vernichtet, die Schlüterreliefs »Stärke« und »Gerechtigkeit« befinden sich jetzt in den Staatlichen Museen zu Berlin.)

Nordwestliche Schloßecke, Weißer-Saal-Bereich, aufgenommen vor der Sprengung der westlichen Lustgartenfront am 11. Dezember 1950, bei der nur Portalrisalit IV stehenblieb (Adlersäule zerstört, der bronzene Adler nicht nachweisbar)

Blick auf die Rückfront von Portal IV nach der letzten Schloßsprengung am 30. Dezember 1950, die das Portalrisalit III mit der Stülerschen Kuppel vernichtete (ausgebaute Kapitelle in den Anlagen an der Klosterkirchenruine und am Märkischen Museum), Foto Januar 1950 vor Abtragen des Portalrisalites IV, das 1962/64 am Staatsratsgebäude wiedererrichtet wurde

Blick über Lustgarten und Marx-Engels-Platz mit Altem Museum, Dom, Marstall und der schon zur 1.-Mai-Feier im Bau befindlichen Holztribüne, Foto 30. März 1951

Die Sprengungen legten vom 7. September bis zum 30. Dezember 1950 Bauabschnitt für Bauabschnitt das dicke Mauerwerk des Berliner Schlosses nieder:

Am 7. September die Schloßapotheke am Lustgarten,

am 15. und 16. September die Südwestecke des Schlosses am Schloßplatz und an der Schloßfreiheit gegenüber der Einmündung der Brüderstraße,

am 14. Oktober die Rückseite vom Portal II und die Südwand des Eosanderhofes. Zerstört wurde bei dieser Sprengung auch die Marmortreppe von 1863/64,

am 19. Oktober die Südostecke des Schlosses an Schloßplatz und Spree, die dem Schloßbau Schlüters angehörte. Dabei wurde eine große Bresche in den Schlüterhof gerissen. Der Querbau zwischen den Schloßhöfen war zu der Zeit schon gesprengt.

Am 29. Oktober das 1701 vollendete Portal I am Schloßplatz mit dem Portalrisalit an der Südseite des Schloßhofes. Die Sprengung dieses Schlüterschen Schloßtraktes wurde ohne vorherige Ausbauten vorgenommen, nur von den Atlanten im Elisabethsaal Abgüsse hergestellt.

Am 4. November um 14.20 Uhr verwandelte sich die Ostseite des Schlüterhofes in einen Schutthaufen. Zerstört wurden die bedeutenden Bauteile des Schlosses, der Große Portalrisalit und die Gigantentreppe; ausgebaut waren hier Figuren und Säulenkapitelle des Portalrisalites und Fragmente der Bildwerke Schlüters aus dem Treppenhaus. Bei dieser Sprengung stürzten an der Spreeseite Teile des Grünen Hutes und des Hauses der Herzogin ein.

Am 7. Dezember wurde das am Lustgarten gelegene Portal V mit dem Rittersaal gesprengt: Ausgebaut waren an diesem von Schlüter bis 1704 vollendeten Portalrisalit Reliefs (von ihm selbst geschaffen); zerstört wurden die beiden bis dahin erhaltenen Hermen, die man Balthasar Permoser zuschreibt.

Am 11./12. Dezember Sprengung der Nordwestekke des Schlosses mit dem Weißen Saal an Schloßfreiheit und Lustgarten – wo seit dem 4. des Monats der Weihnachtsmarkt vor sich ging – sowie die noch stehengebliebene Nordwand am Schlüterhof.

Am 30. Dezember wurde das Eosanderportal (Portal III) mit der Stülerschen Kuppel gesprengt, nach vorherigem Ausbau von Reliefs und Kapitellen der 1708 bis 1715 entstandenen Portalarchitektur.

Zu der Zeit stand noch Portal IV an der Lustgartenseite; im Laufe des Januar 1951 wurde Portal IV abgetragen, das dem Schloßbau Eosanders seit 1707 angehörte. Die ausgebauten Säulen, Pilaster, Dekorteile, Sand-

steinquader und die beiden anderen Permoser-Hermen sowie der sogenannte Liebknechtbalkon waren bis zu ihrer Wiederverwendung am 1962/64 erbauten Staatsratsgebäude auf einem Bauplatz des VEB Tiefbau in Pankow-Heinersdorf gelagert.

Während der Sprengungen arbeiteten an der Bergung von Kunstwerken und Baudetails mit den Studenten und Kunsthistorikern auch Angehörige der FDJ. Darüber berichtete die »Berliner Zeitung« am 15. Oktober:

»Im Mittelpunkt der freiwilligen Friedensschichten der Berliner Tage der Volkswahlen stand der Großeinsatz der Berliner FDJ an dem von amerikanischen Bomben zerstörten Schloß. Ihr Einsatz gestaltete sich zu einer eindrucksvollen Manifestation der Freien Deutschen Jugend für Frieden und Aufbau. Auf allen Punkten der bereits durch Sprengungen zum Einsturz gebrachten Ruine wurden die Fahnen der FDJ aufgepflanzt. Die Jungen Pioniere ließen es sich nicht nehmen, an den Arbeiten teilzunehmen.« Der Begasbrunnen auf dem Schloßplatz war mit roten Fahnen und den Porträts von Stalin, Pieck, Ulbricht und Grotewohl geschmückt. Grotewohl sagte, als er das schon weitgehend gesprengte Schloß besichtigte, beim Verlassen des Areals: »Jetzt schreien alle, und wenn das Schloß weg ist, dann kräht kein Hahn mehr danach.«[86] Im Februar 1951 begann man bereits mit der Einebnung des leeren Platzes, der zu den Feierlichkeiten am 1. Mai vorbereitet werden sollte.

»Das Schicksal des Berliner Schlosses« lautet der Titel eines Aufsatzes, den Ernst Gall in der »Frankfurter Rundschau« am 16. November 1950 veröffentlichte (Anlage 27).[87] Ernst Gall, der 15 Jahre Direktor der Schlösserverwaltung in Preußen gewesen war und während der Naziherrschaft Maßregelungen und dann die schweren Jahre des Zweiten Weltkrieges mit den Zerstörungen am Berliner Schloß am 3. Februar und am Potsdamer Stadtschloß am 14. April 1945 durchlebt hatte, legte 1945 sein Amt nach neuen Beeinträchtigungen seiner Tätigkeit nieder und verließ den sowjetischen Machtbereich. Er schrieb 1951, nun Museumsdirektor an der Bayrischen Schlösserverwaltung in München, über das gesprengte Berliner Schloß: »Das Unheil ist geschehen, uns bleibt nur die Klage um ein Kunstwerk ...« und um die Zerstörung des organischen Gefüges von Straßen und Bauten im Zentrum von Berlin.[88]

Bereits dieses Zitat bringt zum Ausdruck, daß das barocke Bauwerk als unwiederbringlich verloren angesehen werden muß, auch heute, wo die Aufarbeitung der damaligen Ereignisse im Ostteil der Stadt Berlin – in der ehemaligen »Hauptstadt der DDR« – möglich geworden ist.

Die Proteste, die faktisch erfolglos waren und das Berliner Schloß nicht retten konnten, stehen bis in die Gegenwart für die Wahrung deutscher Kunst und Kultur; sie dokumentieren die Auflehnung Einzelner gegen Gewalt und Willkür.

Blick über den Marx-Engels-Platz vom Kupfergraben aus, Foto 27. September 1951

IV.
ZEITDOKUMENTE

»Bauwerke von der künstlerischen und geschichtlichen Bedeutung des Berliner Schlosses sind zeitlos. Es gibt kein politisches Argument, das den Abbruch rechtfertigen könnte.«

1. 10. 1950, Margarete Kühn,
Direktorin der Verwaltung
der Staatlichen Schlösser und Gärten

Anlage 1

Johannes Stroux, Präsident der Akademie der Wissenschaften, **an Friedrich Ebert,** Oberbürgermeister

Sehr verehrter Herr Oberbürgermeister! 6. Januar 1950

Die Deutsche Akademie der Wissenschaften hat mit Besorgnis wahrgenommen, daß künstlerisch wertvolle Bauten und Bildwerke in Berlin zerstört sind, sowie Gerüchte vernommen, daß weitere Bauten dieser Art geopfert werden sollen. Berlin ist nicht so reich an ehrwürdigen Bauten wie andere deutsche Städte. Vieles ist in der Zeit des industriellen Aufschwunges zerstört worden, erschrekkend mehr dann durch angelsächsische Bomben.

Schmerzlich ist es, daß nun von deutschen Stellen das wenige Gebliebene gefährdet wird. Das »Prinz Albrecht-Palais«, ursprünglich für einen französischen Emigranten gebaut, späterhin künstlerischen und sozialen Zwecken dienend, schließlich von Schinkel mit feinstem Geschmack ausgestattet und erweitert, ist bereits verschwunden, ebenso das von Schinkel umgebaute »Ordenspalais« am Thälmannplatz und fast die ganze Westseite der Wilhelmstraße, z. B. das ursprüngliche Auswärtige Amt, ein bescheidenes, doch künstlerisch hervorragendes Gebäude, dessen Fassade Walter Rathenau als die schönste in Berlin pries und bei seinem Entwurf für das Wohnhaus seiner Eltern verwertete. Man braucht sich vielleicht nicht daran zu stoßen, daß hier zuletzt die verhängnisvolle nazistische Politik betrieben wurde. Es hat ja auch andere Politik gegeben; so schloß zur Zeit der Erbauung dieses Hauses Preußen als erster europäischer Staat Frieden mit dem revolutionären Frankreich 1795, was in den Geschichtsbüchern bis vor kurzem als schmachvoll bezeichnet wurde. Noch steht als letztes in der Wilhelmstraße das »Schwerinsche Palais«, in welchem Ihr Vater als Präsident der ersten deutschen Republik wohnte; dankbar erinnern wir uns, daß er schon vor einem Menschenalter eine Annäherung zwischen Politikern und »Intellektuellen« anstrebte. Der neue eiserne Dachstuhl dieses besonders schönen Palais ist bereits abmontiert, mit aller Vorsicht, während die Steinskulpturen vom Dach heruntergeworfen und zertrümmert sind. Das Gebäude wird, wie es auch sonst geschieht, als baufällig bezeichnet, die wenigen Schäden wären jedoch, wie man uns versichert, leicht zu beheben. In dem »Arbeitskreis für die Geschichte Berlins«, der im Kulturbund zur demokratischen Erneuerung Deutschlands gebildet ist, hat Herr Stadtrat Munter vor kurzem beruhigende Erklärungen gegeben. Immerhin bestehen auch jetzt noch Gefahren, die mit geringen Kosten zu beheben wären, z. B. für Bildwerke am Schloß und am Zeughaus von Andreas Schlüter, der auf den Gebieten der Bildhauerei, der Baukunst und des Städtebaues der größte deutsche Meister seiner Zeit war und deshalb von Peter dem Großen in dessen neu gegründete Hauptstadt berufen wurde. Im Zentrum Berlins stehen noch manche alte Häuser, die ohne großen Aufwand erhalten werden können. Sonst macht Berlin großenteils den Eindruck einer Parvenüstadt mit üblichen Zeichen kapitalistischer Wirtschaft. Gerade in großen Straßen, z. B. dem Kurfürstendamm, wurde nicht ehrlich nach dem Wohnbedürfnis gebaut, sondern die Banken legten ihre Gelder zinsbringend an und lockten reiche Mieter durch falschen Fassadenprunk herbei. Die Kaiser Wilhelm-Gedächtniskirche ist ein Beispiel völliger Unsicherheit der wilhelminischen Zeit in echter künstlerischer Formgebung. Das wesentliche Berlin sieht nicht anders aus, als man es bei einer übereilt vom zinssuchenden Kapital aus dem Boden gestampften Stadt irgendwo, wielleicht in Südafrika, erwarten könnte. Dagegen ist das Stadtbild von den Linden bis zum Lustgarten würdig der Hauptstadt Deutschlands, durch die anständige Formgebung trefflicher Architekten wie Schlüter, Eosander, Boumann, Knobelsdorff, Langhans, Schinkel. Daß diese im besten Sinne repräsentative Baugruppe erhalten bleibe, und die einzelnen Gebäude alsbald vor Verfall geschützt werden, liegt der Akademie ganz besonders am Herzen. Es ist eine Ironie des Schicksals, da die ausgedehnten, künstlerisch geistlosen Bauten der Nazizeit fast unversehrt erhalten sind und zu Regierungszwecken dienen.

Vielleicht gibt es Architekten, die sich an dem schönen und weltberühmten Teil Berlins zwischen den Linden und dem Lustgarten bestätigen möchten, es gibt wohl auch Heißsporne, die alles, was an frühere Zeit (abgesehen von der Hitler-Epoche) erinnert, beseitigen möchten – während in der Sowjetunion die alten Kathedralen und die Paläste der Zaren hergestellt oder von Grund auf in ursprünglicher Form neu erbaut werden. Die Namen derer, die zerstören wollen oder schon zerstört haben, werden bald vergessen sein, dagegen wird man gewiß in nicht ferner Zeit mit Ihnen, als dem Oberbürgermeister von Groß-Berlin, das auf dem Gebiet der baulichen Umgestaltung Geschehene in Verbindung bringen. Die Bedeutung, die das, was jetzt geschieht, für eine weitere Zukunft des Stadtbildes Berlins haben wird, und die Tatsache, daß damit die Beurteilung der Leistungen des neuen Volksstaates auf dem Gebiete der Kultur und Kunst verknüpft sein wird, veranlaßt die Deutsche Akademie der Wissenschaften zu der besorgten Bitte, Sie möchten als Oberbürgermeister von Groß-Berlin an die betreffenden Stellen der Stadtverwaltung die Anordnung ergehen lassen, daß der Plan zur Beseitigung oder älteres Kulturgut opfernden Neugestaltung und Modernisierung der Gebäude, Straßen, Plätze und Anlagen der Stadt rechtzeitig der Deutschen Akademie der Wissenschaften zur begutachtenden Stellungnahme vorgelegt werden.

In vorzüglicher Hochachtung
gez. Stroux

Anlage 2

Hans Scharoun, Architekt, Leiter des Instituts für Bauwesen an der Akademie der Wissenschaften, **an Otto Grotewohl,** Ministerpräsident

Sehr geehrter Herr Ministerpräsident! 31. August 1950

Ich darf Ihr Verständnis dafür voraussetzen, daß es nicht Architekten-Ehrgeiz, sondern vor allem das Verlangen nach etwas mehr Architekten-Phantasie und nach Beachtung der Maßstäbe sind, die zur Anfertigung der beigefügten Skizzen führten.

Es ist versucht, traditionell Wichtiges zu erhalten und mit den wichtigsten Forderungen unserer Zeit zu verbinden. Hier ist fraglos eine Unterlassungssünde gutzumachen und dem Schloßbau oder der Stelle, die er in der Struktur der Stadt und in der Vorstellung der Welt einnimmt, wieder einen Inhalt, eine Seele zu geben.

Die Skizze ging davon aus, daß der Schlüterhof von einmaliger Bedeutung und bedeutender Kraft der Aussage ist, da durch ihn raum-und volksgebundene schöpferische Fähigkeit in solcher Weise auf zeitliche Forderungen antwortete, daß das Ergebnis Weltruhm erlangte.

Der heutigen Forderung entsprechend kann der Schlüterhof repräsentativer Empfangsraum (in Zusammenhang mit Raumteilern im hinteren Schloßteil und unter den Tribünen) werden. Die loggienartig durchbrochene »neue Wand« bildet die Mitte der Gesamtanlage und gibt ihr den Halt.

Die vorderen und neu zu schaffenden Bauteile sind in einen neuen Bezug zueinander zu bringen. Das gilt in der Hauptsache von den drei Bauwerken Schinkels und vom Zeughaus.

Die verbindenden Bauten sollten nicht so sehr »gereckte« Fassaden, sondern sowohl gestaffelte Baukörper als auch Terrassen bilden, auf denen sich lebendig einbezogene Menschengruppen effektvoll entwickeln lassen. Bei der Erhaltung von Teilen Alt-Berlins kann ein reiches Wechselspiel kleiner und großer Räume mit bestimmten Aufgaben entfaltet werden. Durch Einbeziehung des Raumes westlich der Spree wird durch den gegliederten Raum trotz des erforderlichen erheblichen Flächenbedarfes der Maßstab gehalten werden können, den große Platzflächen und die vorhandenen und neuen Gebäude brauchen, wenn sie nicht öde oder verloren wirken sollen.

Ihr ergebener
Scharoun

Anlage 3

Otto Grotewohl, Ministerpräsident, **an Hans Scharoun,** Architekt, Leiter des Instituts für Bauwesen an der Akademie der Wissenschaften

Sehr geehrter Herr Professor! 5. September 1950

Ich habe Ihre Zeichnungen und das danach hergestellte Modell sehr gründlich geprüft und bin nach reiflicher Überlegung zu folgendem Schluß gekommen:

Ihr Vorschlag ist interessant, aber er enthält nicht zwingend die Notwendigkeit, den durch die Regierung und den Magistrat gefaßten Beschluß auf Abriß der Schloßruine zu revidieren, denn

1. der Schlüterhof, dessen Erhaltung zweifellos schön wäre, ist in Ihrem Vorschlag von einem Gebäude umschlossen, das irgendwo an einer anderen Stelle Berlins gleichfalls stehen könnte. Das Schloß, auf dessen Äußeres viele Kunstkenner Wert legen, bleibt auch bei Ihrem Vorschlage nicht bestehen.
2. Die Tribüne ist für die Demonstrierenden, die von den Linden kommen, nicht im Zentrum des Blickfeldes, und sie ist für die auf der Tribüne Stehenden nicht der richtige Standpunkt, von dem aus sie die anmarschierenden Demonstranten Unter den Linden sehen können.
3. Das östlich der Spree geplante große Gebäude, der architektonische Höhepunkt des künftigen Berlins, kann hinter dem Gebäuderest, den Sie auf dem Schloßplatz belassen, und der immerhin eine Höhe von ca. 30 m behält, nicht zur Geltung kommen.
4. Der vergrößerte Lustgarten, der nach den bisherigen Plänen auf der Spree-Insel liegt, wird durch Ihren Vorschlag eingeengt.

Ich danke Ihnen für die Gründlichkeit, mit der Sie die Probleme überlegt und dargestellt haben, jedoch kann ich mich aus den angeführten Gründen Ihrem Vorschlag nicht anschließen.

Ich bitte Sie, meine Argumente zu überdenken; ich glaube, Sie werden ihnen zustimmen.

Mit bestem Gruß
Ihr O. Grotewohl

Anlage 4

Hans Scharoun, Architekt, Leiter des Instituts für Bauwesen an der Akademie der Wissenschaften, **an Otto Grotewohl,** Ministerpräsident

Sehr verehrter Herr Ministerpräsident! 6. September 1950

Ihr Schreiben vom 5. 9. verschaffte mir eine schlaflose Nacht und dadurch die Gelegenheit, Ihre sehr wichtigen Argumente noch einmal zu überdenken.

Ich bin der Meinung, daß auch in Bezug auf das Schloß – in der Zeit seiner Entstehung – mit Recht die Ansicht entstehen konnte, daß es an einer anderen Stelle Berlins gleichfalls seinen Platz hätte finden können. Aber die Wahl des Platzes, die Großzügigkeit der Durchführung und die Ausdruckskraft des Bauwerkes bewirkten im Laufe der Jahrhunderte, daß für uns heute das Schloß nur in seiner einmaligen Form und an dem besonderen Ort vorstellbar ist.

Was nun Ihre Aufgabenstellung und unseren Plan anbelangt, so darf wohl die richtige Wahl des Ortes und die Großzügigkeit der Durchführung unterstellt werden – beileibe noch nicht die gleiche geistige Wirkkraft, die mit der Gestaltung zusammenhängt, und die nicht nur der menschlichen, sondern auch der zeitlichen Voraussetzung zur möglichen Reife bedarf. Selbstverständlich muß auch noch die Art der Verschmelzung der »neuen Wand« mit dem erhaltenswerten Schloßteil dargestellt werden. Dabei bleiben die wichtigen Fassadenteile des Schlosses, auf die nicht nur der Kunstkenner Wert legen sollte, bestehen.

Die charakteristische Gestalt der Linden hängt natürlich mit der Bepflanzung der Linden zusammen. Die Bepflanzung beschränkt sich auf den straßenartigen Teil der Linden, dessen Ende und Beginn kontrapunktisch durch Plätze mit monumentalen Bauwerken betont werden. Vor diesen Plätzen hört also sinngemäß auch die Bepflanzung auf. Daher treten erst am Beginn des August-Bebel-Platzes die anmarschierenden Demonstranten und die auf der

Tribüne Stehenden in einen optischen Bezug zueinander. An dieser Stelle kommt der wesentliche Teil in das Blickfeld der Anmarschierenden, um sich dann schnell und in ihrem ganzen Umfange den sich Nähernden zu entfalten.

Der östlich der Spree geplante architektonische Höhepunkt des künftigen Berlins sollte der Aufgabe und der Form nach mit dem repräsentativen Gebäudeteil um den Schlüterhof in engem Bezug stehen. Der Schlüterhof ist gewissermaßen vorgeschobener Posten des architektonischen Höhepunktes und gleichzeitig Knüpfpunkt in verschiedener Hinsicht.

Die Freilegung von Domen und Kathedralen bewies, wie wichtig vordergründige, maßstabbildende Objekte sind. Freilegungen führten zum Denkmalshaften und Maßstabslosen und damit zur Entfremdung zwischen Mensch und Bauwerk. Allerdings erfolgte die Freilegung auch aus dem Grunde, weil die maßstabbildenden, den Kirchen benachbarten Gebäude gewöhnlich nicht-heiligen Zwecken dienten. Der Bezug zwischen Schlüterbau und dem architektonischen Höhepunkt ist aber innerlich begründet und für das gesamte Strukturgefüge meines Erachtens sehr wichtig. Die Wichtigkeit, die ich dem Schlüterbau gern zugewiesen sehen möchte, wiegt die 30 m Höhe des Schlüterbaues gut und gerne auf.

Die Einengung des Lustgartens beeinträchtigt nicht den Leistungseffekt. Raum für »ruhende« Massen wird im Austausch westlich der Spree gewonnen. Die damit verknüpfte Gliederung des Raumes scheint mir ein weiteres wichtiges gestalterisches Moment, wenn man die gegebenen Maßstäbe der Linden und anderer benachbarter Raum- und Gebäude-Komplexe gebührend berücksichtigt.

Aber warum kämpfe ich für Schlüter, der uns ja letzten Endes doch alle überwältigt.

Mit den besten Grüßen Ihr sehr ergebener
Scharoun

Anlage 5

Thesen von **Gerhard Strauß,** Kunsthistoriker, Beauftragter des Ministeriums für Aufbau beim Schloßabriß, angebracht im Schloß und in der Humboldt-Universität

Was ist das Berliner Schloß:

Bei seiner Entstehung

Ergebnis des Repräsentationsbedürfnisses des sich zentralisierenden preußischen Absolutismus, dessen Hausmacht seit dem 30jährigen Kriege vergrößert wurde im Bündnis mit oder gegen den deutschen Kaiser, mehr mit als gegen ausländische Staaten und nie im Interesse des deutschen Volkes und seiner nationalen Existenz, sondern immer in demjenigen der eigenen Hausmacht, die zudem ihre Untertanen bis zur Leibeigensklaverei ausbeutete und schon während des Schloßbaues Akkordarbeit verlangte.

Dank dem Genie Schlüters und seinem kongenialen Nachfolger Eosander von Göthe eine großartige architektonische Leistung, in der die Bezüge zur aufkommenden bürgerl. Baukunst der Niederlande und zum Realismus der Renaissance die Architektur des Absolutismus zu überwinden beginnen. Entstanden in dauernder Auseinandersetzung mit dem feudalen Bauherrn und seiner Bürokratie, mit Spionen des Kurfürsten von Sachsen, der seinen »Kollegen« in Berlin überwachen ließ, ob er die ihm zum Sonderpreis für den Schloßbau gelieferten Hausteine nicht gewinnbringend weiterverkaufte. Unvollendet geblieben, da die vorwärtsweisende Persönlichkeit Schlüters vom reaktionären Bauherrn entlassen wurde, ebenso kurz darauf Eosander von Göthe.

1950

Symbol des völligen Verfalls jener feudalistischen und imperialistischen Macht, die es einst hatte entstehen lassen. In deren Untergang es dann ähnliche Wunden erhielt wie das ganze deutsche Volk.

Eine von anglo-amerikanischen Brand- und Sprengbomben ausgehöhlte Ruine. Die Fassaden lassen den Kundigen die Leistungen Schlüters und Eosanders noch ahnen. Die Substanz dahinter ist bis auf Ausnahmen ausgeglühter Schutt.

Schlußfolgerung

Das deutsche Volk, das erstmalig in seiner Geschichte durch seine Majorität für seine Majorität handelt, hat das Recht, seiner Hauptstadt Berlin ein Antlitz zu geben, das der neuen Phase seiner Geschichte würdig ist. In ihm wird gutes Altes Teil seiner charakteristischen Züge sein. Die neue Aufgabenstellung wird einen Widerschein von Freiheit und Zuversicht hinzufügen.

Die Ruine des Schlosses im Stadtzentrum wäre Hindernis bei der heute einmaligen Gelegenheit, den Mittelpunkt der Hauptstadt in großzügiger Weise zu ordnen. Der für die Wiederherstellung der Ruine notwendige Aufwand würde mehr als das Zehnfache der Zeughausrekonstruktion betragen und erst in Jahren zur Verfügung stehen. Da die Zerstörungen im Schloß so weitgehend sind, daß auch bei einer Wiederherstellung am alten Platze der größte Teil der Substanz rekonstruiert werden müßte, wäre selbst in diesem Falle die geniale Leistung Schlüters im wesentlichen nur als Nachschöpfung erhaltbar. Deshalb aus Achtung vor der hum. Leistung der Baumeister, Sicherung der sie charakterisierenden gut erhaltenen

Details zwecks Wiederverwendung an anderer Stelle, aber Freigabe des Platzes selbst durch Abbruch des Schlosses, um einem lebensvollen neuen Zugang im Zentrum Berlins Raum zu geben.

Ich schlage allen Kollegen und auch Besuchern vor, zu meinen Thesen Stellung zu nehmen, gegebenenfalls weitere hinzuzufügen. Herr Dr. Kaiser nimmt gern entsprechende Anregungen entgegen.

Strauß

Anlage 6

Richard Hamann, Kunsthistoriker, Ordinarius für Kunstgeschichte an der Humboldt-Universität, **an Otto Grotewohl,** Ministerpräsident, am 30. August 1950, am 9. September auch **an Walter Ulbricht,** Generalsekretär der SED und Erster Stellvertreter des Vorsitzenden des Ministerrates

Memorandum

»Für die Pflege und Weiterentwicklung des großen deutschen Kulturerbes in allen Teilen Deutschlands«

(Aus dem Programm der nationalen Front des demokratischen Deutschland zu den Wahlen am 15. Oktober 1950, verlesen in einer Versammlung des Kulturbundes)

Berlin ist arm an Denkmälern der Vergangenheit. Aber es besitzt ein Werk, das sich den größten der Vergangenheit würdig anreiht und in allen Kunstgeschichten der Welt genannt und abgebildet ist; das Berliner Schloß. Sein Schöpfer ist der größte Bildhauer und Architekt in Norddeutschland, Andreas Schlüter. In Ruinen steht es da: noch immer von einer faszinierenden Wucht und Monumentalität, ein Repräsentant des spezifisch norddeutschen Barock, der sich Michelangelos St. Peter in Rom, dem Louvre in Paris würdig zur Seite stellt.

Eine Wiederherstellung des Außenbaus und eines Teils wertvoller Innenräume ist, wie von Sachverständigen versichert wird, möglich. Bei einem in Berlin so seltenen und in der Welt einzigartigen Denkmal der schöpferischen Kräfte des Nordens dürfen Kosten keine Rolle spielen. Ebenso wenig dürften politische Gründe in Frage kommen. In einigen Jahren schon, wie viel mehr in Generationen, denkt niemand mehr an die Hohenzollern, spricht der Bau nur für sich selbst und von seinem Schöpfer Andreas Schlüter. Es ist ein regierender Bau, jede Regierung könnte ihn mit neuem Leben füllen. Er beherrscht das Zentrum Berlins, den Platz, den er bilden hilft, die Straße, die zu ihm führt, das alte Berlin, das für den, der die Vergangenheit Berlins verkörpert sehen möchte, den Begriff Berlin ausmacht. Das Schloß aus dieser Einheit herausgerissen, ergibt eine unfüllbare Lücke, mit ihm stürzt das ganze Alt-Berlin zusammen.

Als historische Stätte, die in erster Linie als historisches Dokument und als museale Sehenswürdigkeit wirkt, sollte sie dem Tageslärm entzogen werden. Es bestand, wie ich hörte, der Plan, die Linden und die Schloßgegend gegen den Verkehr abzuschließen, dem Getriebe, dem Lärm und der Hast der Großstadt zu entziehen. Der Gebrauch der Gebäude läßt sich ohne Schwierigkeiten diesem Gedanken anpassen: Stätten der geistigen Arbeit, der Planung, der Entwürfe, des Unterrichts, der Beschaulichkeit, Bibliothek, Museen, Universität, Botschaften sind bereits zu diesem Zweck entsprechende Einrichtungen, auf die nur Rücksicht genommen zu werden braucht, um die Erhaltung des Schlosses und die Gesamtraumgestaltung zu rechtfertigen.

Warum will man die Zerstörung vollenden, die alliierte Flieger – und wie es scheint – nicht zufällig begonnen haben, statt der eigenen Parole folgend wieder aufzubauen. Der Louvre in Paris hat alle Revolutionen überdauert und der Kreml in Moskau, beides ehemals Sitz der von der Regierung bekämpften Mächte, ist auch heute Sitz der Regierung. Ihrer Kraft bewußte Regierungen wissen, welche Kraftquellen auch die großen Werke der Vergangenheit enthalten können. Warum sich für spätere Zeiten dem Vorwurf der Barbarei aussetzen, wenn Kultur und Pflege alles Geistigen anstelle von Machtäußerungen das höchste Anliegen der siegreichen Revolution ist.

Kunstwerke wie das Schloß sind gewiß Äußerungen einer versunkenen und überwundenen Zeit. Aber diese wird immer von neuen überwunden durch Geschichte, durch Wissenschaft, für die sie zu Dokumenten herabgesunken sind, sichtbare und deshalb wahrhaftigere Dokumente als Worte und Geschriebenes. Die Kunstgeschichte würde den Verlust des Schlosses nie verschmerzen. Alle Kunsthistoriker – ich möchte den sehen, den es nicht getroffen hat – macht der Gedanke der Zerstörung des Schlosses und dieses historischen Zentrums Berlins krank. Der größte Bildhauer und Architekt Berlins, von dem außer dem Schloß kaum noch Werke bestehen, wäre seiner Zeugen vollends beraubt.

Aber jedes Kunstwerk hat auch Schönheiten unabhängig von jeder Zeitgebundenheit, und umso gewaltiger und ewiger, je großartiger das Werk, je genialer der Meister. Jedes Kunstwerk verkörpert aber den Inbegriff menschlicher Leistung, den Sieg über die Materie. Der Künstler in Hingabe an sein Werk ist das Vorbild für den Aktivisten des Geistes, der Schöpfer um der Schöpfung willen. Der Künstler, nur der höchste Typ des Arbeiters, ist das Vorbild für jeden Schaffenden und der neue Werttyp anstelle des Machthabers, des durch Besitz und Geburt Bevorzugten. Große Leistungen zerstören, wo keine unbedingte Notwendigkeit vorliegt, heißt diesen Wert des Schaffenden herabwürdigen.

Schlüter vertritt nicht nur den Künstler, der für Nord- und Ostdeutschland Größtes geschaffen hat, sondern auch den, der für Polen und Rußland gewirkt hat. In Petersburg ist er 1714 gestorben. Mit der Zerstörung des Schlosses greift man auch in die Belange dieser Deutschland wie von je kulturell verbundenen Nachbarn ein: und darüber hinaus in die Belange der ganzen Welt.

Anlage 7

Wolf H. Schubert, Landeskonservator von Sachsen-Anhalt, Mitglied der Kommission für Denkmalpflege der Deutschen Akademie der Wissenschaften, **an Walter Ulbricht,** Generalsekretär der SED und Erster Stellvertreter des Vorsitzenden des Ministerrates

Hochgeehrter Herr Ministerpraesident! 28. August 1950

Presse und Rundfunk veröffentlichen und propagieren den neuen Plan zum Wiederaufbau Berlins, der in Kürze mit dem Abbruch des vom Kriege schwer betroffenen Schlosses in Angriff genommen werden soll. Das durch den Abbruch gewonnene Gelände soll den Lustgarten zu einem großen Aufmarschplatz erweitern. Die freiwillige Preisgabe des Schlosses würde für unser Volk einen Verlust an nationaler kultueller Substanz bedeuten, der nicht wieder gutzumachen wäre.

Die Zeit drängt. Bei dieser Lage der Dinge halte ich mich von Amts wegen und persönlich verpflichtet, Ihre Aufmerksamkeit zu erbitten für einige notwendig kurze freimütige Anmerkungen und Vorschläge zur Sache. Zu einer eingehenderen Darlegung, falls sie erwünscht ist, bin ich gern bereit.

Mit der Versicherung meiner größten Hochachtung
ganz ergebenst
Wolf Schubert

Das Berliner Schloß Andreas Schlüters ist eine der bedeutendsten Schöpfungen der deutschen Baukunst; es hat Weltgeltung. Es ist zugleich das Herz und der Inbegriff Berlins. Eine Beseitigung dieses zwar schwer beschädigten, aber durchaus noch lebensfähigen Bauwerkes würde in dem durch den Krieg schon so ungeheuerlich geschmälerten Bestand unserer nationalen Kulturgüter eine weitere schmerzliche Lücke reißen.

Der Bau Schlüters

Die machtvolle barocke Neuschöpfung Schlüters hat ein Jahrhunderte währendes, stetiges, gleichsam naturhaftes Wachstum in sich aufgenommen. Der erste Bau entstand schon um die Mitte des 15. Jahrhunderts. Ihm folgte hundert Jahre später das Renaissanceschloß von Konrad Krebs und Kaspar Theyss, dem im Laufe von fast zwei Jahrhunderten zahlreiche weitere Ergänzungsbauten hinzugefügt wurden. Gegen Ende des 17. Jahrhunderts bot der gesamte Komplex, der schon den Umfang des heutigen Schlosses hatte, ein malerisches, aber künstlerisch unbefriedigendes Bild. 1698 wurde Andreas Schlüter die große Aufgabe einer Neugestaltung übertragen. Unter weitgehender substantieller Schonung der verschiedenen älteren Gebäude hat er die bunte Mannigfaltigkeit von einer grandiosen Gesamtkonzeption aus in einer neuen einheitlichen repräsentativen Form zusammengefaßt. Wenn auch sein Projekt nicht restlos ausgeführt wurde, so hat doch das, was verwirklicht wurde, dem Ganzen Gestalt und Charakter von einmaliger Größe gegeben. Schlüter hat mit diesem von einem kühnen Geiste erfüllten Bauwerk das große künstlerische Erbe der Vergangenheit souverän und schöpferisch weitergeführt; Berlin stand mit einem Male in der vordersten Reihe der großen Kunststätten von Weltrang.

Heute, nach 250 Jahren, verehren wir im Berliner Schloß das letzte leibhaftig vor uns stehende Zeugnis seines Genies, denn keines seiner Bauwerke sonst blieb erhalten. Die Alte Post gegenüber der Langen Brücke, das Gießhaus hinter dem Zeughaus, das Lusthaus in Freienwalde, sie alle sind heute nur noch aus der schriftlichen und bildlichen Überlieferung bekannt. Das Landhaus Kameke in der Dorotheenstraße schließlich wurde ein Opfer des letzten Krieges. Nicht anders ist es um das Werk Schlüters außerhalb Deutschlands bestellt. In Warschau, wo die sichtbaren Anfänge seiner Tätigkeit liegen, hatte der einfache „Danziger Steinmetz" mit den Giebelreliefs des Krasinski-Palastes Werke von antiker Großartigkeit geschaffen. Dieser Bau ging 1944 zugrunde. Als 1713 mit Friedrich Wilhelm I. für die Kunst in Berlin eine karge Zeit begann, wandte sich Schlüter nach Petersburg, wo er in unmittelbarer Zusammenarbeit mit Peter dem Großen eine fieberhafte städtebauliche Tätigkeit entfaltete, deren Spuren sich nach seinem schon 1714 erfolgten Tode bald verwischt haben.

Städtebauliche Bedeutung

Das Schloß ist aber nicht nur ein architektonisches Kunstwerk in sich, sondern ein städtebaulicher Schwerpunkt sondergleichen; ihm kam die funktionelle Aufgabe zu, das alte Berlin-Cölln, d. h. das Berlin des Mittelaltes und der Renaissance, mit den neuen planmäßig angelegten westlichen Vorstädten, der Friedrichstadt und der Dorotheenstadt, zu verbinden. Diese neue Verlagerung des städtebaulichen Interesses in der Westrichtung hat im Schlosse selbst architektonischen Ausdruck gefunden. Während der Schlütersche Bau mit der monumentalen Schloßplatzfront noch nach dem alten Berlin, nach Süden hin orientiert ist, blickt der seit 1706 durch Eosander von Göthe erweiterte Bau mit seiner Stirnseite nach Westen. Im ganzen Stadtgefüge Berlins gibt es keinen Angelpunkt, dem eine so hohe funktionelle Bedeutung zukommt. Dieser Funktion gibt das Schlüter Eosandersche Schloß prägnanten Ausdruck. Nur ein zentrales Bauwerk von der baukünstlerischen Macht des Schlosses vermag auch die Unregelmäßigkeit und Willkür der Bebauung ringsum, vom Alten Museum bis zum Marstallgebäude, zu überwinden.

Das Innere

Das Innere des Schlosses ist fast völlig vernichtet. Die Größe dieses Verlustes ist unaussprechtlich, denn von der Spätgotik bis zum Klassizismus stellte es eine Folge wertvollster Raumschöpfungen dar. Umso nachdrücklicher muß die Forderung erhoben werden, zu retten, was noch an raumkünstlerischer Substanz vorhanden ist. Das gilt in erster Linie für das berühmte Schlütersche Treppenhaus, das erste in der Reihe der großartigen Treppenhäuser des deutschen Barock; weiter für den Staatsratssaal, die einzige Raumschöpfung der Schinkelschen Zeit, die den Krieg überstanden hat. Auch die Dekorationen des Elisabethsaales, besonders charakteristische Arbeiten des »Michelangelo des Nordens«, sind leidlich erhalten, obwohl sie seit fünf Jahren Wind und Wetter ausgesetzt sind. Die repräsentative Raumgruppe des Weißen Saales und der

Weißen Saal-Treppe ist ohne weiteres moderner Zweckbestimmung dienstbar zu machen. Wo aber die Räume und Dekorationen zerstört sind, sollten keine Rekonstruktionen vorgenommen werden, so genau auch die bildlichen Belege sein mögen. Hier hat die Kunst unserer Zeit einzusetzen.

Zweckbestimmung

Die kulturelle Bedeutung eines Bauwerkes von der geschichtlichen und künstlerischen Ausdruckskraft des Berliner Schlosses erschöpft sich nicht in der Aussage über die Epoche seiner Entstehung. Es ist immer und in einem sehr allgemeinen Sinne mit dem Leben verbunden, in dem es steht. Die Zusammenhänge mit der Umwelt wandeln sich mit dieser, wie auch der äußere Zweck geschichtlich sinnvollem Wandel unterworfen ist. Im Barock war das Schloß als Sitz des Landesherrn zugleich Sitz der Regierung. Um die zahlreichen Zentralbehörden des Staates hier unterzubringen, hatte man den Bau so erheblich vergrößert. Mit der Revolution von 1918 wurde es Eigentum des Volkes, zu dessen vertrautem geistigen Besitz es als Schöpfung eines seiner größten Mitbürger immer gehört hat. Für die Frage, wie es zu nutzen sei, war bisher die künstlerische Bedeutung des Inneren maßgebend; so wurde es zum Museum. Nach seiner Wiederherstellung könnte das zentrale politische und geistige Leben von ihm Besitz ergreifen.

Der Aufmarschplatz

Nach dem Abbruche des Schlosses, der architektonischen Dominante des sonst uneinheitlichen Straßen- und Platzgefüges, würde ein langgestrecktes unregelmäßiges Rechteck vom Alten Museum bis zum Gebäude der geplanten neuen Staatsoper entstehen, das kaum als Platz anzusprechen wäre, da ihm die begrenzenden Wände fehlen. Es wird obendrein noch von zwei parallelen breiten Straßenzügen im rechten Winkel durchschnitten (Unter den Linden–Liebknechtstraße und Französische Straße–Königstraße), die ihm noch den letzten Rest von Räumlichkeit nehmen. (Ein verkehrstechnisches Hindernis für diese beiden Straßenzüge bildet das Schloß übrigens nicht. Es wird genau in den Fluchten seiner Süd- und seiner Nordfront von ihnen bestrichen.) Anpflanzungen von Bäumen in Reihen oder schmale flankierende gärtnerische Anlagen anderer Art, wie sie der neue Plan offenbar andeutet, vermögen die fehlenden Platzwände nicht zu ersetzen. Auch durch die Gegenüberstellung von Tribüne und Mahnmal in der ungefähren Mitte seiner Langseiten erhält der vermeintliche Platz weder Akzentuierung noch Fassung; nach Osten hin fließt er in seiner Mitte sogar auf einer Breite von ungefähr 250–300 m weiter aus und wird erst jenseits der Spree von der Rückseite des geplanten großen Regierungsgebäudes wieder aufgefangen.

Trotz seiner formlos ungebundenen und schwer beherrschbaren Weite dürfte er für Kundgebungen größten Stils noch immer zu klein sein. Bei allen Überlegungen in diesem Zusammenhange muß von dem vorübergehenden Zustande der Spaltung der Stadt abgesehen werden, wenn man zu einer organischen Lösung der Aufgabe gelangen will. Der traditionelle große Aufmarschplatz Berlins ist das Tempelhofer Feld, doch wäre besser vielleicht – um im Zentrum der Stadt zu bleiben – auch die Eignung eines Geländes im verwüsteten Tiergarten (mit dem anschließenden völlig zerstörten Hansa-Viertel) in Erwägung zu ziehen, das sich von der Basis Reichstag – Krolloper aus nach Norden in den Spreebogen hinein erstreckt. Hier wäre für eine großzügige und auf den besonderen Zweck hin planende Gestaltung alle Freiheit gegeben.

Denkmalpflegerische und künstlerische Fragen

Man begegnet nicht selten dem Irrtum, ein historisches Bauwerk könne erhalten werden, indem man es an einem Orte abbricht, um es an einem anderen ganz oder teilweise beliebig wieder (als Attrappe) aufzubauen. Nichts ist falscher als das. Ein Bauwerk ist kein museales Schauobjekt, sondern eine aus praktischem Lebensbedürfnis entstandene zweckbestimmte Schöpfung, die an den natürlichen Ort ihrer Entstehung gebunden ist. Erhaltung bedeutet daher Wiederherstellung am angestammten Platze.

Ein Wiederaufbau des Schlosses würde etappenweise erfolgen können, je nach der Höhe der verfügbaren Mittel; aber mit der Sicherung der Bausubstanz dürfte nicht mehr länger gewartet werden. Sie hat sich natürlich nur auf die Bauteile zu erstrecken, die zu erhalten sind: das ist der Schlüter-Eosandersche Bau. Die rückwärtigen Gebäude an der Spree wären neu zu errichten, und auch für den Gebäudetrakt zwischen beiden Höfen sind neue Lösungen zu erwägen. Hier müssen die schöpferischen Kräfte unserer Zeit auf den Plan gerufen werden. Ihnen fallen hier entscheidende Aufgaben zu, denn es geht darum, dem Werke Schlüters durch eine schöpferische Synthese das Leben zu sichern, eine der schönsten und vielleicht die größte Aufgabe, die heute im gesamten Bereich einer verantwortungsbewußt gestaltenden neuen Denkmalpflege zu erfüllen ist.

Schubert

Anlage 8

Johannes Stroux, Präsident der Akademie der Wissenschaften, **an Walter Ulbricht**, Generalsekretär der SED und Erster Stellvertreter des Vorsitzenden des Ministerrates
Otto Grotewohl von Richard Hamann persönlich übergeben am 30. August 1950

Memorandum 29. August 1950
Betr. die Erhaltung des Berliner Schlosses

Sicherem Vernehmen nach ist der Beschluß gefaßt worden, die Ruine des Berliner Stadtschlosses im Zuge baulicher Neugestaltung zu beseitigen, um im Stadtzentrum große Platzflächen für Aufmärsche zu gewinnen. Die Deutsche Akademie der Wissenschaften hat bereits einmal vor längerer Zeit, als ein ähnlicher Gedanke auftauchte, gestützt auf den Beschluß des Plenums, sich mit denkmalpflegerischer Begründung gegen eine weitere Zerstörung des Schlosses ausgesprochen. Die Akademie tat diese Äußerung pflichtgemäß, um die ihr ausdrücklich zugestandene Aufgabe zu erfüllen, als höchste gutachtliche Instanz aufzutreten, wo eine Gefährdung wertvollsten Kulturgutes droht.

Das Berliner Stadtschloß ist mit dem Namen Andreas Schlüters, des größten Künstlers seiner Zeit, verknüpft. Für Berlin ist das Schloß der städtebauliche Mittelpunkt, der die Zusammenfassung der den alten Spreeübergang beherrschenden Städte Kölln auf der Spreeinsel und Berlin am östlichen Spreeufer verdeutlicht. Das Schloß wurde im 15. Jahrhundert, als die brandenburgischen Kurfürsten die Residenz nach Berlin verlegten, als Schutzburg an der Grenze der beiden Städte, die fast die Bedeutung von Hansasiedlungen genossen, erbaut. Teile dieses ältesten Schlosses waren bis zur Zerstörung in seiner Spreefront erhalten. Bereits im 16. Jahrhundert erfolgte ein Neubau, der seine Front nach Süden dem heutigen Schloßplatz und der Altstadt Kölln wandte. Zur gleichen Zeit wurde der die beiden jetzigen Schloßhöfe trennende, noch bestehende Querflügel von Rochus von Lynar erbaut. Hatten die bisher genannten Bauten mehr lokale und geschichtliche Bedeutung, so änderte sich dies, als Andreas Schlüter 1698 den Auftrag zu einem durchgreifenden Neubau erhielt, der den Kern des heute noch stehenden Schlosses bildet. Schlüter plante zunächst nur einen vierflügeligen, symmetrischen Bau mit Betonung der Mittelachsen, der sich um den rechteckigen zweiten Hof, den sogenannten Schlüterhof, legen sollte. Die Anregung erhielt Schlüter von der römischen Palastarchitektur des Spätbarock, die er jedoch in durchaus einzigartiger Weise gestaltete. Die horizontale Gliederung der römischen Barockarchitektur in dreieinhalb durchlaufende Geschosse erhielt durch die in den Mittelachsen vorgelegten Säulenportale eine mächtige, alle Geschosse durchschneidende vertikale Dominante, die in den an den Ecken des Außenbaus vorspringenden Erkern auch die Horizontalen der Geschoßgliederung ergriff.

Derselbe Grundgedanke eines norddeutschen Barock drückt sich in der Architektur des reicher ausgestatteten Binnenhofes an den drei von Schlüter erbauten Nord-, Ost- und Südflügeln des Schlosses aus. Dieser um den Osthof gelegene Teil des Schlosses, der in der mächtigen Plastik seiner architektonischen Gliederung verrät, daß der größte Baumeister seiner Zeit auch deren größter Bildhauer war, muß als eines der bedeutendsten Baudenkmäler nationaler Kunst und des Spätbarock überhaupt angesprochen werden. Ist schon seine Beschädigung ein schweres Unglück, so wäre seine endgültige Zerstörung ein durch nichts zu rechtfertigender Verlust am Kulturgut unseres Volkes. Andreas Schlüter (geb. 1664 in Hamburg?, gest. 1714 in Petersburg) durfte sein Werk nicht vollenden. Sein Nachfolger in der Bauleitung, der gebürtige Schwede Johann Friedrich Eosander, gen. von Göthe (1670–1728), erweiterte Schlüters Plan um den westlichen ersten Hof, indem er die Ordnung des Schlüterbaues, je beiderseits des Außenportales I zwischen den Eckerkern nur je 5 Fensterachsen vorgesehen hatte, nach Westen verlängerte und um je ein weiteres Portal an den Nord- und Südseiten vermehrte, während er an der Westseite des nun entstandenen 1. Hofes nach der Schloßfreiheit zu ein prunkvolles Portal in Gestalt eines römischen Triumphbogens einbaute, das sich mit der großen Kraft und Klarheit Schlüters nicht vergleichen kann. Anstelle eines nicht ausgeführten hohen Turmes über diesem Portal wurden später von K. F. Schinkel und A. Stüler, dem Erbauer auch des Neuen Museums, 1845–52 die Schloßkapelle und die Kuppel errichtet. Durch Eosanders Erweiterungsbau wandte das Schloß statt wie bisher nach Süden, nun seine Front nach Westen, auch dies sinnvoll, denn hier hatten sich anschließend an den Friedrichswerder die Friedrichstadt und nördlich der Linden die Dorotheenstadt entwickelt. Mit dem ehemaligen Zeughaus und der Oper an den Linden bildete das Schloß ein monumentales Zentrum, wie es nur wenige Hauptstädte besitzen. Seine möglichste Erhaltung und Wiederherstellung entspricht der Rolle, die Berlin als Hauptstadt eines neuen geeinten Deutschland zu spielen berufen ist.

Hervorzuheben ist, daß das gewaltig vergrößerte Schloß ursprünglich nicht nur als Wohnung des Fürsten gedacht war, sondern auch alle Regierungsbehörden an einer Stelle zu vereinigen, hatte. Erst als diese sich zu großen Ministerien entwickelten, zogen sie in eigene Gebäude, und nun wurden alle Schloßräume für höfische Zwecke in Anspruch genommen.

Nachdem die ebenfalls von Schlüter erbaute Alte Post am Ende des 19. Jahrhunderts abgebrochen wurde und das Landhaus Kameke in der Dorotheenstraße dem Krieg zum Opfer fiel, ist das Schloß das einzige noch einigermaßen erhaltene Denkmal der großen Baukunst Andreas Schlüters. In Anbetracht seiner europäischen künstlerischen, seiner geschichtlichen seiner städtebaulichen und sozialgeschichtlichen Bedeutung, in Anbetracht dessen, daß das Schloß ein Zeuge der Berliner Baukunst durch fünf Jahrhunderte ist, wendet sich die Deutsche Akademie der Wissenschaften mit schwersten Bedenken gegen eine etwa geplante endgültige Zerstörung des Schlosses. Sie betont dabei, daß seine Erhaltung ohne zu große Kosten möglich ist und daß in ihm eine große Zahl von Räumlichkeiten zu öffentlichen Zwecken, sei es für Sammlungen oder für Behörden, gewonnen werden kann. Die Akademie tut dies in Erfüllung ihrer Kompetenz und ihrer Pflicht, sich an der Fürsorge für die Kulturgüter des Deutschen Volkes im allgemeinen und an der Denkmalspflege im besonderen zu beteiligen. Unter den von dieser zu betreuenden Objekten steht das Berliner Schloß an erster Stelle.

Endlich darf darauf hingewiesen werden, daß in der Sowjetunion kulturell bedeutende Denkmäler erhalten und sorgfältig gepflegt werden.

gez. Stroux

Anlage 9

Martin Mächler, Architekt, **an Hans Scharoun**, Architekt, Leiter des Instituts für Bauwesen an der Akademie der Wissenschaften

Lieber Scharoun! 29. August 1950

Unsere gestrige Unterhaltung über die geplante Sprengung des Berliner Schlosses hat mich schwer erschüttert. Vor allem kann ich nicht begreifen, warum man mir nicht früher davon etwas gesagt hat. Ich kann nicht glauben, daß Moskau den Befehl dazu gegeben hat. Das würde der »Generallinie Lenins« direkt widersprechen, die, wie Sie wissen, mir auf unserem Arbeitsgebiet genau bekannt ist.

Ich erinnere ferner an die Ausführungen des sowjetrussischen

Delegierten auf dem Kongreß der U. I. A. in Lausanne 1948 zum Thema »Der Architekt und die Städtebaukunst.«. Er sagte abschließend:

»Daher, liebe Kollegen, haben die Probleme des Städtebaus und ganz besonders des Städtebaus und ganz besonders des Wiederaufbaus der Städte und die Wiederherstellung von Baudenkmälern in unseren Tagen eine lebenswichtige und zeitgemäße Bedeutung angenommen zu dem Zweck, in allen Ländern der Welt für das Volk anständige Lebensbedingungen zu schaffen bzw. sie zu verbessern. Es handelt sich um ein großes internationales Problem.«

Und ein anderer sowjetrussischer Delegierter, der sich auf die »großen Lehren Lenins« bezog, sagte zum Thema, »Die Städtebaukunst in der UdSSR«:

»Bei der Inangriffnahme des Umbaues der alten russischen Städte wird man Sorge tragen, daß der ihnen charakteristische traditionelle Baustil erhalten bleibt. Der Wiederaufbau einer jeden Stadt wird unter strenger Beobachtung des ihr eigenen Charakters durchgeführt.«

Aber auch Kollege Heilmann-Halle und besonders das Mitglied unseres Instituts, Kollege Dr. Liebknecht, berichteten uns im vorigen Jahr mit eindringlichen Worten vom Wiederaufbau und der Pflege der russischen Kulturdenkmäler. Und da will man mir weismachen, Moskau habe den Abriß bzw. die Sprengung des Berliner Schlosses befohlen!

Ich bitte Sie dringend, sprechen Sie nochmals mit den Herrn Ministerpräsidenten Grotewohl und Kollegen Dr. Liebknecht, ehe es zu spät ist. Ich fliege heute noch nach Bayern, um den Briefwechsel zwischen Lenin und mir über den Artikel »Der Architekt«, von dem ich Ihnen gestern eine Abschrift gegeben habe, ausfindig zu machen. In jedem Fall werde ich mich an Generalissismus Stalin wenden und ihn bitten, dieses Kulturdenkmal der Berliner, des deutschen Volkes und der ganzen Kulturwelt zu schonen. Und ich glaube, so wie mich seinerzeit General Bersarin verstanden hat, wird mich auch Generalissimus Stalin verstehen.

Herzlichst
gez. M. Mächler

Anlage 10

Walter Friedrich, Rektor der Humboldt Universität, **an Otto Grotewohl**, Ministerpräsident

Sehr geehrter Herr Ministerpräsident! 4. September 1950

Auch persönlich möchte ich Ihnen gegenüber mein stärkstes Bedauern zum Ausdruck bringen, daß das für das Stadtbild Berlins so bestimmende Schloß der baulichen Neugestaltung des Zentrums zum Opfer fallen soll.

In der von Dr. Liebknecht am 31. August veranstalteten Besprechung über die neuen Pläne zum Wiederaufbau Berlins wurde einstimmig die Meinung vertreten, daß der Abbruch des Schlosses in den durch den Krieg so stark geschmälerten Bestand nationaler Denkmäler der Vergangenheit eine weitere schmerzliche Lücke reißen würde.

Als Rektor der Humboldt-Universität, die sich als Hüter und Wahrer nationalen Kulturgutes betrachtet, richte ich die dringende Bitte an Sie, sehr geehrter Herr Ministerpräsident, alles daran zu setzen, daß dieser Bau, der zu den bedeutendsten Schöpfungen deutscher Baukunst gehört, erhalten bleiben möge.

In ausgezeichneter Hochachtung
gez. Friedrich

Anlage 11

Walter Hentschel, Kunsthistoriker, **an Hermann Weidhaas**, Architekt, Kunsthistoriker, Lehrstuhl für Denkmalpflege an der Staatlichen Hochschule für Baukunst und Bildende Kunst Weimar

Sehr geehrter Herr Professor, 17. Oktober 1950

als wir uns neulich vor der Nationalgalerie trafen, machten Sie über den Zweck Ihres Berliner Aufenthaltes einige dunkle Andeutungen, die ich erst verstand, als mir Kollegen von dem neuesten herostratischen Vorhaben berichteten. Da ich nun einmal, ganz gegen meine an sich friedliche Natur, zu einem Rufer im Streit geworden bin, kann ich zum Abbruch des Schlüterbaues ebensowenig schweigen wie zu der Zerstörung der Meißner Gasse. Ich bedaure daher ganz besonders, daß Sie, eine der Hoffnungen der deutschen Kunstgeschichte, sich an den papiernen und detailkonservierenden Arbeiten beteiligen. Glauben Sie nicht, daß man mit solcher »Gewissensbeschwichtigung« die Zerstörungsabsichten geradezu fördert? Hier sollte man streiken! Ich persönlich würde mich lieber vor der Sprengung in das Schloß hineinsetzen, als so etwas mitmachen. Die ganze Sache erinnert an den berühmten »Nürnberger Komplex«, aus dem wir doch alle gelernt haben sollten, und ich glaube, daß Sie im Grunde Ihrer kunsthistorischen Seele das auch empfinden. Ich bitte Sie ebenso herzlich wie dringend, sich diese Seite der Angelegenheit durch den Kopf gehen zu lassen –vielleicht kommen Sie zu einem anderen Entschluß.

Prof. Hamann gab mir die »Thesen« von Dr. Strauß. Ich bin der Aufforderung des Verfassers, dazu Stellung zu nehmen, nachgekommen und lege Ihnen meine Erwiderung samt Antithesen bei. Ich darf Sie bitten, **beides ebenso öffentlich auszuhängen** wie die Straußschen Thesen.

Mit besten Grüßen
Ihr sehr ergebener
(gez) Hentschel

Was ist das Berliner Schloß?

Erwiderung auf die Thesen von Herrn Dr. Strauß. (s. Anlage 5)
Von Dr. Walter Hentschel, Dresden.

Bei seiner Entstehung: Ergebnis des Repräsentationsbedürfnisses des sich zentrali-

Jeder Staat hat das Bestreben, seine wirkliche oder angestrebte Bedeutung in repräsentati-

sierenden preußischen Absolutismus,

von Bauwerken zu dokumentieren. So war es zur Zeit des Absolutismus – einer Staatsform, die damals in den meisten Ländern Europas Geltung hatte –, und so ist es noch heute, wenn auch die gesellschaftliche Bedeutung der Bauten sich entsprechend der allgemeinen gesellschaftlichen Wandlung geändert hat (Untergrundbahnhöfe in Moskau).

… dessen Hausmacht seit dem Dreißigjährigen Kriege vergrößert wurde im Bündnis mit oder gegen den deutschen Kaiser, mehr mit als gegen ausländische Staaten und nie im Interesse des deutschen Volkes und seiner nationalen Existenz, sondern in demjenigen der eigenen Hausmacht,

Der Wechsel der Verbündeten, der Helfer und der Gegner ist erklärlich in einer Zeit, in der das Nationalbewußtsein in den allerersten Anfängen lag, er ist als Mittel zum Zweck sogar heute noch üblich. – Die »Hausmacht« war im 17. und 18. Jahrhundert die Verkörperung des Staatsbegriffs.

… die zudem ihre Untertanen bis zur Leibeigenklaverei ausbeutete …

Die »Leibeigensklaverei« – ein stark übertreibender Ausdruck – war die damalige Form der gesellschaftlichen Organisation, deren Unmoral erst in langem geistigem Ringen erkannt und bekämpft werden konnte. –Die Organisierung der Massen zur Verwirklichung von Zielen der jeweiligen Staatsführung ist zu allen Zeiten üblich gewesen. Der Kreml zu Moskau ist in viel höherem Maße auf Grund von »Leibeigensklaverei« erbaut, trotzdem wird er von der Sowjetunion sorgfältig gepflegt und erhalten.

… und schon während des Schloßbaues Akkordarbeit verlangte.

Akkordarbeit gibt es, wenn auch mit veränderter Zielsetzung, auch heute.

Dank dem Genie Schlüters und seinem kongenialen Nachfolger Eosander von Göthe eine großartige architektonische Leistung.

Nicht nur eine großartige **architektonische**, sondern auch eine großartige **geistige** Leistung, welche das Ergebnis über alle zeitgebundene Bedingtheit hinaushebt. Eosander »erreicht Schlüter weder als Mensch noch als Künstler« (W. Pinder).

… in der die Bezüge zur aufkommenden bürgerlichen Baukunst der Niederlande und zum Realismus der Renaissance die Architektur des Absolutismus zu überwinden beginnen.

Das könnte man mit gleichem oder besserem Recht auch umgekehrt sagen! Als das entscheidende Vorbild Schlüters ist der römische Barock (Palazzo Madama) nachgewiesen. Für die Frage der Erhaltung des Baues sind solche Beziehungen ohne Bedeutung.

… entstanden in dauernder Auseinandersetzung mit dem feudalen Bauherrn und seiner Bürokratie.

Der dilettierende Bauherr ist ein aus der Geschichte der Barockarchitektur nicht hinwegzudenkendes, meist sehr positiv zu wertendes Element.

… mit Spionen des Kurfürsten von Sachsen, der seinen »Kollegen« in Berlin überwachen ließ, ob er die ihm zum Sonderpreis für den Schloßbau gelieferten Hausteine nicht gewinnbringend weiterverkaufte.

Eine Anekdote, die für die Bewertung des Baues völlig bedeutungslos ist.

Unvollendet geblieben, da die vorwärtsweisende Persönlichkeit Schlüters vom reaktionären Bauherrn entlassen wurde, ebenso kurz darauf Eosander von Göthe.

Das Schicksal unzähliger Großbauten der Geschichte: mittelalterliche Dome, St. Peter in Rom, Juliusgrabmal, Medicäergräber, Maximiliangrabmal. Die künstlerische Leistung bleibt auch im Torso erkennbar. Die mangelnde Vollendung in Schlüters Sinn hinderte nicht, daß das Schloß Jahrhunderte hindurch als fertiges Ganzes angesehen und für wechselnde Zwecke verwendet wurde.

1950: Symbol des völligen Verfalls jener feudalistischen und imperialistischen Macht, die es einst hatte entstehen lassen,

Bei neuer Verwendung nicht mehr Symbol des Feudalismus und des Imperialismus, sondern des **überwundenen** Feudalismus und Imperialismus.

… in deren Untergang es dann ähnliche Wunde erhielt wie das ganze deutsche Volk,

Wie das deutsche Volk trotz aller Wunden auferstehen wird, so kann dies auch der Bau Schlüters.

… eine von angloamerikanischen Brand- und Sprengbomben ausgehöhlte Ruine. Die Fassaden lassen den Kundigen die Leistungen Schlüters und Eosanders noch ahnen. Die Substanz dahinter ist bis auf Ausnahmen ausgeglühter Schutt.	Die moderne Denkmalpflege hat Methoden entwickelt, eine solche Ruine so wiedererstehen zu lassen, daß sie nicht nur den »Kundigen«, sondern dem ganzen Volke wieder etwas zu sagen hat (Zwinger in Dresden, die Zarenschlösser von Peterhof und Oranienbaum).
Das deutsche Volk, das erstmalig in seiner Geschichte durch seine Majorität für seine Majorität handelt,	Berlin ist die Hauptstadt nicht nur der DDR, sondern des ganzen Deutschlands. Wenn der Abbruch durch die Majorität des deutschen Volkes sanktioniert werden soll, so müßte dies unter Einbeziehung jener drei Viertel des deutschen Volkes geschehen, die jetzt noch jenseits der Grenzen der DDR leben.
… hat das Recht, seiner Hauptstadt Berlin ein Antlitz zu geben, das der neuen Phase seiner Geschichte würdig ist. In ihm wird gutes Altes Teil seiner charakteristischen Züge sein.	Aus der »Kulturverordnung« der DDR: »Die neue deutsche fortschrittliche Kultur baut auf dem großen nationalen Kulturerbe des deutschen Volkes auf.« Der Satz, als Begründung nicht der Erhaltung, sondern der Beseitigung des Schlosses, widerspricht sich selbst. –Lenin (Ueber die Kunst): »Man soll Schönes erhalten, zum Muster nehmen, daran anknüpfen, auch wenn es »alt« ist.
Die neue Aufgabenstellung wird einen Widerschein von Freiheit und Zuversicht hinzufügen.	Die Beseitigung des Schlosses wäre eher ein Zeugnis geistiger Unfreiheit und des Mangels an Zuversicht, mit den großen Bauten der Vergangenheit konkurrieren zu können.
Die Ruine des Schlosses im Stadtzentrum wäre ein Hindernis bei der heute einmaligen Gelegenheit, den Mittelpunkt der Hauptstadt in großzügiger Weise zu ordnen.	Die Lage des Schlosses ist für einen Kulturbau ideal und durch die Verbindung mit der Lindenallee auch städtebaulich hervorragend.
Der für die Wiederherstellung der Ruine notwendige Aufwand würde mehr als das Zehnfache der Zeughausrekonstruktion betragen und erst in Jahren zur Verfügung stehen.	Die großartigen Perspektiven, die der Fünfjahresplan eröffnet, geben die Gewißheit, daß die Mittel für den Wiederaufbau des Schlosses, wenn nicht innerhalb des Planes, so doch nach seiner Erfüllung zur Verfügung stehen werden. Auch ist der Wiederaufbau nicht vordringlich.
Da die Zerstörungen im Schloß so weitgehend sind, daß auch bei einer Wiederherstellung am alten Platze der größte Teil der Substanz rekonstruiert werden müßte, wäre selbst in diesem Falle die geniale Leistung Schlüters im wesentlichen nur als eine Nachschöpfung erhaltbar.	Nicht rekonstruierbar sind zerstörte Innenräume (Stukkaturen) und ein Teil der dekorativen Plastik am Äußeren, die aber durch neuzeitliche Schöpfungen ersetzt werden kann, um ihre Funktion im Rahmen des Ganzen zu erfüllen. Auch wenn der Außenbau zur Hälfte neu geschaffen werden müßte – was denkmalpflegerisch kein Problem bedeutet, würde das Schloß in nicht höherem Maße »Nachschöpfung« sein als fast alle mittelalterlichen Dome.
Deshalb aus Achtung vor der hum.(-anistischen?) Leistung der Baumeister Sicherung der sie charakterisierenden guterhaltenen Details zwecks Wiederverwendung an anderer Stelle.	Die Leistung der Baumeister ist nicht »humanistisch«, sondern künstlerisch. Sie wird endgültig vernichtet, wenn man sie nur in »Details«, also in aus ihrem organischen Zusammenhang gerissenen Teilen erhalten will. Die denkmalpflegerische Erfahrung zeigt, wie kümmerlich ein solcher in vergangenen Zeiten öfters versuchter Ersatz auszufallen pflegt. Auch die Erhaltung auf dem Papier, durch noch so genaue Aufmessungszeichnungen, wird bestenfalls wenigen Fachleuten eine Vorstellung von der einstigen künstlerischen Größe des Baues vermitteln, – so, wie wenn man eine der Symphonien von Haydn, die bekanntlich für Feudalherren geschaffen würden, deswegen nicht mehr aufführen, sondern nur den Partiturlesern vorbehalten wollte.

… aber Freigabe des Platzes selbst durch Abbruch des Schlosses, um einen lebensvollen Zugang im Zentrum Berlins Raume zu geben.

Der Abbruch wird keinen neuen »Zugang« schaffen, der auf allen Seiten vorhanden ist, sondern nur eine riesige tote Fläche.

Meine Thesen.

1. Das Berliner Schloß ist eines der bedeutendsten Baudenkmäler Deutschlands, ja der ganzen Welt.
2. Die Beschädigungen, die die angloamerikanischen Bomber dem Schloß zugefügt haben, sind schwerster Art, jedoch nicht derart, daß Weiterbestehen und Wiederaufbau dadurch ausgeschlossen sind.
3. Die Erhaltung und Wiederherstellung des Berliner Schlosses wird den entschlossenen kulturellen Aufbauwillen der DDR dokumentieren und die in der Kulturverordnung ausgesprochene Absicht, an die besten Überlieferungen der deutschen Vergangenheit anzuknüpfen, zu denen Schlüter ebenso gehört wie Goethe und Bach.
4. Der Fünfjahresplan schafft die materielle Voraussetzung für die Wiederherstellung des Schlosses.
5. Art und Umfang der Wiederherstellung sind von Vertretern der Kunstgeschichte, der Denkmalpflege und der schaffenden Künstlerschaft zu diskutieren und festzulegen.
6. Da die größtenteils zerstörten Innenräume nicht wiederherstellbar sind, wird hier Gelegenheit sein, den lebenden Meistern der Kunst großartige Aufgaben zu stellen.
7. Die künftige Verwendung des Schlosses – als Repräsentationsbau der Regierung, als Museum und dergl. – ist im Verein mit den in Frage kommenden Fachleuten von der Regierung der DDR zu bestimmen.

gez. Dr. Walter Hentschel, Dresden

Anlage 12

»**Neue Zeitung**« 7. September 1950

Ostmagistrat läßt heute das Schloß sprengen

Zuerst die Hofapotheke und der Grüne Hut – Aufmarschplatz an Stelle von Kulturdenkmälern

Das Schicksal des Berliner Schlosses ist besiegelt. Heute um 9 Uhr beginnt die Sprengung des ältesten Teiles, zu dem die Hofapotheke und der sogenannte Grüne Hut gehören. Im Laufe der nächsten Tage werden die übrigen Flügel des Schloßgebäudes niedergelegt. Die meisten Sprengladungen, die nötig sind, um das Zerstörungswerk an dem Berliner Kulturdenkmal zu vollenden, wurden bereits angebracht.

Gestern war das Schloß an jedem Eingang von Volkspolizisten bewacht, die auf und ab patrouillierten und jeden nach dem Ausweis fragten, der sich dem Gebäudekomplex näherte. auf den Höfen des Schlosses waren Arbeiter damit beschäftigt, Eisenteile, die noch gebraucht werden können, zusammenzutragen. Die letzten Steinbalustraden um das Gebäude herum wurden beseitigt. Die gut erhaltenen Steinplatten sollen bei Befehlsbauten der Ostzonenregierung Verwendung finden. Wie Arbeiter erklärten, habe auf einem der Höfe der Architekt Dr. Liebknecht, der die Abriß- und Sprengarbeiten leitet, ständig Besuch von Mitgliedern der Ostregierung. Von dem Urteil einiger Ostberliner Experten, das für Freitag erwartet wird, werde es abhängen, ob man vielleicht das Eosanderportal und eine Wand des Schlüterhofes vor dem Abriß bewahren könne. Diese will man, wenn das Ergebnis positiv ausfallen sollte, an noch nicht bestimmter Stelle als Denkmäler aufbauen. Aber die Chance für die Erhaltung irgendeines Schloßteiles sei sehr gering, da die Pläne für den Auf- und Umbau des gesamten Lustgarten- und Schloßterrains längst fertig und bereits von der Ostregierung genehmigt seien.

Morgen soll das Standbild des heiligen Georg aus dem Schloßhof abtransportiert werden. Vielleicht werde man es auch zerlegen, wie das Denkmal Kaiser Wilhelm I. von Begas, erklärte man. Die letzten Reste der Säulenkolonnaden, die zu diesem Denkmal gehörten, werden in den nächsten Tagen mit der Spitzhacke beseitigt. Das Kaiserstandbild selber sei in Hunderte von Stücken zersägt und, genau wie das Denkmal Friedrichs II., das Unter den Linden stand, in die Provinz Brandenburg gebracht worden. Den genauen Ort wisse man nicht.

Das ganze Gebiet um das Berliner Schloß soll, nach den Plänen der östlichen Machthaber, zum Riesenaufmarschgelände werden. Als dekorativen Hintergrund denkt man sich das Alte Museum, dessen Frontfläche aber lediglich dazu dienen soll, mit überdimensionalen roten Draperien behängt zu werden. Der Platz an der Spree soll Tribünen erhalten, die mit Blick zum Brandenburger Tor aufgebaut werden.

Anlage 13

Resolution des **Kulturbundes** vom 5. September 1950

»1. Die Landesleitung Berlin des Kulturbundes zur demokratischen Erneuerung Deutschlands begrüßt den Beschluß der Regierung der Deutschen Demokratischen Republik und des demokratischen Magistrats von Groß-Berlin, die Schloßinsel zum Zentrum des demokratischen Lebens der Hauptstadt Deutschlands zu gestalten.

2. Die Abtragung des Doms wurde einstimmig befürwortet.

3. Ein Wiederaufbau des Schlosses wurde einstimmig abgelehnt.

4. Die Erhaltung des Schlüterhofes und des Eosanderportals an ihrem alten Platz, selbst bei Einfügung dieser Schloßteile in einen neu zu errichtenden Tribünenbau oder ähnliches, wurde abgelehnt, wobei die Wiedererrichtung des Schlüterhofes und des Eosanderportals an anderer geeigneter Stelle selbstverständige Voraussetzung bleiben muß.

5. Der Erhaltung der südlich des Schlosses gelegenen historisch

wertvollen Gebäude am alten Platz in der Breiten Straße und der Brüderstraße wurde mit Mehrheit zugestimmt.

Die Landesleitung Berlin des Kulturbundes zur demokratischen Erneuerung Deutschlands richtet an die Regierung der Deutschen Demokratischen Republik und an den demokratischen Magistrat von Groß-Berlin die Bitte, bei der Planung und endgültigem Beschluß über die Neugestaltung des Lustgartens als Aufmarschplatz der Werktätigen, diesen Wünschen Rechnung zu tragen.«

Anlage 14

»**Berliner Zeitung**«, 7. September 1950

Lenin und die Schloßruine

Oberbürgermeister Friedrich Ebert über den Neubau des Stadtzentrums

In der Sitzung der Volkskammer nahm unter anderem bei der Beratung des Gesetzes über den Neubau der Städte Oberbürgermeister Ebert das Wort. Er ging in seiner Rede unter anderem auf die Umgestaltung des Lustgartens ein, die am 30. April des kommenden Jahres beendet sein wird.

»Die Neugestaltung des Lustgartens«, erklärte Oberbürgermeister Ebert, »setzt unter anderem voraus, daß das ehemalige königliche Schloß, das heißt seine Ruine, beseitigt wird. Dieser Beschluß wurde zunächst auch von der Westberliner Öffentlichkeit als eine Notwendigkeit erkannt. Magistratsbaudirektor Lemmer erklärte, daß unsere Pläne nicht ihre Pläne, das heißt die Pläne der Westgestaltung stören, sondern daß sie sich im allgemeinen miteinander decken… Jetzt plötzlich stellt Reuter fest, daß das ehemalige königliche Schloß zu den wenigen Bauten Berlins gehört, die unbedingt erhalten bleiben müssen.«

Der Oberbürgermeister ging dann auf Polemiken in Westberliner Zeitungen ein und erklärte: »Alles das, was jetzt abgeräumt wird, ist nicht von uns zerstört worden. Das Hitlerreich hat uns diese Ruinen hinterlassen. Sie wurden von den anglo-amerikanischen Bombern geschaffen, von den Auftraggebern des Herrn Reuter und seiner Spießgesellen, die jetzt in Korea neue Methoden der Ausradierung von Städten und Dörfern und der Ermordung von Greisen, Frauen und Kindern ausprobieren. Sie haben Berlin zerstört. Sie haben die Neue Wache von Schinkel zerstört und den Schloßbau. Das ist die ganze Wahrheit, und die andere Wahrheit ist, daß man in Berlin mitten im Zentrum der Stadt nicht wie auf dem Schloßberg in Heidelberg Ruinen konservieren und aus ihrer Beleuchtung neue gute Geschäfte machen kann.

Für die mehr als 30 Millionen Mark, die allein ausgegeben werden müßten, um den Schlüter-Teil, das heißt den am Wasser gelegenen Teil des Schlosses, zu erhalten, hierfür – denke ich – können wir in Berlin sehr viele sonnige Wohnungen für die Aktivisten und auch noch einige Krankenhäuser bauen, die wir sehr dringend benötigen.

Das ehemals königliche Schloß in Berlin wird fallen. Es fällt schon, nicht weil wir aller Tradition spotten, nicht weil wir Bilderstürmer wären. Diese Ruine muß fallen, weil es eine nicht mehr aufbauwürdige Ruine ist. Herr Reuter hätte es sich ersparen können, noch im letzten Augenblick den Herrn Dekan der Fakultät der Architektur an der Technischen Universität Charlottenburg zu bemühen, der nicht nur dem Präsidenten, dem Ministerpräsidenten und anderen, sondern auch mir seinen Protest geschickt hat. Dieser Dekan hält es nicht unter seiner Würde, sich auf Lenin zu berufen, der sich seines Wissens sehr für die Erhaltung alter Bauten eingesetzt hat. Nun, Lenin hat sich auch noch für etwas anderes eingesetzt. Es gibt noch andere Zitate von Lenin, aber diejenigen, die diese Zitate in den Westen Berlins tragen, werden dort verprügelt und inhaftiert.

Es gibt viele Zitate von Lenin. Ich will nur ein einziges kurzes aus seinem Werk ›Kampf um den Frieden‹, erwähnen. Lenin sagte: ›Wir sind für den demokratischen Frieden. Für diesen Frieden kämpfen wir. Für diesen Frieden räumen wir die Trümmer des Krieges weg. Für diesen Frieden bauen wir unsere neuen Städte. Für diesen Frieden kämpfen wir mit allen Menschen, die guten Willens sind.‹ Wir wären froh, wenn sich auch der Dekan der TU in Westberlin diesem Kampf für die Ächtung der Atombombe anschließen würde.«

Oberbürgermeister Ebert schloß mit folgenden Worten: »Unsere von den anglo-amerikanischen Bombern zerstörten Städte sind die Mahnmale des Krieges, die beseitigt werden. Die von uns neu aufzubauenden schöneren Städte sollen Zeugnis ablegen für unseren starken Lebenswillen, und sie sollen für die Lebensfreude unserer jungen Generation sprechen, sie sollen der im Frieden lebenden kommenden Generation unseres Volkes dienen.«

Anlage 15

Richard Hamann, Kunsthistoriker, Ordinarius für Kunstgeschichte an der Humboldt-Universität, **an Friedrich Ebert,** Oberbürgermeister

Sehr geehrter Herr Oberbürgermeister! 8. September 1950

Wenn ich es wage, mich heute in einer scheinbar hoffnungslosen und, wie immer wieder versichert, längst entschiedenen Sache mit einer kurzen Denkschrift persönlich an Sie zu wenden, so tue ich dies als jemand, der nicht irgend Einer ist, sondern als der, auf dessen Stimme man offenbar Gewicht legte, als man ihm den kunsthistorischen Lehrstuhl in Berlin anvertraute und dessen Bücher, die in der ganzen Welt Gehör gefunden haben, man mit dem Nationalpreis auszeichnete.

Es handelt sich um die Erhaltung des Schlosses und man sage nun nicht, daß die Erschütterung, die die Nachricht von der geplanten Niederlegung bei allen Kunsthistorikern – abgesehen von solchen, die ein persönliches Interesse an der Angelegenheit haben – hervorgerufen hat, zwar bei Kunsthistorikern berechtigt und verständlich sei, aber vom politischen Standpunkt aus ein anderes Gesicht bekäme. Diese Angelegenheit ist durch und durch eine politische und vom politischen Standpunkt nur in einem Sinne zu erledigen, wie ihn in diesem Falle einmütig die Kunsthistoriker verlangen: Erhaltung und allmähliche Wiederherstellung des Schlosses.

Die Politik verlangt, daß die Stimme des Volkes, d. h. in diesem Falle der alteingesessenen Berliner, Gehör findet. Diese Stimme lautet, soweit ich sie von unbeeinflußten Leuten habe hören können: Erhaltung des alten Berlin, das nur noch mit den Linden und dem architektonisch von ihm unabtrennbaren Schloß als ein Kulturzentrum bewahrt wird, ein Kulturzentrum, das die Achtung der neuen Zeit vor den Leistungen der großen Vergangenheit jetzt und in aller Zukunft offenbart.

Die Politik verlangt, daß die Zerstörungen am Schloß, die von den Vertretern einer alten abgelebten Kultur, deren sie sich so rühmen, begonnen ist, nicht von den Verfechtern neuer Gedanken vollendet wird.

Die Politik verlangt, daß die großzügigen Kulturverordnungen sich nicht nur auf Personen beziehen, die noch immer der Kritik unterliegen werden, sondern auch auf Monumente, die weltgeschichtlich sich längst als über jeder Kritik erhaben bewährt haben. Gerade diejenigen, die gewillt sind, das Neue, das werden will, aus vollem Herzen zu bejahen, werden sich dagegen wehren, daß späteren Zeiten solche Kulturverordnungen nur als leere Worte erscheinen, denen Taten widersprechen, die jede spätere Zeit als barbarisch verurteilen wird.

Es ist nicht wahr, daß die noch stehenden Teile des Schlosses so baufällig sind, daß sie nicht erhalten oder restauriert werden könnten.

Es ist nicht wahr, daß die Kosten des Abbruchs und einer ästhetisch unmöglichen teilweisen Verpflanzung von Gebäudeteilen und Resten von Kunstwerken soweit hinter den Kosten zurückstehen, die für die Erhaltung des ganzen Schlosses notwendig sind, daß der ideelle Schaden, der durch eine Zerstörung angerichtet würde, dadurch gerechtfertigt wäre.

Für den politischen Zweck eines Geländes für Aufmärsche gibt es andere Möglichkeiten und vielleicht bessere, die mit den Forderungen des Tages besser zusammenstimmen würden, als mit einem durch die heutige Verbindung von Linden und Schloßplatz historisch gewordenen Bezirk des alten Berlin, der durch seine Geschlossenheit, seinen Gesamtcharakter als Kunstwerk seine schon heute gegebene Verwendung für Stätten des geistigen Lebens wie Bibliothek, Universität, Theater und Museen auf eine Erhaltung und Erweiterung in diesem Sinne hinweist. Auf diese Gesichtspunkte ist schon vielfach aufmerksam gemacht worden, und es liegen auch Anregungen vor, den Aufmarschplatz weiter östlich unmittelbar in das pulsierende Leben der Arbeiterstadt hineinzuverlegen. Dadurch würde Berlin ein Zentrum bewahren, das neben den großen historischen Erinnerungsstätten und repräsentativen Monumenten anderen Orts wie dem Zwinger in Dresden, dem Louvre in Paris, dem Dogenpalast und Markusplatz in Venedig, dem Hradschin in Prag und dem Kreml in Moskau würdig bestehen könnte.

Mögen noch so viele fertige Beschlüsse vorliegen, ehe nicht die Sprengladungen ihr unheilvolles Werk getan haben, ist es nicht zu spät, daß Menschen diesen Beschluß zurücknehmen, den Menschen gefaßt haben. Ich bin mir sehr wohl bewußt, welche Schwierigkeiten für die regierenden Instanzen in dieser Frage entstanden sind und bestehen. Fassen Sie, bitte, meine Worte auf als die eines in künstlerischen Fragen Sachverständigen und eines Patrioten, der sich ernsthaft bemüht, mit seinen bescheidenen Mitteln Ihnen zu helfen zu einer Entscheidung, die vor den Jahrhunderten bestehen kann.

Solange man mir nicht den Mund gewaltsam verschließt, werde ich nicht aufhören, gegen den Beschluß zu protestieren und zwar nicht als ein Angehöriger des Westens, sondern als ein Sohn des Ostens, der durch Herkunft und Erziehung (1898 an der Berliner Universität immatrikuliert, 1911 habilitiert) aufs innigste mit Berlin und seiner Kultur verknüpft ist und der bemüht ist, in kulturellen Fragen dem Osten das Gewicht zu erhalten, auf das er durch die großen Hinterlassenschaften der Kunst (Dresden, Naumburg, Magdeburg [dessen Dom ich eine Monographie gewidmet habe], Erfurt, die norddeutschen Backsteinbauten, das Berliner Schloß) Anspruch hat.

Ich hoffe, sehr geehrter Herr Oberbürgermeister, daß auch bei Ihnen meine Stimme nicht ungehört verhallen wird, und ich bedaure nur, daß ich nicht in diesen Tagen in einer mündlichen Aussprache dem Geschriebenen noch mehr Nachdruck verleihen kann. Ich hätte mich bei dieser Gelegenheit gleich Ihnen persönlich vorstellen können, da ich wohl annehmen darf, daß auch Sie auf meine Wirksamkeit in Berlin den Wert legen, der mir von so vielen Seiten in einer mich ehrenden und beglückenden Weise versichert wird, einer Wirksamkeit, die ganz Deutschland gilt und in Berlin ihr Zentrum hat.

Empfangen Sie, sehr geehrter Herr Oberbürgermeister, den Ausdruck meiner besonderen Hochachtung

gez. Hamann

NS: Ich lege ein kurzes Memorandum bei, das ich dem Herrn Ministerpräsidenten übergeben habe, ein Schreiben der Akademie der Wissenschaften, einen Brief des Rektors der Humboldt-Universität, eine Darlegung von einem unserer besten Denkmalpfleger, Herrn Schubert in Halle, das Ihnen wohl bekannte Heft der polnischen Denkmalpflege, das in der Abbildung S. 16 zeigt, wie weit die polnische Regierung bei der Wiederherstellung ihrer großen Denkmäler der Vergangenheit geht.

Auch Professor Henselmann hat sich mir gegenüber in ähnlich zustimmendem Sinne geäußert. Das Gute daran wäre, daß unsere Architekten dann viel freier und ungebundener komponieren könnten.

Anlage 16

Richard Hamann, Kunsthistoriker, Ordinarius für Kunstgeschichte an der Humboldt-Universität, **an Wilhelm Pieck**, Präsident der DDR

Hochverehrter Herr Präsident! 8. September 1950

Ich bin mir bewußt, welche Bedenken dagegen bestehen, Ihnen

persönlich mit einem Anliegen zu kommen, das Sie in Ihren wichtigsten Regierungsgeschäften stören könnte.

Ich glaube aber, daß die Umgestaltung des Stadtzentrums von Berlin und der damit zusammenhängende Abbruch des Schlosses bei einem Vater des Vaterlandes dieselbe Wichtigkeit haben wird wie bei einem Hausvater der Bau des eigenen Hauses. So hoffe ich, daß Sie mir soviel Vertrauen entgegenbringen, daß Sie mir glauben werden, daß ich die Aufgaben der neuen Zeit nicht hinter der Pietät gegenüber der Vergangenheit zurückstellen werde.

Wenn ich mich ganz scharf gegen den Abriß des Schlosses äußere, so geschieht das mit wohlüberlegten Gründen und mit voller Verantwortung. Ich halte es deshalb für wichtig, daß auch Sie, Herr Präsident, von all den gewichtigen Gründen, die von Körperschaften und Privatpersonen (soweit sie mir bekannt geworden sind) gegen die Zerstörung des Schlosses angeführt werden, Kenntnis nehmen und sich selber eine Meinung bilden, auf deren Äußerung man Ihrer Autorität als Staatsoberhaupt und Ihrem Ansehen, das Sie in der ganzen Bevölkerung genießen, entsprechend gewiß hören wird.

In Verehrung
Ihr sehr ergebener
gez. Hamann

Anlage 17

Helmut Räther, Journalist beim Berliner Rundfunk, **an Walter Ulbricht**, Generalsekretär der SED und Erster Stellvertreter des Vorsitzenden des Ministerrates

Werter Genosse Walter Ulbricht! 15. September 1950

Der beschlossene und bereits begonnene Abriß des Berliner Schlosses veranlaßte mich, nach Kenntnisnahme der Argumentation einiger führender deutscher Wissenschaftler (u. a. Nationalpreisträger Prof. Hamann, Rektor der Humboldt-Universität Prof. Friedrich, Präsident der Deutschen Akademie der Wissenschaften, Prof. Stroux, Prof. Otto Nagel) der Intendanz des Berliner Rundfunks, dessen Angestellter ich bin, aus meinem Kuraufenthalt im Erholungsheim der deutschen Intelligenz in Heiligendamm einen Kommentar zur Sendung vorzuschlagen, der sich mit diesem Problem befaßt.

In der Anlage überreiche ich Dir, neben einem Schreiben an den Präsidenten Wilhelm Pieck, sowohl den Kommentar als auch mein Begleitschreiben an den Berliner Rundfunk mit der Bitte um Kenntnis und Stellungnahme.

Mit sozialistischem Gruß
gez. Räther

Anlage 18

Walter Ulbricht, Generalsekretär der SED und Erster Stellvertreter des Vorsitzenden des Ministerrates, **an Helmut Räther**, Journalist beim Berliner Rundfunk

Werter Genosse Räther!

Die Stellungnahme, die Sie mir betreffend des Berliner Schlosses übermittelten, ist mir bereits aus dem ›Tagesspiegel‹ und einigen anderen Westberliner Zeitungen bekannt. Diese Westberliner Journalisten haben das Bedürfnis, die Tatsache zu verschleiern, daß das Berliner Schloß durch die amerikanischen Bombenangriffe zerstört wurde. Also wenn Sie den Wunsch haben, eine Protestbewegung zu organisieren, dann bitte gegen jene, die das Schloß durch ihren Bombenterror zerstört haben. Ich halte es nicht für möglich, daß die Bevölkerung der Deutschen Demokratischen Republik die Millionen aufbringt, um das zerstörte Schloß wiederherzustellen. Architektonisch wichtige Partien im Innern des Schlosses, soweit sie den amerikanischen Bombenterror überstanden haben, werden in ein Museum übergeführt werden.

Mit sozialistischem Gruß
gez. W. Ulbricht

Anlage 19

Richard Hamann, Kunsthistoriker, Ordinarius für Kunstgeschichte an der Humboldt-Universität, **an Walter Ulbricht**, Generalsekretär der SED und Erster Stellvertreter des Vorsitzenden des Ministerrates

Sehr geehrter Herr Ministerpräsident! 18. September 1950

Ich habe nicht die Ehre, Ihnen persönlich bekannt zu sein und benütze deshalb die Gelegenheit, in einer Sache, die uns beiden in gleicher Weise am Herzen liegt, Ihnen meine Stimme zu Gehör zu bringen.

Sie dürfen überzeugt sein, daß ich mich keinem Argument, das das werdende Neue in der Deutschen Demokratischen Republik betrifft, verschließe, und ich glaube, auch als ein solcher bekannt zu sein.

Da aber nach meiner Meinung die Information, die Sie von kunstwissenschaftlicher Seite über die Notwendigkeit der Schloßniederlegung erfahren haben, von Persönlichkeiten stammt, die ich nicht für kompetenter halte als mich und diejenigen, die vom Fachstandpunkt aus mit mir übereinstimmen, so halte ich es für wichtig, den Herren des Ministeriums mit anliegenden Schriftstükken Informationen zu geben, die es ihnen erlauben, trotz einiger schon erfolgter Sprengungen den Beschluß zu ändern. Diese Sprengungen betreffen bis jetzt nur Teile, die auch für den Wiederaufbau des Schlosses hätten abgetragen werden müssen.

In größter Hochachtung Ihr sehr ergebener
gez. Hamann

PS. Da es mir leider nicht möglich ist, Sie persönlich zu erreichen, erlaube ich mir, Ihnen sämtliche Schriftstücke, die von autoritativer Seite für die Erhaltung des Schlosses abgefaßt worden sind, zuzuleiten mit der höflichen Bitte, sie nicht ungelesen zu lassen und mir Ihre Stellungnahme dazu mitzuteilen. – Inzwischen ist mir auch Ihr Schreiben an Herrn Räther zur Kenntnis gebracht, und ich möchte darauf erwidern, daß alle Gründe, die für die Erhaltung des Schlosses sprechen, so allgemeiner und selbstverständlicher Natur sind, daß auch die Westpresse nicht andere aufbringen kann. Daß die Hauptschuld an der Zerstörung des Schlosses dem Bombenterror der westlichen Alliierten zuzuschreiben ist, darf natürlich immer wieder betont werden, und ich selbst habe dies in meinen Exposés stets hervorgehoben.
Umso großartiger wäre es, wenn die Deutsche Demokratische Republik allein das Schloß in neuem Glanze erstehen ließe. Die ganze Welt würde auf eine solche Tat mit Bewunderung blicken.

D. O.
gez. Hamann

Anlage 20

Artikel **Richard Hamanns**, Kunsthistoriker, Ordinarius für Kunstgeschichte an der Humboldt-Universität, vom 18. September 1950, an alle Zeitungen gegeben, nicht erschienen

In ihrer Nummer vom Freitag, den 15. September 1950, brachte die »Tägliche Rundschau« einen Artikel über den Abriß des Schlosses, in dem die Notwendigkeit des Abrisses nicht weiter diskutiert wird, sondern nur ein Hinweis auf die Baufälligkeit gegeben wird.

Dazu bemerke ich als Kunsthistoriker der Berliner Universität und als Mitglied der Akademie der Wissenschaften zu Berlin, daß von maßgebenden Instanzen wie z. B. dem Landeskonservator von Sachsen-Anhalt, der schon seit Kriegsende mit dem Wiederaufbau stark zerstörter, wertvollster Baudenkmäler wie u. a. den Domen von Magdeburg und Halberstadt beschäftigt ist, festgestellt ist, daß die Möglichkeit einer Wiederherstellung des Schlosses gegeben ist. Diese Möglichkeit einer Wiederherstellung des Schlosses wird auch heute noch nicht von dem Leiter des wissenschaftlichen Kollektivs, Herrn Dr. Strauß, bestritten. Die Kostenfrage darf nur gemessen werden an der Bedeutung dieses Bauwerkes. Ausserdem können die Kosten völliger Wiederherstellung auf viele Jahre verteilt werden und sie würden sich verringern durch die Kosten, die entstehen für den Abriß, die Bergung von Einzelobjekten und den Wiederaufbau eines Teiles des Schlosses, der ja erwogen wird.

Wir wollen nicht die hingebende Arbeit dieses Kollektivs und seines Leiters verkennen und werden auch die wissenschaftlichen Ergebnisse, die ev. dabei gewonnen werden, dankbar begrüßen, bedauern freilich, daß der Kenner des Berliner Schlosses und Biograph Andreas Schlüters, der stellvertretende Leiter des Kunsthistorischen Seminars der Universität Leipzig, Dr. H. Ladendorf, nicht zugezogen wurde. Daß freilich über die durch die bisherige Zerstörung ermöglichten Beobachtungen durch den völligen Abriß des Schlosses so wichtige neue Erkenntnisse gewonnen werden, daß seine Zerstörung gerechtfertigt wäre, bestreiten wir. Würden wir, wenn es sich nicht um ein Bauwerk handelte, das für die Ewigkeit gedacht ist, ein solches Verfahren auch bei Menschenleben gutheißen? Haben wir doch in jüngster Vergangenheit Gelegenheit genug gehabt, uns darüber zu entsetzen.

Auf keinen Fall aber dürfen wir glauben, daß die Bergung von künstlerisch interessanten Einzelkunstwerken und ihre museale Aufstellung irgend etwas von der Bedeutung des Schlosses im Ganzen und ihrer Schöpfer auszusagen vermöchte. Ihre künstlerische Wirkung vermögen diese Einzelheiten nur im Ganzen des Bauwerks auszuüben, für diese sind sie gedacht, für diese geschaffen. Das, was erhalten werden muß als Zeuge großer künstlerischer Vergangenheit Berlins ist das Schloß im Ganzen als Mittelpunkt seiner ehrwürdigen, noch heute mit neuem Leben zu erfüllenden Vergangenheit, die zu erhalten die Deutsche Demokratische Republik als eine ihrer wichtigsten Aufgaben immer wieder proklamiert hat.

gez. Professor Dr. Richard Hamann

Anlage 21

weiterer Artikel **Richard Hamanns,** Kunsthistoriker, Ordinarius für Kunstgeschichte an der Humboldt-Universität, vom 18. September 1950, an alle Zeitungen gegeben, ebenfalls nicht erschienen

Noch ist es nicht zu spät

Seit nicht zu langer Zeit ist die Öffentlichkeit durch den Ministerratsbeschluß überrascht worden, daß das Berliner Stadtschloß niedergelegt werden soll, um einem großen Aufmarschgelände Platz zu machen. Seit einigen Tagen hat man mit den Sprengungen begonnen, die bisher glücklicherweise nur Teile betreffen, die nicht zu retten waren (Apothekenflügel) oder auch bei einem Wiederaufbau vermutlich zuvor hätten abgetragen werden müssen.

Eine Orientierung der kompetenten Persönlichkeiten in der Frage dieses geschichtlich und künstlerisch einmaligen Denkmals, das mehr als irgend eines in Berlin dem Volke und der Öffentlichkeit gehört, hat bisher nicht stattgefunden. Nur von jener Seite, die mit der Ausführung aller mit der Niederlegung des Schlosses zusammenhängenden Arbeiten betraut ist, sind in Berliner Zeitungen Artikel inspiriert worden. Diese versuchen – den Abbruch des Schlosses als eine unabänderliche Tatsache voraussetzend –, die Unmöglichkeit einer Wiederherstellung zu beweisen und die ungeheure Katastrophe, die sich für die geschichtlich und künstlerisch Denkenden hinter dieser Zerstörung verbirgt, zu beschönigen, indem sie es als Hauptaufgabe des bei der Niederlegung des Schlosses beschäftigten wissenschaftlichen Kollektivs hinstellen, die künstlerischen Bruchstücke zu sammeln und neue wissenschaftliche Erkenntnisse aus dem durch die Zerstörung bloßgelegten Skelett des Baues zu gewinnen. Zu alledem ist zu sagen:

1. Daß die Möglichkeit des Wiederaufbaus von Sachverständigen

und auch von denen, die – vielleicht schweren Herzens oder mit schlechtem Gewissen – sich für die notwendig werdenden Arbeiten zur Verfügung gestellt haben, nicht bestritten wird.

2. Daß die Kosten einer Wiederherstellung – es werden Summen von 50 Millionen Mark genannt – übertrieben sind, da die Kosten für den Abbruch, die Bergung der noch vorhandenen künstlerischen Reste und die Übertragung von Teilkomplexen des ganzen Baues an andere Stellen abgezogen werden müßten, desgleichen der Wert der durch die Wiederherstellung gewonnenen Räume.

3. Dieser Wert würde umso höher sein, je bedeutsamer der Zweck wäre, den die Räume zu erfüllen hätten. Es muß schon jetzt der Vorschlag gemacht werden, den Zweck, den das Schloß immer gehabt hat: Sitz des Staatsoberhauptes zu sein, auch für jede künftige Regierung zu erhalten. Auch für den Präsidenten der Republik wird es nie ein repräsentativeres Gebäude, sowohl was Umfang, als auch Würde der Architektur anbetrifft, geben. Es kommt nur darauf an, daß eine neue mit neuem Geist erfüllte Regierung die Kraft hat, eine solche Monumentalarchitektur mit ihrem Leben zu erfüllen, wie andererseits eine solche Architektur selber der neuen Regierung für ihre Haltung und repräsentativen Zwecke Energie zuleiten wird. Nicht umsonst hat man anderswo, beim Dogenpalast in Venedig, dem Hradschin in Prag, dem Louvre in Paris, dem Zwinger in Dresden und vor allem dem Kreml in Moskau die alten Regierungssitze erhalten und für neue staatliche Zwecke wieder verwendet. Zu derselben Zeit, wo von dem Beschluß der Niederlegung des Schlosses in der Deutschen Demokratischen Republik berichtet wird, melden die Zeitungen die Vollendung der Wiederherstellung des Kreml in Moskau.

4. Die politische Absicht, das Schloß als Zeuge des unheilvollen Wirkens der Hohenzollern und des Preußentums zu beseitigen, würde sich gegen ein wehrloses Bauwerk richten anstatt einer echten Revolution, die gegen machtvolle Widerstände der Vergangenheit sich erhebt; eine Revolution post festum, ein Zeichen der Ohnmacht, nicht des seiner Aufgabe sicheren Willens, die Welt zu bessern.

5. Die Bergung architektonischer Einzelheiten und ihre Aufbewahrung in einem Museum ist der schlechteste Dienst, den man sowohl diesen Resten wie dem Schloß im ganzen und seinem Schöpfer Schlüter beweisen kann. Aus ihrem Zusammenhang herausgerissen, verlieren diese Reste ihre eigentliche Bedeutung. Sie können weder recht gewürdigt noch überhaupt verstanden werden. Sie sind nicht geeignet, eine Vorstellung von dem Ganzen, dem sie entnommen sind, wieder zu erwecken, können aber dieses Bild trüben und fälschen.

6. Der Wunsch, einen großen Aufmarschplatz für politische Demonstrationen zu gewinnen, ist verständlich. Aber wenn man gerade diesen Platz für diese Zwecke besonders würdig empfindet, so geschieht das aus Anerkennung der geschichtlichen Tradition und der Würde der Situation. dies aber ist in erster Linie durch das Schloß und die mit ihm eine künstlerische Einheit bildende Straße Unter den Linden bedingt. Reißt man das Schloß ab, so zerstört man nicht nur eines der Denkmäler der Vergangenheit, deren Erhaltung als eine der vornehmsten Aufgaben in der DDR proklamiert worden ist, sondern auch die historische und künstlerische Bedeutung des Platzes selber. Tribünen, auch wenn sie aus Stein sind, werden immer ein Bild von Räumen für Gelegenheitsaktionen ergeben, in denen das Leben außerhalb dieser einmaligen und zufälligen Lebensäußerung schweigt, während die Monumentalität des Schlosses mit den ihm seit alters her angegliederten Gebäuden von der Ewigkeit und Dauer des Volkes kündet.

Das Schloß als Sitz des Regierungshauptes ist nicht nur der durch Tradition geheiligte Mittelpunkt Berlins, sondern macht schon durch seine künstlerische Bedeutung symbolisch Berlin zur Hauptstadt Deutschlands.

Diese Ausführungen sollen keine Polemik gegen die Männer sein, die in erster Linie aus politischen Gründen den Beschluß gefaßt haben, sondern eine Aufklärung und eine Anregung zu öffentlicher Diskussion, zu der vor dem Beschluß keine Möglichkeit gegeben war. Eine besserer Unterrichtung verdankte Zurücknahme des Beschlusses würde nicht einen Prestige-Verlust bedeuten, sondern ein imponierendes Zeichen von Verantwortlichkeit und Überlegenheit unserer regierenden Männer. Haben sich doch für die Erhaltung des Schlosses so gewichtige Instanzen wie der Präsident der Deutschen Akademie der Wissenschaften, der Rektor der Humboldt-Universität, die ehemals Staatlichen Museen, der Landeskonservator von Sachsen-Anhalt und, wie mir von Ihrem Präsidenten mündlich versichert wurde, auch die Akademie der Bildenden Künste eingesetzt. Meine Stimme ist nur eine unter vielen.

gez. Professor Richard Hamann

Anlage 22

Friedrich Ebert, Oberbürgermeister, **an Richard Hamann**, Kunsthistoriker, Ordinarius für Kunstgeschichte an der Humboldt-Universität

Sehr geehrter Herr Professor! 20. September 1950

Ihr Schreiben vom 8. September 1950, mit dem Sie sich gegen die Beseitigung der Schloßruine wenden, habe ich erhalten.

Auch wenn Ihre Ausführungen rechtzeitig eingegangen wären, ehe der Ministerrat der Deutschen Demokratischen Republik und der Magistrat von Groß-Berlin die maßgebenden Beschlüsse gefaßt hatten, hätte es an der nunmehr endgültig getroffenen Entscheidung voraussichtlich nichts ändern können.

Sie können versichert sein, daß diese Entscheidung von allen damit befaßten Instanzen nach jeder Hinsicht reiflich überlegt worden ist. Wenn das Schloß noch unzerstört wäre, hätte niemand den Abbruch ernsthaft erwogen. Da das Schloß aber durch die englisch-amerikanischen Bombenangriffe, wie die Sachverständigen inzwischen festgestellt haben, zu etwa 80 % zerstört ist, gab es nur folgende Möglichkeiten:

Die Ruinen stehen zu lassen:
Das mußte abgelehnt werden, weil das neue Berlin keine Ruinenstadt wie Rom werden soll;

die Ruinen auszubauen;
das hätte, wie inzwischen berechnet worden ist, vier- bis fünfmal soviel gekostet wie ein Neubau des Schlosses und konnte bei den bedeutenden Bauvorhaben, die Berlin erfüllen muß, nicht verantwortet werden;
die Trümmer des Schlosses unter Bergung des Erhaltungswürdigen zu beseitigen.
Dieser letzte Weg erschien allen Beteiligten als der beste. Ich kann Ihnen erklären, daß sich sowohl im Ministerrat wie im Magistrat von Groß-Berlin keine Stimme für die Erhaltung oder den Ausbau der Ruine erhoben hat und daß alle Beschlüsse einstimmig gefaßt worden sind. Der Herr Ministerpräsident wie auch ich haben die Zusicherung gegeben, daß die historisch und künstlerisch wertvollen Teile des Schlosses geborgen und für eine etwaige spätere Verwendung zunächst sicher aufbewahrt werden sollen. Sie werden sich sicherlich auch persönlich davon überzeugt haben, daß ein Stab von Kunsthistorikern damit beschäftigt ist, diese künstlerisch wertvollen Bestandteile festzustellen und ihre Bergung zu überwachen. Es entstehen dadurch erhebliche Kosten. Die Arbeiten werden wesentlich schwieriger und komplizierter. Sollten Sie hinsichtlich der Erhaltung und späteren Verwendung von Teilen der Schloßruine Vorschläge haben, bin ich gern bereit, diese den zuständigen Stellen zur Beachtung weiterzugeben.

Ich habe volles Verständnis dafür, daß es jedem Kunsthistoriker weh tut, ein Baudenkmal wie das ehemalige Schloß nur noch in Abbildungen und in Museen sehen zu können. Bedenken Sie aber bitte, daß nicht die fortschrittlichen Kräfte es waren, die das ehemalige Schloß zerstörten, sondern daß wir jetzt nur die undankbare Aufgabe haben, die Trümmer zu beseitigen, die andere geschaffen haben; besonders undankbar deshalb, weil manche Kreise die Schuld uns zuschieben wollen, um von den wahren Urhebern der barbarischen Zerstörungen abzulenken.

Mit vorzüglicher Hochachtung!
gez. Ebert

Anlage 23

Berliner Rundfunk vom 23. September 1950 (Auf Veranlassung von ADN) 7-Uhr-Nachrichten

Zur Beseitigung der Schloßruine nahm der Berliner Oberbürgermeister Friedrich Ebert in einem Schreiben an den Kulturhistoriker Professor Richard Hamann von der Humboldt-Universität das Wort. In seinem Schreiben betonte Oberbürgermeister Ebert, daß nicht die fortschrittlichen Kräfte das ehemalige Schloß zerstört hätten, sondern daß sie jetzt nur die undankbare Aufgabe hätten, die Trümmer zu beseitigen, die andere geschaffen haben. Selbstverständlich würden unter der Aufsicht eines Stabes von Kulturhistorikern künstlerisch und historisch wertvolle Teile des Schlosses geborgen und für spätere Verwendung sichergestellt.

Anlage 24

»**Der Tagesspiegel**« vom 1. Oktober 1950

Berliner Schloß vor dem Untergang
Von Margarete Kühn

Am 15. September ist der südwestliche Teil des Berliner Schlosses bis zum Eosanderportal gesprengt worden, nachdem schon vorher Teile des vorbarocken Baus niedergelegt worden waren. Dieser Akt der Zerstörung muß tiefstes Befremden erregen. Bauwerke von der künstlerischen und geschichtlichen Bedeutung des Berliner Schlosses sind zeitlos. Es gibt kein politisches Argument, das den Abbruch rechtfertigen könnte. Im Gegenteil: die Erhalung wäre eine politische Forderung. Das Schloß, das einzige erhaltene Bauwerk Andreas Schlüters, ist das Gebäude, das den hauptstädtischen Rang Berlins am großartigsten verkörpert.

Nur ein einziger Grund könnte den Abbruch des Schlosses rechtfertigen: wenn der Zustand, in den der Luftangriff vom 3. Februar 1945 das Schloß versetzt hat, eine Wiederherstellung nicht zuließe, wenn die Erhaltung des Schlosses nur durch einen Neuaufbau möglich wäre. Zwar scheut man sich anderswo, zum Beispiel in Polen, nicht, ein Baudenkmal von Grund auf im alten Stil neu zu errichten, wie man es mit dem Schloß in Warschau unternommen hat. Unsere Einstellung zum Kunstwerk der Vergangenheit ist eine andere. Sie beruht auf der Forderung unbedingter künstlerischer Originalität, dem Glauben an die Unwiederholbarkeit der schöpferischen Leistung. Das Schloß Andreas Schlüters ist bis in alle Einzelheiten hinein das Werk einer schöpferischen Individualität. Dennoch erlaubt der Zustand des Schlosses eine Wiederherstellung, die unseren Ansprüchen an die Originalität der architektonischen Substanz gerecht wird. Wenn man heute die Morbidität des Baus »feststellt«, so muß dem entschieden entgegengetreten werden. Es ist kein wirklich Sachverständiger hinzugezogen worden, niemand, der jemals verantwortliche Denkmalpflege geleistet hat und über gründliche praktische Erfahrung auf diesem Gebiet verfügt. Wer die Möglichkeit der Wiederherstellung leugnet, stellt der modernen Denkmalpflege ein Armutszeugnis aus. Weder Mauerrisse noch Abweichungen vom Lot stellen den Fachmann vor wirkliche Schwierigkeiten. Torkretierungen und Anankerungen sind längst erprobte Methoden, mit Schäden des Mauerwerkes fertig zu werden, wie die Wiederherstellungsarbeiten am Dresdner Zwinger und an der Münchener Frauenkirche gezeigt haben.

Es heißt, daß man einzelne Teile an anderer Stelle »wiederverwenden« will. Aber Architektur ist keine Summe von Bausteinen oder Bauteilen, aus denen man wie beim Steinbaukasten bald dieses, bald jenes zusammenbauen kann, sondern sie ist ein unveränderliches Ganzes, in das alle Einzelheiten nach einem immanenten künstlerischen Gesetz eingeordnet sind. Wer glaubt, Schlüter damit am Leben zu erhalten, daß er mit Einzelheiten wie mit Versatzstücken operiert, irrt ebenso grotesk wie jemand, der Themen und Teile einer Bachschen Fuge voneinander löst und in ein neues Musikstück einfügt. Wer solche Absichten hegt, hat nie die Größe und den ornamentalen Reichtum des Schlüterhofes zu erleben vermocht, hat nie den mitreißenden, befreienden Schwung empfunden, der durch diese kühne und dennoch harmonisch beruhigte Architektur geht. Die Totalität des Kunstwerkes schließt nicht aus, daß auch das einzelne selbständigen Wert hat. In jeder Dekoration des Berliner Schlosses lebt der Wille des schaffenden Künstlers. Glich doch der Baubetrieb einer riesenhaften Bauhütte, die von dem Geist des einen Baumeisters beherrscht wurde und beherrscht werden konnte, weil in Schlüter der Architekt und der Handwerker eins waren. Er hat ein Heer von Bildhauern, Steinmetzen, Stukkateuren befähigt, selbstschaffend seinen künstlerischen Impulsen zu folgen. Was bedeutet es daher, wenn man etwa eine Fensterbekrönung, eine Umrahmung, ein Stück Gesims mit Gehänge und Adler ausbaut. Man hat das System des Baus, aber man rettet nichts von seinem Leben. Man hat ein paar Kunstwerke in der Hand, aber man hat Hunderte vernichtet, denn jeder Adler, jede Girlande, jede Bekrönung ist die schöpferische Leistung eines Handwerkers.

Ebenso zerstört man den Bau, wenn man ihn versetzt. Die Architektur hat unter allen Künsten die engste Umweltbeziehung. Was die Amerikaner tun, wenn sie italienische Klosterhöfe in ihrem Lande wiederaufbauen, ist museale Mumifizierung. Schlüter aber ist uns lebendige Gegenwart; sie gilt es zu erhalten. Das ist nur möglich, wenn der Bau an dem Ort bleibt, an dem er seinen Zweck erfüllt hat. Der Kunstwert eines Baus ist von seiner öffentlichen Bestimmung nicht zu trennen, denn Architektur ist nicht zweckfreie Kunst.

Das Berliner Schloß steht in enger Beziehung zum Stadtbild. Als Schlüter 1706 die Leitung des Schloßbaus an Eosander abtreten mußte, geschah dies in einem bedeutsamen Moment der Bauentwicklung. Das Schloß sollte durch die Umbauung des Vorhofes auf das Doppelte vergrößert werden. Mit der Ausführung dieser Aufgabe wurde dem Bau zugleich eine neue Funktion zugewiesen. Nach Westen zu waren zu seiten der Linden neue Städte planmäßig angelegt worden, und das erweiterte Schloß übernahm es, die beiden Stadtorganismen – das alte Berlin-Kölln und die neuen Gründungen – miteinander zu verknüpfen. Der Schlütersche Bau beherrscht die alte Stadt Kölln, das vergrößerte Schloß wendet sich den neuen Städten zu und bildet zusammen mit den Monumentalbauten der Linden die städtebaulich bedeutendste Anlage Berlins. So ist das Schloß der Kristallisationspunkt eines Kraftfeldes geworden, den man aus dem Gefüge der Stadt nicht entfernen kann, ohne die Ordnung des Ganzen ins Wanken zu bringen.

Die Verbindung der beiden aneinandergrenzenden Stadtteile erfordert es auch, daß der Schlüter-Eosandersche Bau, der eine organische Einheit bildet, als Ganzes erhalten bleibt. Der Schlüterteil allein steht funktionslos im Stadtbilde, denn die Konzeption dieses Baus hatte andere Voraussetzungen. Sie war durch die Anlagen der Dominikaner-Kirche auf dem westlichen Teil des Schloßplatzes bedingt. Legt man heute den Schlüterschen Teil des Schlosses frei, so ist er durch die Veränderung des ganzen Platzes entstellt und um seinen Maßstab gebracht; er steht fremd und zusammenhanglos in einem Raum, für den er nicht bestimmt war. Die Schlüterschen Schloßteile bilden kein Ganzes mehr. Von dem Gesamtorganismus getrennt, sind sie ein Torso, in dem aber nicht mehr die Schönheit des Ganzen erlebbar ist.

Es gibt für das Berliner Schloß nur eines: den Bau Schlüters und Eosanders an seinem Platz wiederherzustellen. Mit der Beseitigung des Schlosses wird der Baumeister Schlüter ausgelöscht sein und mit ihm die große moralische Kraft, die von seinem Werk ausgeht.

Anlage 25

Konservatoren und Denkmalpfleger aus Westdeutschland **an Richard Hamann**, Kunsthistoriker, Ordinarius für Kunstgeschichte an der Humboldt-Universität

Sehr verehrter Herr Professor Hamann, 10. Oktober 1950

Es ist bekannt geworden, daß man beschlossen hat, die noch stehenden Reste des Berliner Schlosses niederzulegen. Mit der Sprengung ist bereits begonnen worden.

Die unterzeichneten Konservatoren und Denkmalpfleger sind der Auffassung, daß es sich bei dem Berliner Schloß, dem letzterhaltenen Werk Andreas Schlüters, um ein Meisterwerk europäischer Bedeutung handelt und daß damit die Erhaltung der Ruine eine Frage ist, die die gesamte Kulturwelt angeht.

In dieser großen Sorge wenden sich die Unterzeichneten daher an Sie, sehr verehrter Herr Professor, mit der Bitte, alles Ihnen geeignet Erscheinende unternehmen zu wollen, um diesen nicht mehr gut zu machenden Schritt zu verhindern.

In vorzüglicher Hochachtung
gez. Dr. Bleibaum, Marburg
Dr. Ritz, Direktor, München
Prof. Dr. Grundmann, Hamburg
Dr. Seeleke, Braunschweig
Dr. von Bornheim, Koblenz
Dr. Hirschfeld, Kiel
Dr. Rieth, Tübingen
Prof. Haupt, Karlsruhe
Dr. Reinhold, Freiburg i. Br.
Reg.- u. Baurat Genzmer, Sigmaringen
Präsident Prof. Esterer, München
Dr. André, Hannover
Prof. Dr. Georg Lill, München

Anlage 26

»Svenska Dagbladet«, Stockholm, 19. November 1950 (übersetzt)

Das Berliner Schloß vor seinem Untergang

Von Professor Ragnar Josephson

Bei dem großen Luftangriff auf Berlin am 3. Februar 1945 fielen Bomben auf das Berliner Schloß herab. In der abschließenden

Kraftanspannung fielen unersetzliche künstlerische Werte der Vernichtung anheim, damit das einzige Ziel erreicht würde: die Befreiung der Welt von der Unterdrückung. Die Hüter der Kultur mußten während dieser entscheidenden Zeit mit ihrer Klage zurückhalten. Glücklicherweise erwiesen sich die Beschädigungen des gewaltigen Schloßbaus nicht als unreparierbar. Die Mauern hatten standgehalten, wenn auch mit tiefen Rissen, und der ornamentale Reichtum war so groß, daß das Bauwerk trotz der gewaltigen Verluste seinen Rang in der europäischen Barockarchitektur behauptete. Während der letzten fünf Jahre hat das angeschlagene Schloß gestanden und gewartet. Es hat auf die Zeit gewartet, die hätte kommen sollen, wo Kräfte und Mittel zur Verfügung stehen würden, um es wieder einigermassen instand zu setzen. Dies ist nach Angaben, die ich jedoch nicht habe nachprüfen können, bei zwei anderen hervorragenden deutschen Bauwerken geschehen: dem Zwinger in Dresden und der Frauenkirche in München. Die deutschen Sachverständigen wußten, daß es mit der bereits erprobten modernen Konservierungsmethode möglich sein würde, auch das Berliner Schloß für künftige Zeiten zu bewahren.

Aber die Sachverständigen, die sich in die unvermeidliche Zerstörung der Kriegszeit hatten finden müssen, hatten nicht mit der blinden Unsicherheit der Friedenszeit gerechnet. Plötzlich, ohne Ankündigung, wurden am 15. September 1950 Sprengschüsse vom Schloßplatz gehört. Es war der südwestliche Teil des Schlosses, der zerstört wurde. man weiß nicht, ob diesem Vorgehen ein fremder Befehl zugrunde lag, auch nicht, welche Pläne in Vorbereitung waren. Sollte das Schloß abgetragen werden, um es im alten Stil wiederzuerrichten, wie es mit dem Warschauer Schloß geschehen soll? Handelte es sich darum, worauf gewisse Anzeichen deuteten, einige architektonische und plastische Einzelteile an eine andere Stelle zu schaffen und sie dort aufzubauen, das alte Gebäude jedoch zu vernichten? Alles beides wäre abzulehnen gewesen und traf auch auf Proteste. Das Berliner Schloß ist mit seinem Platz organisch verwachsen, so wie es das Stockholmer Schloß mit seinem ist: der historisch-künstlerische Wert ist nur zu erhalten, wenn er an Ort und Stelle in architektonischer Ursprünglichkeit und Echtheit erhalten wird.

Im Oktober wurde es dann klar, was beabsichtigt war. Der Ministerrat der Deutschen Demokratischen Republik hatte beschlossen, das Schloß dem Erdboden gleichmachen zu lassen, um Platz für einen großen Aufmarschplatz zu schaffen. Die Warnungen und Proteste, die sich hervorwagten, blieben ohne Erfolg. In den letzten Oktobertagen wurde ein weiterer Schloßflügel gesprengt, und zur Zeit dürfte die Sprengtätigkeit in vollem Gange sein. Meine letzten Nachrichten sind vom 1. November. Man scheint zu diesem Zeitpunkt noch nicht jegliche Hoffnung aufgegeben zu haben, man wollte an ein Wunder glauben – an einen Widerruf dieses unsinnigen Beschlusses, der bereits zum Teil ausgeführt worden war.

Was vor sich geht, ist offensichtlich eine schwere Form einer in der Kunstgeschichte wohlbekannten Erscheinung: Verfolgung oder Vernachlässigung von Kunstwerken, geschaffen zu Ehren eines Regimes, einer Gesellschaftsordnung, einer Idee, die Mißfallen erregen. Am häufigsten pflegt diese Jagd auf mißliebige Kunstwerke Denkmälern der Bildhauerkunst zu gelten: Die Revolutionen warfen die Königsstandbilder um. Hier handelt es sich hingegen um ein gewaltiges Bauwerk, das für seine Geschichte büßen muß. Das Schloß war vermutlich bereits von dem Großen Kurfürsten von Brandenburg geplant, wurde jedoch erbaut von Kurfürst Friedrich III., dem späteren König Friedrich I. von Preußen. Sein Architekt war ein genialer Bildhauer, Andreas Schlüter, der sich nach und nach, nach schwerem Mißgeschick auch der Baukunst widmete und dem schließlich im Jahre 1699 der gewaltige Auftrag anvertraut wurde. Aber er durfte die Leitung bloß bis 1707 behalten, in welchem Jahre Eosander von Göthe, schon vorher an Ort und Stelle tätig, Leiter des Baues wurde; dieser fügte zu der würfelförmigen Schlüterschen Burg ein gewaltiges Rechtecksgebäude hinzu. Trotzdem die beiden Baumeister erbitterte Feinde wurden, sind ihre beiden Teile organisch zusammengebaut, und der Komplex bildete den architektonischen Hauptschmuck der wachsenden Königsstadt. Die architektonische Sprache ist römisch, vom gleichen Klange wie im Stockholmer Schloß. Aber im Schlüterschen Teil hat ein feuriger Bildhauer die Massen modelliert; es ist plastisches Leben in der Mauer, starke Betonungen, hohes Relief, tiefe Schatten, freie, abwechslungsreiche und originelle Gestaltung.

In Eosanders Teil ist die architektonische Sprache gelehrter und ruhiger, sehr akademisch. Eosander war ein ausgebildeter Architekt und er hatte Sinn für das Regelrechte und Nüchterne, aber auch für das, was hofmäßig à la Mode war.

Das große Bauwerk steht in einer eigentümlichen Beziehung zu Schweden. Die deutschen Kunsthistoriker haben sich lange gefragt, woher die strenge römische Sprache, damals unbekannt in Berlin, eigentlich gekommen ist. »Ich kenne in ganz Europa kein Bauwerk des 17. und 16. Jahrhunderts, das so römisch aussieht wie das Berliner Schloß«, sagte der alte Gurlitt und weiter, es »gehöre einem altertümlichen, gewaltigen Barockstil an, den um 1700 kein anderes Land kannte«. Pinder antwortete Gurlitt mit dem Hinweis, das Stockholmer Schloß sei der Vorläufer des Berliner Schlosses. Dieser Forscher ist auf stilistischem Wege zu einem Ergebnis gekommen, das die Urkundenforschung nach ihm bestätigt hat. Kurfürst Friedrich stand in nahen Beziehungen zu dem Baumeister des Stockholmer Schlosses, Tessin, und bestellte bei ihm eine Reihe von Zeichnungen. Es war auch Tessin, welcher, da es ihm selber an Zeit und Möglichkeit fehlte, dem Kurfürsten seinen Schüler Eosander hinunterschickte, und zwar in den Jahren, ehe Schlüter den Auftrag erhielt. Eosander war ein begeisterter Bewunderer Tessins, welcher Bewunderung er auch schriftlich starken Ausdruck gegeben hat. Wie dieser Einfluß Tessins im einzelnen gewirkt haben kann während der ersten Planung des Berliner Schlosses und während seines späteren Ausbaus unter Eosander, ist eine verwickelte Geschichte. Daß die römische Stilbewegung die Hauptstadt Brandenburgs erst nach einem großen Umweg über Schweden erreichte, dürfte jedoch als sicher gelten.

Wenn also auch Schweden ein ganz besonderes Interesse an dem Schicksal des Berliner Schlosses geltend machen kann, so geht dies Schicksal doch alle an. Es war in großgeformter, kraftvoller Ganzheit und in leuchtender Detailkunst ein energisch lebendes Denkmal der souveränen Barockkunst in Europa, und es gab dem zerstreuten Stadtbild in dem architektonisch mißhandelten Berlin Haltung. Das große Architekturwerk wie das große Kunstwerk überhaupt erhält seine bestimmenden Züge von der Zeit, in der es geschaffen wird, und von dem Lande, wo es entsteht. Aber wenn es bedeutend ist, dann gehört es in der Tat allen Ländern an und soll so weit wie möglich zu allen Zeiten geschätzt werden.

Die Machthaber des Tages im östlichen Berlin, die zweifelsohne wichtigere Probleme zu lösen haben als die Restaurierung von Königsburgen, waren anderer Meinung. Sie haben offensichtlich, wie es die Deutschen während der verwilderten dreißiger Jahre leider oft taten, in diesem Schloß vor allem eine politische Manifestation erblickt. Ein deutscher Kunsthistoriker von der zweifelhaften Sorte, wie sie damals üppig gedieh, sang ein Loblied auf seine Architektur, weil sie ihn zu erinnern schien an »ein Getöse zusammenstoßender Stahlschilde, ein Dröhnen kriegerischer Trompeten«. Dies waren für ihn die schönsten architektonischen Laute. Diese Laute sind es offenbar, die jetzt als Mißlaute eines seit langem vergangenen Fürstenkultes vernommen wurden. Sie haben die empfindlichen Trommelfelle der augenblicklichen Machthaber irritiert und sollen zum Verstummen gebracht werden. Sie wollen lieber ihre eigenen Laute hören auf dem Aufmarschplatz, den sie auf dem Grundstück des abgerissenen Schlosses anlegen. Auch dieser öde Platz wird eines Tages ein Denkmal sein – ein Denkmal der Pietätlosigkeit, der Engstirnigkeit und der geistigen Armut.

Anlage 27

»Frankfurter Rundschau«, 16. November 1950

Das Schicksal des Berliner Schlosses

Von Prof. Dr. Ernst Gall

Im Anfang des Jahres 1946 ging in Berlin das Gerücht um, »man« wolle das Brandenburger Tor beseitigen, weil man die ein Viergespann lenkende Göttin auf der krönenden Mitte, die der Erbauer des Tores, Carl Gotthard Langhans, als »Triumph des Friedens« bezeichnet hatte, für eine Siegesgöttin hielt. Es verblieb bei dem Geraune, und die Angstträume verwehten. Jetzt ging die Nachricht durch die Zeitungen, das Berliner Schloß solle gesprengt werden. Dieses Mal wurde bereits Hand angelegt: die südliche Hälfte der Westfront mit der anschließenden Ecke der Südseite ist in den Abendstunden des 16. September tatsächlich gesprengt worden. Warum?

Das Berliner Schloß, im russischen Sektor der ehemaligen Reichshauptstadt gelegten, ist keine gefahrdrohende Ruine, die aus Sicherheitsgründen niederzulegen wäre. Ein amerikanischer Bombenangriff am 3. Februar 1945 brachte zwar dem Ostflügel an der Spree schweren Schaden, auch stürzte etwa die Hälfte des die beiden großen Binnenhöfe trennenden Zwischenbaues ein, und die meisten Räume, bis auf einige Teile des Süd- und Westflügels, brannten aus, aber die Hauptmauern hatten standgehalten; das Schloß ist, nachdem bei der Eroberung Berlins Ende April 1945 seine Wände noch von einigen Artilleriegeschossen getroffen waren, als Ganzes wenigstens in seiner Grundsubstanz und vor allem in seinen Hauptfassaden erhalten geblieben. Die mächtigen sandsteinverkleideten Backsteinmauern trotzten auch bis jetzt den Unbilden der Witterung, man hätte also mit einigem guten Willen das Bestehende nutzen und zu einem repräsentativen Verwaltungsgebäude ausbauen können. Niemand kann sich auf einen schlechten baulichen Zustand berufen, um die Niederlegung des Schlosses zu begründen. Aber was bezweckt man in Wirklichkeit?

Das Schloß soll einem »Aufmarschplatz« weichen, an der Spree im Osten ist eine Tribüne geplant, und vor dem westlichen Spreearm soll ein »Denkmal« errichtet werden. Das gibt städtebaulich gesehen eine grauenvolle Mißgeburt: bekanntlich liegt das Schloß zwischen zwei Plätzen, dem kleineren »Schloßplatz« im Süden und dem größeren »Lustgarten« im Norden. Beseitigte man das Schloß, so entstände eine riesige Freifläche ohne optisch faßbare Begrenzung, die den Namen »Platz« in keiner Weise mehr verdient, denn ein architektonisch gebildeter Platzraum bedarf der umschließenden Wände und eines festen sichtbaren Maßstabes, wenn er wirken soll. Die dann entstehende gestaltlos zerfließende Fläche würde an ihrem Ostrande, aber nicht einmal in dessen Mitte, als einzigen Akzent den Dom tragen, eben jenes pseudotektonische Gebilde mißverstandener Pompentfaltung, das schon immer störte und jetzt in der Isolierung um so aufdringlicher zur Geltung kommen müßte. Will man das wirklich? Neben der hochragenden Domkuppel kann keine horizontal gelagerte Tribüne, die in gleicher Flucht nur um Straßenbreite getrennt errichtet werden soll, irgendwie platzbeherrschend wirken, stets wird der Dom sie erdrücken. Die Initiatoren dieses fragwürdigen Projektes würden später sehr enttäuscht auf dieser Tribüne stehen – wer auf Massen suggestiv wirken will, bedarf eines eindrucksvollen architektonischen Rahmens.

Wer Aufmarschplätze im Zentrum Berlins sucht, müßte sich raumbeherrschende Wände wie die des Schlosses erbauen, wenn sie nicht da wären! Statt dessen will man eine im Laufe der Jahrhunderte gewordene Platzordnung, an der so geniale Meister wie Schlüter und Schinkel gewirkt haben, zerstören und zerstört dabei nicht nur das Schloß und eben dieses Ganze, sondern auch noch jedes seiner Teile, denn um ihre Wirkung wird auch die noch erhaltene Fassade des »Alten Museums« gebracht. Sie ist in ihrer heiter-offenen und doch so würdevollen Erscheinung mit glücklich empfundenem künstlerischem Feingefühl als edle »Apollo und den Musen geweihte Stätte« auf die räumlichen Verhältnisse des alten Lustgartens und die ihr gegenüber sich erhebende Schloßfassade abgestimmt. Fällt das Schloß, so fällt mit ihm auch der breit gelagerte massive Baublock, der in gegensätzlicher Wirkung der plastisch gelockerten Säulenfront des Museums ihren vornehmen Reiz sicherte, eine platte Leere wird sich auftun, die alles verschlingt bis auf den in aufdringlicher Geschmacklosigkeit sich erhebenden Dom. Anscheinend will man mit dem Schloß eine monarchische und aristokratische »Tradition« vernichten. Welch naiv-unerfahrenes Mißverstehen künstlerischer Inhalte und Gegebenheiten! Gewiß: Jeder gute alte Bau diente einem bestimmten objektiven Zweck, aber jeder große Künstler schafft nicht nur für seine Zeit, er sieht zugleich in die Ewigkeit. Das Berliner Schloß verkörperte nicht nur Machtstreben und Würde des jungen preußischen Königtums in der Stunde seiner Geburt, es zeugt auch in seiner Gestaltung von hochgemutem Wollen und kraftvollen Sein schlechthin. Die ägyptische Pyramide, der griechische Tempel, das römische Pantheon, die gotische Kathedrale – sie alle sind Denkmale begrenzter weltanschaulicher Denkformen, als Kunstwerke reichen sie jedoch weit darüber hinaus. Ihr zweckgebundenes Dasein im Sinne der Erzeuger ist seit langem erfüllt, aber geblieben ist das geheimnisvolle Leben ihrer gestalteten Form, schöpferisches Vermögen ausstrahlend, das in verwandelter Gestalt sich immer neu gebiert. Schlüter löste, als er die plastisch durchgliederten Fassaden des Berliner Schlosses schuf, hohe Aufgaben aus idealem Bereich, dahinter stand nicht nur der zeitlich beschränkte und realistisch gebundene Wille seines Auftraggebers, sondern auch die größere Idee der geistigen Erhöhung menschlichen Dasins – mag sie ihm bewußt geworden sein oder nicht –, denn in ihr wurzelte sein Künstlertum. Auch wenn der neue König nur Macht und Prunk gesucht haben sollte, Schlüter baute in höheren Sphären. Jeder wird das verstehen, der einmal ein Konzert im »Schlüterhof« gehört hat: Ton und tektonische Form vermählten sich in einer gesteigerten Gefühlswelt, denn jede groß gedachte Architektur versetzt uns in einen dem gewöhnlichen Tagestreiben entrückten Bereich seelischer Wirklichkeit. Wir beten nicht zu Zeus oder Hera, wenn wir innerlich ergriffen vor ihren Tempeln stehen, denn es gibt eine Schönheit und allgemein menschliche Sinnbezogenheit der Form, die sich über den anfänglichen Zweck erhebt; so wird auch niemand deshalb zum Monarchisten, weil Schlüter streng geformte Wände des Berliner Schlosses ihn bewundernd aufschauen lassen. Zerstört man das Berliner Schloß, so vernichtet man eines der gestaltreichsten baulichen Kunstwerke, die unsere Welt nach so vielen Verlusten heute noch ihr eigen nennen darf.

Aus dieser Zeit um die Wende des 17. und 18. Jahrhunderts gibt es in Europa wenig, was diesen Bau in der Kraft und der eindringlich plastischen Gestaltung seiner Fassadengliederung übertreffen könnte. Stadt- und Gartenseite tragen einen sehr unterschiedlichen Charakter zur Schau; zerstört man das Berliner Schloß, so vernichtet man eines der gestaltreichsten baulichen Kunstwerke, die unsere Welt nach so vielen Verlusten heute noch ihr Eigen nennen darf.

Die Fronten an sich sind zwar gleichartig behandelt, aber durch die abweichende meisterhaft abgestimmte Bildung ihrer Portale ist jede von eigenem Leben erfüllt: machtvoller Ernst spricht gewaltig aus der Stadtseite, während gelöste Feierlichkeit und weltoffene Anmut über der Gartenseite walten. Und dann der »Schlüterhof«! In der ganzen Welt wüßte ich nichts Vergleichbares an eigenwilliger Originalität zu nennen: nicht sehr groß in den Abmessungen, aber voll großartiger Gestaltung in der kraftvollen Gliederdichte seiner in den gewagtesten Gegensätzen aufgebauten und gerade dadurch zu raumbindender Struktur geformten Schauseiten, denen wieder die Portale mit ihren wuchtigen Säulenstellungen und reichdurchfensterten Risaliten sowie dem krönenden Schmuck ihrer Figuren rhythmische Ordnung voll unvergeßlicher Feierlichkeit verleihen. Hier steht wahrhaft zeitlos große Form vor uns, auch aus der Ruine spricht sie noch laut und eindrucksvoll genug. Man sollte sie retten, wiederherstellen und den Bau zu repräsentativen staatlichen Zwecken nutzen. In Warschau hat das Parlament beschlossen, das Schloß innerhalb 5 Jahren wieder erstehen zu lassen. Schloß Lazienki vor den Toren Warschaus ist bereits errichtet.

In Berlin aber wird weiterhin gesprengt und eingerissen – ein unbegreiflicher Akt fanatischen Zerstörungswillen, den die Geschichte als sinnlos und frevelhaft verurteilen wird.

Nachwort der Redaktion: Wie nach der Abfassung dieses Aufsatzes bekannt wird, ist das Berliner Schloß mittlerweile nahezu eingeebnet worden.

ANHANG

Anmerkungen

1 [124, S. 117]
2 [47 und 68, S. 227]
3 [68, S. 229ff.]
4 s. Seite 76
5 [90, S. 68ff.]
6 [60, S. 28]
7 [48, S. 519]
8 [119, S. 975]
9 [44, S. 23]
10 [5, Blatt 3350]
11 [45, S. 65]
12 [101, S. 10]
13 [45, S. 66]
14 [45, S. 82]
15 [101, S. 70]
16 [101, S. 93]
17 Seit Ende des Zweiten Weltkrieges ist die Schloßbibliothek verschollen. Teile der Aquarellsammlung hat die Plankammer der Staatlichen Schlösser und Gärten Potsdam-Sanssouci aufgenommen.
18 [Deutsche Allgemeine Zeitung 6. Dezember 1938 und 21. März 1939, sowie 26, S. 9]
19 [53, S. 13]
20 [27 und 26, S. 12–14]
21 Nachdem 1926 die Vermögensauseinandersetzung mit dem preußischen Königshaus zustande gekommen war, ging das gesamte Schloßinventar in das Eigentum der 1927 gegründeten Schlösserverwaltung über. Am 15. Mai 1935 wurde ein Leihvertrag aufgesetzt, der den Besitzanspruch der Schlösserverwaltung an den Kunstwerken und Einrichtungsgegenständen dem Schloßmuseum gegenüber festsetzte [26, Anm. 56]
22 Die im Text in Klammern gesetzten Nummern sind die Nummern der Schloßräume (siehe Grundrisse), nicht die der Ausstellungsräume.
23 [90, S. 94]
24 [90, S. 100]
25 Schmitz, Hermann: Das Berliner Schloßmuseum. In: Sammler, o. J.
26 [107, S. 221]
27 [9, 1933, S. 102]
28 [31, S. 40]
29 [71, S. 179 und 9, 1936, S. 83]
30 [42, S. 9]
31 [111, S. 115]
32 [42, S. 12]
33 [42, S. 25]
34 [42, S. 26]
35 [90, S. 530]
36 [105, S. 43–45]
37 [66, S. 403ff. und 26, S. 17–19]
38 [90, S. 126]
39 [92, S. 22ff.]
40 [23, S. 113]
41 [105, S. 42–43]
42 [93, S. 84, 114]
43 [9, 1940, S. 23]
44 [39, S. 146]
45 Die Veröffentlichung der ikonographischen Bearbeitung der Deckengemälde und der Farbfotos durch L. Wiesinger steht bevor.
46 Zentralarchiv Staatliche Museen VA 1611, Schreiben vom 30. November 1950
47 [39, S. 146]
48 [6, Nr. 294, 295]
49 Denkmalpflegearchiv, Schreiben vom 15. August und 18. September 1945
50 [6, Nr. 296]
51 [70, S. 11]
52 [70, S. 12]
53 Denkmalpflegearchiv, Schreiben vom 9. März 1946
54 Reutti, Manuskript S. 239
55 Technische Universität Berlin, Nachlaß Scharoun, Mappe C 11
56 Stadtarchiv Berlin, Rep 101 Nr. 277, Brief vom 4. Februar 1948
57 Staatsarchiv Dahlem, Rep. 92 Kühn, Schreiben vom 25. Oktober 1948
58 Denkmalpflegearchiv, Bericht vom 27. Mai 1949
59 [39, S. 325]
60 Reutti, Manuskript S. 246
61 Reutti, Manuskript S. 257
62 [39, S. 325]
63 Denkmalpflegearchiv, Schreiben vom 7. Oktober 1949
64 [39, S. 310–311 und 80, S. 156]
65 [82, S. 96]
66 [15]
67 GBl. DDR 1950, S. 965ff.
68 [78, S. 248–252] sowie [21]
69 [80, S. 156]
70 Bundesarchiv Abt. Potsdam C 2 – 20 I / 3 – 28 sowie [6 Nr. 1063]
71 Neues Deutschland 23. Juli 1950
72 Reutti Manuskript S. 268
73 [39, S. 323]
74 Reutti Manuskript S. 294
75 [99]
76 [94, S. 19]
77 Berliner Zeitung 27. August 1950
78 Reutti, Manuskript S. 275
79 Staatsarchiv Dahlem, Rep. 92 Kühn, Brief von Gräfin Rothkirch an Stengel
80 Reutti, Manuskript S. 276
81 Staatsarchiv Dahlem, Rep. 92 Kühn, Telegramm vom 6. September 1950
82 [94, S. 28]
83 Reutti, Manuskript S. 293–294
84 [94, S. 38]
85 Staatsarchiv Dahlem, Rep. 92, Brief Kühn an Josephson vom 1. November 1950
86 Reutti, Manuskript S. 300
87 Nachweis für sämtliche Anlagen:
Akademie der Wissenschaften, Archiv: Anlagen 1, 7, 15, 19
Geheimes Staatsarchiv Dahlem: Anlagen 5, 6, 8–11, 13, 16, 17, 20–23, 25
Geist/Kürvers: Das Berliner Mietshaus 1945–1989 [39] Anlagen 2–4
Räther: Vom Hohenzollernschloß zum Roten Platz [94] Anlagen 18
88 [36]

Literaturverzeichnis

[1] Asche, Siegfried: Balthasar Permoser. Berlin 1971

[2] Ausstellung des Welfenschatzes eröffnet. In: Pantheon 18, (1936) S. 305, 337

[3] Baumgärtner, S.: Kunstgewerbemuseum. In: Staatliche Museen zu Berlin. Forschungen und Berichte, Berlin, 3/4 (1961) S. 150f.

[4] Die Bau- und Kunstdenkmäler in der DDR. Hrsg. vom Institut für Denkmalpflege. Hauptstadt Berlin I, Berlin 1983[1], S. 89f. (Staatsratsgebäude)

[5] Berlin-Archiv. Reichshauptstadt und Weltstadt Zerstörung und Wiederaufbau. Blatt 3350, 7001

[6] Berlin, Quellen und Dokumente 1945–1951, Schriftenreihe zu Berliner Zeitgeschichte, Bd. 4, 1. Halbbd, Berlin 1964. Hrsg. im Auftrag des Senats von Berlin

[7] Berlin und seine Bauten. Hrsg. vom Architekten-Verein zu Berlin und der Vereinigung Berliner Architekten. T. 2, Berlin 1896

[8] Berlin. Kampf um Freiheit und Selbstverwaltung 1945–1946 (Chronik). Hrsg. im Auftrag des Senats von Berlin, 1961

[9] Berliner Museen. Berichte aus den Preußischen Kunstsammlungen 52 (1931), 53 (1932), 54 (1933), 57 (1936), 60 (1939), 61 (1940)
[10] Biederstedt, R.: Johann Friedrich Eosander. Lund 1961
[11] Boeck, Wilhelm: Permoser in Berlin. In: Berliner Museen, Berichte aus den Preußischen Kunstsammlungen 54 (1933) S. 30ff.
[12] Ders.: Studien über Schlüter als Bildhauer. In: Jahrbuch der Preußischen Kunstsammlungen 54 (1933) S. 38ff.; 55 (1934) S. 241ff.
[13] Ders.: Der Berliner Lustgarten. Vom kurfürstlichen Küchengarten zum Aufmarschforum im Dritten Reich. In: Atlantis, Berlin, Wien 1936, S. 385ff.
[14] Bolz, Lothar: Vom Deutschen Bauen. Reden und Aufsätze, Berlin 1951
[15] Ders. Grundsätze des Städtebaus. In: Demokratischer Aufbau 9 (1950)
[16] Bonatz, Karl: Meine Stellungnahme zu den Planarbeiten für Groß-Berlin, die ich bei meinem Amtsantritt vorfand. In: Neue Bauwelt 11 (1947)
[17] Börsch-Supan, Helmut: Marmorsaal und Blaues Zimmer. So wohnten Fürsten. Berlin 1976
[18] Ders.: Die Kunst in Brandenburg-Preußen. Ihre Geschichte von der Renaissance zum Biedermeier, dargestellt am Kunstbesitz der Berliner Schlösser. Verwaltung der Schlosser und Gärten, Berlin 1980
[19] Borrmann, Richard: Die Bau- und Kunstdenkmäler von Berlin, Berlin 1893
[20] Bunsen, Marie von: Die Welt, in der ich lebte. Leipzig 1929
[21] Collein, Edmund: Städtebau in der Sowjetunion. In: Planen und Bauen, Bd. 4, Nr. 8 (1950)
[22] Cyran, E.: Das Schloß an der Spree, Berlin 1962
[23] Dammeier, Konrad. Die geplante Umgestaltung des Lustgartens in Berlin. In: Zentralblatt der Bauverwaltung, Berlin 55 (1935) S. 113ff.
[24] Donath, Adolph: Die neuen schmiedeeisernen Thore am Königlichen Schlosse zu Berlin. In: Deutsche Bauzeitung 25 (1891) H. 91, 95
[25] Ebert, Wils: Gedanken zur Raumplanung von Berlin In: Neue Bauwelt 10 (1948)
[26] Eggeling, Thilo: Königsschlösser Museumsschlösser. Entstehung, Geschichte und Konzeption der Preußischen Schlösserverwaltung. Berlin 1991
[27] Die Erhaltung des ehemaligen Königlichen Schlosses in Berlin und seine Verwendung zu Museumszwecken. In: Deutsche Bauzeitung, Berlin 53 (1919) S. 322ff, 611f.
[28] Falke, Otto von: Berliner Fayencen, Sonderausstellung im Schloß. Berlin 1923
[29] Feist, Günter: Finale Schloßmuseum. Die letzten 33 Jahre des Berliner Stadtschlosses. In: Museums Journal IV, 5. Jg. (1991), I, 6. Jg. (1992)
[30] Fründt, Edith: Der Bildhauer Andreas Schlüter. Berlin 1969
[31] Führer durch das Schloßmuseum. Im Auftrag des Generaldirektors der staatlichen Museen. Berlin 1921
[32] Führer zur Feier der XI. Olympiade zu Berlin 1936. Berlin 1936
[33] Führer durch die Kunst- und kulturgeschichtlichen Museen Berlins. Hrsg. von der Generaldirektion der Staatlichen Museen Berlin, Berlin 1937
[34] Gall, Ernst: Das Berliner Schloß. In: Deutsche Kunst, Bd. 9/2, Bremen 1943
[35] Ders.: Das Schicksal des Berliner Schlosses. In: Kunstchronik 3 (1950) S. 205ff.
[36] Ders.: Das Ende des Berliner Schlosses. In: Atlantis 23 (1951) S. 77ff.
[37] 80. Geburtstag von Albert Geyer. In: Deutsche Bauzeitung, Berlin 60 (1926) S. 78
[38] Gedenkschrift für Ernst Gall. Hrsg. von Margarete Kühn, Louis Grodecki, München/Berlin 1965
[39] Geist, Johann Friedrich, Kürvers Klaus: Das Berliner Mietshaus 1945–1989. Eine dokumentarische Geschichte der Ausstellung »Berlin plant/Erster Bericht« 1946 und der Versuche, auf den Trümmern der Hauptstadt des Großdeutschen Reiches ein Neues Berlin zu bauen, aus dem dann zwei geworden sind. München 1989
[40] Geyer, Albert: Zur Baugeschichte des königlichen Schlosses in Berlin. In: Hohenzollern-Jahrbuch 1 (1897) S. 146ff., 2 (1898) S. 227ff., 7 (1903) S. 249ff.
[41] Ders.: Die Historischen Wohnräume im Schloß. In: Deutsche Bauzeitung, Berlin 60 (1926) S. 441ff.
[42] Ders.: Die Historischen Wohnräume im Berliner Schloß. Berlin 1929
[43] Ders.: Geschichte des Schlosses zu Berlin, Bd. 1: Die kurfürstliche Zeit bis zum Jahre 1698. Berlin 1936 (Die Herausgabe von Bd. 2 ist in Vorbereitung)
[44] Groß-Berliner Kalender Illustriertes Jahrbuch 1915. Hrsg. von Ernst Friedel: In ernster Stunde. S. 23ff.
[45] Heinig, Kurt: Hohenzollern, Wilhelm II. und sein Haus. Der Kampf um den Kronbesitz. Berlin 1921
[46] Hennings, E.: Das Königliche Schloß in Berlin. Ein Führer durch die Sehenswürdigkeiten. Berlin o. J.
[47] Hinrichs, Carl: König Friedrich I. von Preußen. Die geistige und politische Bedeutung seiner Regierung. In: Preußen als historisches Problem. Veröffentlichungen der Historischen Kommission zu Berlin, Bd. 10, Berlin 1964, S. 253ff.
[48] Hintze, Otto: Die Hohenzollern und ihr Werk. Fünfhundert Jahre vaterländische Geschichte. Berlin 1916[9]
[49] Hubala, Erich: Das Berliner Schloß und Andreas Schlüter. In: Gedenkschrift für Ernst Gall, München 1965, S. 311ff.
[50] Innenausbau des Berliner Schlosses seit 1912. In: Deutsche Bauzeitung, Berlin 59 (1925) S. 418f.
[51] Jahnel, C.: Das Heim des deutschen Kaiserpaares in dem Königlichen Schlosse zu Berlin. In: Der Bär, Berlin 1888, S. 340ff.
[52] Kaeber, Ernst: Berlin 1848. Zur 100-Jahrfeier, Berlin 1948
[53] Kaiserlicher Kunstbesitz aus dem Holländischen Exil Haus Doorn. Eine Ausstellung der Staatlichen Schlösser und Gärten Berlin 11. Mai bis 29. September 1991, Berlin 1991
[54] Keisch, Christiane: Zur Geschichte des Berliner Silberbuffets. In: Katalog Metall im Kunstwerk, Berlin 1967, S. 241ff.
[55] Keller, Fritz-Eugen: Christian Eltesters Entwürfe für die Erweiterung der Paradekammern und die Kapelle des Berliner Stadtschlosses 1697/98. In: Zeitschrift für Kunstgeschichte, Bd. 48, Berlin 1985, S. 541ff.
[56] Ders.: Andreas Schlüter. In: Hrsg. von W. Ribbe und W. Schäche: Baumeister, Architekten, Stadtplaner. Historische Kommission zu Berlin (1987) S. 47ff.
[57] Klar, Martin: Kunstgewerbemuseum. In: Staatliche Museen zu Berlin. Forschungen und Berichte 2, (1958) S. 143f.
[58] Köllmann, Erich: Neueröffnung zweier Räume. In: Pantheon 21 (1938) S. 163
[59] Krieger, Bogdan: Das Berliner Schloß in den Revolutionstagen 1918. Erinnerungen und Eindrücke. Leipzig 1922
[60] Ders.: Berlin im Wandel der Zeiten. Eine Wanderung vom Schloß nach Charlottenburg durch drei Jahrhunderte. Berlin 1923
[61] Ders.: Die Hausbibliothek der Hohenzollern. In: Mitteilungen des Vereins für die Geschichte Berlins 42 (1925) S. 14ff.
[62] Ders.: Eine Königliche Hausbibliothek. In: Westermanns Monatshefte, Braunschweig, Juni 1933
[63] Kühn, Margarete: Preußische Schlösser in der Zeit vom Großen Kurfürsten bis zu Friedrich Wilhelm IV. Berlin 1934
[64] Dies.: Eosander und Tessin. In: Sitzungsberichte der kunstgeschichtlichen Gesellschaft zu Berlin (1953) S. 24f.
[65] Dies.: Andreas Schlüter als Bildhauer. In: Barockplastik in Norddeutschland. Museum für

Kunst und Gewerbe Hamburg, Mainz 1977, S. 105ff.
[66] Dies.: Der Gemäldebesitz der Brandenburgisch-Preußischen Schlösser. In: Gedenkschrift für Ernst Gall, München/Berlin 1965, S. 403ff.
[67] Dies.: Zum Antikenverständnis am Berliner Hof von Kurfürst Joachim II. bis zu König Friedrich dem Großen. In: Berlin und die Antike. Deutsches Archäologisches Institut Berlin, Berlin 1979 Bd. II (Aufsätze) S. 23ff.
[68] Dies.: Das Berliner Schloß Andreas Schlüters – eine Metropole in der europäischen Kunstlandschaft. In: Die Zukunft der Metropolen, Bd. II Aufsätze. S. 227–240
[69] Kühnel-Kunze, Irene: Bergung – Evakuierung – Rückführung. Die Berliner Museen in den Jahren 1939–1959. In: Jahrbuch Preußischer Kulturbesitz, Sonderband 2, Berlin 1984
[70] Kunstgewerbemuseum Berlin. Geschichte Wiederaufbau Neuerwerbungen, Staatliche Museen zu Berlin. Berlin 1983
[71] Kunstgewerbemuseum. Führer durch die Sammlungen. Berlin 1988
[72] Küster, M.: Der Balkon des Berliner Schlosses. Erinnerungen eines roten Matrosen an Kampfstätten der Novemberrevolution von 1918. In: Volksarmee 19, 45 (1963)
[73] Ladendorf, Heinz: Der Bildhauer und Baumeister Andreas Schlüter. Berlin 1935
[74] Ders.: Andreas Schlüter. Berlin 1937
[75] Lange, Annemarie: Brockhaus-Stadtführer. Berlin, Hauptstadt der DDR, Leipzig 1966, S. 88f.
[76] Dies.: Das Wilhelminische Berlin. Berlin 1984
[77] Dies.: Berlin in der Weimarer Republik. Berlin 1987
[78] Liebknecht, Kurt. Die Bauten in der Sowjetunion. In: Planen und Bauen Bd. 4, 8 (1950)
[79] Ders.: Die Neuplanung Berlins. In: Planen und Bauen Bd. 4, 12 (1950)
[80] Ders.: »Jetzt schließe ich Freundschaft mit den Architekten«. In: Deutsche Architektur 4 (1953)
[81] Ders.: Mein bewegtes Leben. Aufgeschrieben von Steffi Knop, Berlin 1986
[82] Munter, Arnold: Leitsätze für die Planung Groß-Berlins. In: Bauplanung und Bautechnik 3 (1950)
[83] Nicolai, Friedrich: Beschreibung der königlichen Residenzstädte Berlin und Potsdam. Berlin 1786[3]
[84] Nonn: Albert Geyer 90 Jahre. In: Zentralblatt der Bauverwaltung 56 (1936) S. 480
[85] Ders.: Albert Geyer +. In: Zentralblatt der Bauverwaltung 58 (1938) S. 1149f.
[86] Olympiade Berlin 1936. Amtlicher Bericht, Bd. 1, Berlin 1937
[87] Peschken, Goerd: Die städtebauliche Einordnung des Berliner Schlosses zur Zeit des preußischen Absolutismus. In: Gedenkschrift für Ernst Gall, München/Berlin 1965
[88] Ders.: Neue Literatur über Andreas Schlüter. In: Zeitschrift für Kunstgeschichte 30 (1967) S. 229ff.
[89] Ders.: Ein Königsschloß für Berlin. Bisher unerforschte Anfänge des barocken Umbaues des Stadtschlosses. In: Der Bär von Berlin 26, Berlin 1977, S. 15ff.
[90] Ders. und Hans-Werner Klünner: Das Berliner Stadtschloß. Unter Mitarbeit von Fritz-Eugen Keller und Thilo Eggeling. Frankfurt/Main, Wien, Berlin 1982[1], 1991[2]. Im besonderen S. 113ff.; H.-W. Klünner. Das Schloß von der Novemberrevolution bis zur Zerstörung.
[91] Ders.: Berliner Schloß. Bonn 1987
[92] Petras, Renate: Die Bauten der Berliner Museumsinsel. Berlin 1987
[93] Preußen. Versuch einer Bilanz. Eine Ausstellung der Berliner Festspiele GmbH 15. August bis 15. November 1981, Gropius-Bau (ehem. Kunstgewerbemuseum) Berlin, Bd. 5: Preußen im Film
[94] Räther, Helmut: Vom Hohenzollernschloß zum Roten Platz. Berlin 1952
[95] Reichardt, Hans J.: Berlin in der Weimarer Republik. Die Stadtverwaltung unter Oberbürgermeister Gustav Böß. Berliner Forum 7 (1979)
[96] Reichl, Otto: Zur Geschichte des ehemaligen Kunstkammer. In: Jahrbuch der Preußischen Kunstsammlungen 51, Berlin 1930, S. 223ff.
[97] Ders.: Die Staatlichen Museen auf der Ausstellung »Alt-Berlin«. In: Berliner Museen. Berichte aus den Preußischen Kunstsammlungen 62, H. 1, Berlin 1931
[98] Rellstab, Ludwig: Aus meinem Leben. Bd. 1–2, Berlin 1861
[99] Rodemann, Karl: Hrsg. von Ernst Gall: Das Berliner Schloß und sein Untergang. Ein Bildbericht über die Zerstörung Berliner Kunstdenkmale. Berlin 1951
[100] Rollka, Bodo, Klaus-Dieter Wille: Das Berliner Stadtschloß. Berlin 1988
[101] Rotheit, Rudolf: Das Berliner Stadtschloß im Zeichen der Novemberrevolution. Berlin 1923
[102] Revolution und Fotographie. Berlin 1918 bis 1949. Neue Gesellschaft für Bildende Kunst, Berlin 1989
[103] Schade, Günter: Zur Geschichte der Berliner Museumsinsel von der Befreiung vom Faschismus im Mai 1945 bis zur Wiedereingliederung der von der Roten Armee geretteten Kunstschätze in die ständigen Ausstellungen im Oktober 1959. Berlin, Humboldt-Universität, Sektion Ästhetik und Kunstwissenschaften, Diss. B., 1985
[104] Scharoun, Hans: Zur Ausstellung »Berlin plant«. In: Neue Bauwelt 10 (1946)
[105] Schloß Berlin. Die Historischen Wohnräume im Berliner Schloß. Verwaltung der Staatlichen Schlösser und Gärten, Berlin 1939[3]
[106] Andreas Schlüter, das Stadtschloß und der Ostberliner Aufbauplan. In: Neue Bauwelt, Artikelserie 1950, S. 165–168
[107] Schmidt, Richard: Das Schloßmuseum. In: Staatliche Museen zu Berlin, Gesamtführer, Berlin 1030
[108] Schmitz, Hermann: Vor hundert Jahren. Deutsche Festräume und Wohnzimmer des Klassizismus und Biedermeier. 1920
[109] Ders.: Preußische Königsschlösser. 1926
[110] Ders.: Revolution und Gesinnung. Preußische Kulturpolitik und Volksgemeinschaft seit dem 9. November 1918. Neubabelsberg 1931
[111] Schonert, Erich: 500 Jahre Baukunst im Berliner Schloß. In: Denkmalpflege und Heimatschutz 29 (1927) S. 115ff.
[112] Schüren, U.: Der Volksentscheid zur Fürstenenteignung 1926. In: Beiträge zur Geschichte des Parlamentarismus und der politischen Parteien. Bd. 64, Düsseldorf 1978
[113] Seidel, Paul: Ein Gang durch die neue Kaiserliche Wohnung im Berliner Schlosse. In: Preußische Jahrbücher 36, Berlin 1889
[114] Ders.: Der Lustgarten am Schlosse zu Berlin bis zu seiner Auflösung im Jahr 1715. In: Forschungen zur Brandenburgischen und Preußischen Geschichte 3 (1890) S. 89ff.
[115] Siebenhundert Jahre Berlin. Amtsblatt der Reichshauptstadt, Berlin 1937
[116] Die Staatlichen Museen in Berlin und Potsdam. In: Die Verluste der öffentlichen Kunstsammlungen in Mittel- und Ostdeutschland 1943–1946. Bonn 1954
[117] Starck, Heinrich: Berlin plant und baut. In: Bauplanung und Bautechnik 11 (1949)
[118] Strauß, Gerhard: Denkmalpflege an der Schloßruine in Berlin. Planen und Bauen 12, Berlin 1950, S. 384ff.
[119] Streckfuß, Adolf: 500 Jahre Berliner Geschichte. Vom Fischerdorf zur Weltstadt. Berlin 1850, S. 975–979
[120] Theuerkauf, Christian: Die Brandenburgisch-Preußische Kunstkammer, Berlin 1981
[121] Volk, Waltraut: Historische Straßen und Plätze heute. Berlin, Hauptstadt der DDR, Berlin 1977[5], S. 125: Staatsratsgebäude
[122] Wendland, Folkwin: Berlins Gärten und Parks von der Gründung der Stadt bis zum

ausgehenden 19. Jahrhundert. Frankfurt/Main, Berlin, Wien 1979

[123] Wiesinger, Liselotte: Der Elisabethsaal des Berliner Schlosses. Ein Beitrag zur Antikenrezeption in Berlin um 1700. In: Jahrbuch der Berliner Museen, Berlin 24 (1982) S. 189ff.

[124] Dies.: Das Berliner Schloß. Von der kurfürstlichen Residenz zum Königsschloß. Darmstadt 1989

[125] Winkler, Friedrich: Kriegschronik der Berliner Museen. Manuskript abgeschlossen Mai 1946, Staatliche Museen zu Berlin, Zentralbibliothek

[126] Wirth, Irmgard: Wohnen in Berlin. Berliner Innenräume der Vergangenheit. Ausstellungskatalog/Berlin 1970

[127] Zeller, Adolf: Das Schloßmuseum in Berlin. In: Mitteilungen des Vereins für die Geschichte Berlins 1927, Teil I, H. I, S. 35ff., Teil II, H. II, S. 73ff.

[128] Zettler, Hela, Horst Mauter: Das Berliner Schloß. Eine Photodokumentation der verlorenen Stadtmitte. Berlin 1991

[129] Zum Wechsel in der Leitung des Schloßmuseums. In: Deutsche Bauzeitung 62, Berlin 1928, S. 47f.

Zeitungsartikel (Auswahl)

Schmitz, Hermann: Das Berliner Schloßmuseum. In: Sammler, o. J.

Die Hohenzollernwohnräume im Berliner Schloß. In: Tägliche Rundschau, 5. Juni 1925

Donath, Adolph: Das offene Schloß zu Berlin. In: Berliner Tageblatt, 2. April 1926

Die heutigen Aufgaben der Berliner Schlösser. In: Deutsche Allgemeine Zeitung, 6. Dezember 1938

Der Ausbau der Berliner Schlösser. In: Deutsche Allgemeine Zeitung, 21. März 1939

Kostüme im Schloßmuseum In: Steglitzer Lokalanzeiger, 13. September 1940

Das Berliner Schloß vernichtet. In: Berliner Nachtausgabe, 9. Februar 1945

Das zerstörte Berliner Schloß. In: Deutsche Allgemeine Zeitung, 11. Februar 1945

Presse der DDR

Rede Walter Ulbrichts am 22. Juli 1950 auf dem III. Parteitag. In: Neues Deutschland, 23. Juli 1950

Aufbauplan für das Zentrum des neuen Berlin. In: Berliner Zeitung, 27. August 1950

Ebert, Friedrich: Das neue Berlin – Symbol des nationalen Aufbauwillens. Rede vor der Volkskammer am 6. September 1950. In: Neues Deutschland, 7. September 1950

Lenin und die Schloßruine. In: Berliner Zeitung, 7. September 1950

»Der prächtige Rittersaal« Rundgang durch die Schloßruine. In: Der Morgen, 29. September 1950

Das ließen die Bomben übrig. In: Sonntag, 29. Oktober 1950

Walter Pisternik, Der Lustgarten erhält ein neues Gesicht. In: Norddeutsche Zeitung, Schwerin, 3. November 1950

Letzter Besuch beim Berliner Barock. In: Der neue Weg, Halle/Saale, 7. November 1950

Eosander-Portal wird jetzt abgebaut. In: Der Morgen, 10. November 1950

Das schöne Berlin. In: Neue Berliner Illustrierte, 24. November 1950

Eine Krone wird transportiert. In: Illustrierte Rundschau, Dezember 1950

Berliner Statuen für das Neue Palais. In: Die Tagespost, Potsdam, 28. Dezember 1950

Schloßkuppel gesprengt. In: Berliner Zeitung, 31. Dezember 1950

Kunsthistoriker und Studenten in selbstlosem Einsatz. In: National-Zeitung, 26. Januar 1951 (Abschlußbericht)

Der »Grüne Hut« freigelegt. In: Der Morgen, 27. Januar 1950

Presse Westberlins, der BRD und des Auslandes

Bildersturm an der Spree. Restaurierung des Schlosses möglich. In: Der Tagesspiegel, 9. September 1950

Pleß, Georg, … damit sie aufmarschieren können. Berliner Stadtschloß, Vandalismus und ostzonale Kultur. In: Die Neue Zeitung, 10. September 1950

Dargel, Felix A., Das Ende des Berliner Schlosses. In: Kieler Nachrichten, 14. September 1950

Proteste nützen nichts – Die SED läßt sprengen. In: Sozialdemokrat, 21. September 1950

Heise, Carl Georg, Kalkwolken über den Ruinen. In: Die Welt, 7. Oktober 1950

Arbeitsdienst am Wahlsonntag: In: Berliner Morgenecho, 16. Oktober 1950

John, Ernst, Letzte Führung durchs Berliner Schloß. In: Weser Kurier, Bremen

Holst, N. von, Nachruf auf das Berliner Schloß. In: Frankfurter Allgemeine Zeitung, 26. Oktober 1950

Bildersturm in Ostberlin … man arbeitet sogar nachts bei Scheinwerferbeleuchtung. In: Der Tag, 27. Oktober 1950

Protest gegen die Zerstörung des Schlosses. In: Telegraf 27, Oktober 1950

Schloß: »Zeugnis des Kunstgeistes« In: Der Tag, 29. Oktober 1950

Auch das Schlüterportal gesprengt. In: Die Neue Zeitung, München, Berliner Ausgabe, 1. November 1950

Liquidierung Alt-Berlins: Auch der Dom soll fallen. In: Der Tragesspiegel, 3. November 1950

Stalin-Platz an Stelle des Berliner Schlosses. In: Deutsche Zeitung und Wirtschaftszeitung, Stuttgart, 4. November 1950

Schloß zur Hälfte abgetragen. In: Die Neue Zeitung, München, Berliner Ausgabe, 10. November 1950

Schloß-Zerstörung wird fortgesetzt. In: Berliner Stadtblatt, 11. November 1950

Gall, Ernst, Das Schicksal des Berliner Schlosses. In: Frankfurter Rundschau, 16. November 1950

Berliner Schloß verschwindet. In: Südkurier, Konstanz, 18. November 1950

Die vom ostsektoralen Magistrat befohlene Sprengung des … Berliner Schlosses geht pausenlos weiter. In: Lübecker Nachrichten, 19. November 1950

Josephson, Ragnar, Berlins slott inför sin undergång. In: Svenska Dagbladet Söndagen, 19. November 1950

Dynamit gegen ein Baudenkmal. In: Die Zeit, Hamburg, 30. November 1950

… und das war erst der Anfang! In: Nachtexpreß, Berlin, 30. November 1950

Am Lustgarten. In: Die Gegenwart, Freiburg, 1. Dezember 1950

Das Ende rückt in Sicht. In: Westdeutsche Allgemeine Zeitung, Bochum, 2. Dezember 1950

Mit der Spitzhacke gegen Andreas Schlüter. Das Werk der Vernichtung. In: Depesche, Berlin, 4. Dezember 1950

Die Schande der Sowjetdeutschen … In: Weltspiegel, Berlin, 10. Dezember 1950

Priday, H. E. L., Palace Of Berlin Sacrificed For A Demonstration Ground. In: The Age Literary Supplement, Melbourne, 7. July 1956

Klünner, Hans-Werner, Als 80 Schlösser staatlich wurden. In: Der Tagesspiegel, 1. April 1977

»Das Schloß muß fallen«. In: Der Spiegel 44, 1990 Nr. 36, S. 232–238

Quellenverzeichnis

Geheimes Staatsarchiv Preußischer Kulturbesitz Berlin-Dahlem:
I H.A.Rep. 92 Kühn, Kasten 1–4

Stadtarchiv Berlin:
Rep. 101 Oberbürgermeister Akte 340, 277
Rep. 110, Bauwesen 910 1945–1949
Rep. 110, Bauwesen 912 1946–1951
Rep. 120, 1260 Kunstausstellungen 1946
Rep. 120, 587, Bd. 1 1945–1949
Rep. 120, 588, Bd. 2 1945–1950
Rep. 120, 2029, Bd. 3 1945–1950

Staatliche Museen zu Berlin, Zentralarchiv:
Nachlaß Paul Ortwin Rave, Notizbuch 1950
Biographie Ludwig Justi
Sammlung von Zeitungsaufsätzen
GV Rückführung, VA 926 1947–1948, VA 4053 1945–1947,
VA 803, 1611 1949–1966
VA 605 109-1, VA 898 zu Kunstbesitz 1945–1949

Denkmalpflegearchiv:
Akte Schriftgut 1945–1950

Akademie der Wissenschaften, Archiv:
Nr. 590 Bestand Akademieleitung

Institut für Geschichte der Arbeiterbewegung, Zentrales Parteiarchiv
NL 90 001: Aufzeichnungen und Notizen 1943–1964
NL 90 035: Referat auf dem III. Parteitag der SED Juli 1950
J IV 2/2/68: Beschluß des Politbüros vom 24. 1. 50 7. Delegation zum Studium der Stadtbauplanung
J IV 2/2/105: Politbüro des ZK Reinschriftenprotokoll Nr. 5.17. Umgestaltung des Lustgartens. 18. Gesetz über den Ausbau der Städte.
Bezirksparteiarchiv IV L – 2/6/267, Januar 1950, Vorlage zur Neuplanung Groß-Berlin.

Bundesarchiv Abteilungen Potsdam
C2 – 20 1/3-28. Protokoll der Sitzung am 23. August 1950
In das Bundesarchiv sind jetzt das Archiv der Bauakademie und das Archiv des Ministeriums für Bauwesen eingegangen, Bestände, die zur Zeit noch nicht benutzt werden können.

Abbildungsnachweis

Akademie der Künste, Sammlung Baukunst:
S. 101

Allgemeiner Deutscher Nachrichtendienst, Bildarchiv:
S. 30, 103 u., 130/131, 132

Brandenburgisches Landesamt für Denkmalpflege, Meßbildarchiv:
S. 13 (Ausschnitt von S. 25), 15 u., 16 o., u., 17, 20–22, 25, 28, 41, 43, 44, 48, 50, 52–55, 59–64, 66, 67, 69–71, 88, 90 u., 91 u., 118, Vorsätze, Einband vorn

British Crown:
S. 80

Deutsches Historisches Museum (Fotograf Gerhard Gronefeld):
S. 81 u., 105 o., u.

Landesbildstelle Berlin, Zentrum für audiovisuelle Medien:
S. 12, 14, 15 o., 23 o., u., 26, 27, 45, 58, 75 o., u., 81 o., 100 o., u.

Märkisches Museum:
S. 8/9, 11, 33, 35–37

Ratsbibliothek:
S. 29 o.

Reutti-Sammlung, Schloß Charlottenburg:
S. 84–87, 89 o., u., 90 o., 92, 94 o., u., 95 o., u., 96, 117, 119–129, Einband hinten

Senatsverwaltung für Stadtentwicklung und Umweltschutz (Baudenkmalschutz):
S. 40, 74, 97, 99 u.

Staatliche Museen zu Berlin, Kunstgewerbemuseum:
S. 46, 47, 91 o., 99 o.

Staatliche Museen zu Berlin, Preußischer Kulturbesitz, Skulpturensammlung:
S. 79, 93 r., l.

Stiftung Schlösser und Gärten Potsdam-Sanssouci, Plankammer:
S. 18, 19, 23 u.

Thie, Volkmar:
S. 29 o. (Repro), 103 o., 127 (Repro)

Ullstein Bilderdienst:
S. 49, 51, 130 o.

Grundriss vom I^ten Stockwerk des Schlosses zu Berlin.

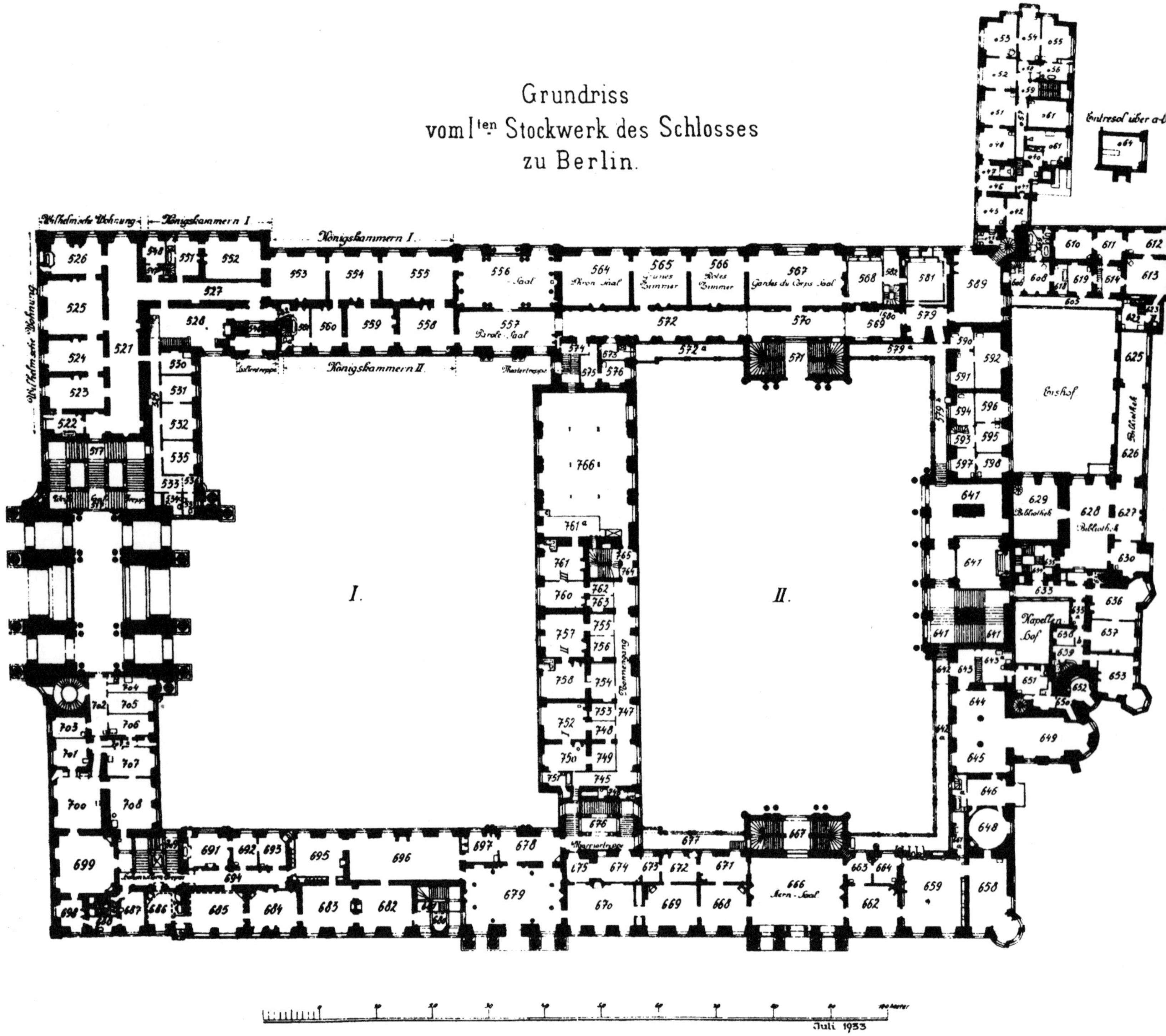